Uni-Taschenbücher 1564

Eine Arbeitsgemeinschaft der Verlage

Wilhelm Fink Verlag München
Gustav Fischer Verlag Stuttgart
Francke Verlag Tübingen
Paul Haupt Verlag Bern und Stuttgart
Dr. Alfred Hüthig Verlag Heidelberg
Leske Verlag + Budrich GmbH Opladen
J. C. B. Mohr (Paul Siebeck) Tübingen
R. v. Decker & C. F. Müller Verlagsgesellschaft m. b. H. Heidelberg
Quelle & Meyer Heidelberg · Wiesbaden
Ernst Reinhardt Verlag München und Basel
F. K. Schattauer Verlag Stuttgart · New York
Ferdinand Schöningh Verlag Paderborn · München · Wien · Zürich
Eugen Ulmer Verlag Stuttgart
Vandenhoeck & Ruprecht in Göttingen und Zürich

TEXT UND GESCHICHTE
Modellanalysen zur deutschen Literatur
Herausgegeben von Gert Sautermeister und Jochen Vogt

1 UTB 975
 Albert Meier
 Georg Büchner: Woyzeck

2 UTB 974
 Wolfgang Emmerich
 Heinrich Mann: Der Untertan

3 UTB 973
 Walter Wehner
 Heinrich Heine:
 „Die schlesischen Weber"
 und andere Texte zum Weberelend

4 UTB 1031
 Hartmut Kokott
 Reynke de Vos

5 UTB 976
 Gert Sautermeister
 Thomas Mann:
 Mario und der Zauberer

6 UTB 1028
 Burkhardt Lindner
 Bertolt Brecht:
 Der aufhaltsame Aufstieg
 des Arturo Ui

8 UTB 1347
 Karl-Heinz Götze
 Wolfgang Koeppen:
 Das Treibhaus

9 UTB 1027
 Klaus M. Bogdal
 Heinrich von Kleist:
 Michael Kohlhaas

10 UTB 1074
 Jochen Vogt
 Thomas Mann:
 Buddenbrooks

11 UTB 1192
 Ludger Lütkehaus
 Friedrich Hebbel:
 Maria Magdalene

14 UTB 1225
 Walter Raitz
 Fortunatus

16 UTB 1288
 Werner Wunderlich
 Till Eulenspiegel

17 UTB 1289
 Hans Helmut Hiebel
 Franz Kafka: Ein Landarzt

18 UTB 1368
 Karl-Heinz Götze
 Heinrich Böll:
 Ansichten eines Clowns

19 UTB 1387
 Erhard Schütz
 Romane der Weimarer
 Republik

20 UTB 1404
 Eda Sagarra
 Theodor Fontane:
 Dr. Stechlin

21 UTB 1433
 Gerhard Bauer
 Gotthold Ephraim Lessing:
 Emilia Galotti

22 UTB 1475
 *Wolfram und
 Helmtrud Mauser*
 Christa Wolf:
 Nachdenken
 über Christa T.

23 UTB 1564
 Frederick Alfred Lubich
 Max Frisch:
 „Stiller", „Homo faber"
 und „Mein Name sei
 Gantenbein"

Weitere Bände in Vorbereitung

Frederick Alfred Lubich

Max Frisch:
»Stiller«, »Homo faber«
und
»Mein Name sei Gantenbein«

Wilhelm Fink Verlag · München

Für Lynne

CIP-Titelaufnahme der Deutschen Bibliothek

Lubich, Frederick Alfred:
Max Frisch: „Stiller", „Homo Faber" und „Mein Name
sei Gantenbein"/Frederick Alfred Lubich. –
München: Fink, 1990
   (UTB für Wissenschaft: Uni-Taschenbücher; 1564)
   (Text und Geschichte: Modellanalysen zur deutschen Literatur; 23)
   ISBN 3-7705-2623-6
NE: UTB für Wissenschaft/Uni-Taschenbücher; Text und Geschichte/
   Modellanalysen zur deutschen Literatur.

© 1990 Wilhelm Fink Verlag GmbH & Co. KG
Ohmstraße 5, 8000 München 40

Das Werk einschließlich aller seiner Teile ist urheberrechtlich geschützt. Jede Verwertung außerhalb der engen Grenzen des Urheberrechtsgesetzes ist ohne Zustimmung des Verlages unzulässig und strafbar. Das gilt insbesondere für Vervielfältigungen, Übersetzungen, Mikroverfilmungen und die Einspeicherung und Verarbeitung in elektronischen Systemen.

Printed in Germany
Einbandgestaltung: Alfred Krugmann, Freiberg am Neckar
Herstellung: Ferdinand Schöningh GmbH, Paderborn

ISBN 3-7705-2623-6

INHALT

Vorbemerkung 7

I. Stiller 9

1. Handlungsstruktur und Erzählperspektive 9
2. Identitätswandel, Rollenspiel und Bildnisproblematik . . . 12
3. Macht und Ohnmacht im Verhältnis der Geschlechter . . . 16
4. Schweiz und Amerika: Gefängnis und Fluchtpunkt persönlicher Selbstverwirklichung 23
5. Lebensauthentizität im Zeitalter der Reproduktion 26
6. Ursprungssehnsucht und die Wiederkehr der Großen Mutter 29

II. Homo faber 41

1. Handlungsstruktur und Erzählperspektive 41
2. Stereotype Weltbilder: Technik – Mystik, Amerika – Europa, Mann – Frau 45
3. Psychologische Interpretationsmodelle 55
4. Mythologische Interpretationsmodelle 59
5. Fabers Initiation in die Eleusinischen Mysterien 64

III. Mein Name sei Gantenbein 82

1. Handlungsstruktur und Erzählperspektive 82
2. Interpretationsaspekte und Rezeptionskontexte 87
3. Todeserfahrung und Lebensentwurf im hermetischen Zwischenreich 95

Anmerkungen 112

IV. Literaturverzeichnis 139

V. Lebensdaten des Autors 150

VORBEMERKUNG

Es gehört zur Schulweisheit, daß Günter Grass Autor der *Danziger Trilogie* ist. Daß Max Frisch, der Schulautor schlechthin, mit seinen Romanen *Stiller, Homo faber* und *Mein Name sei Gantenbein* eine *Zürcher Trilogie* verfaßte, ist selbst in literarkritischen Kreisen kaum bekannt, bestenfalls umstritten.[1] Frischs Roman-Trias mit ihren drei Zürcher Protagonisten kann jedoch auf Grund ihrer Kontextstruktur, die eingehend zu untersuchen sein wird, den Titel der Trilogie mit innerster Berechtigung beanspruchen. Rein äußerlich geben sich die Trilogien beider Autoren, 1959–1963 bzw. 1954–1964 erschienen, als exemplarische Kontrast- und Komplementärwerke der Restaurationsepoche zu erkennen. Rekonstruiert Grass das politisch-historische Desaster der Moderne, so reflektiert Frisch v. a. die ästhetisch-philosophischen Diskurse dieser Moderne. Die esoterisch-barocke Fabulierkunst der *Danziger Trilogie* gestaltet Geschichtserfahrung und Vergangenheitsbewältigung, die esoterisch-artistische Experimentierkunst der *Zürcher Trilogie* problematisiert Prozesse der Selbsterfahrung und – wie sich zeigen wird – sozial-kulturelle Tendenzen der Zukunft.[2]

Zunächst einmal werden die wesentlichen Gesichtspunkte der Frisch-Romane in ihren Bedeutungszusammenhängen darzustellen und im Kontext ihrer Rezeptionsgeschichte zu diskutieren sein. Die Werkkomplexität und Forschungsvielfalt machen eine gewisse Themenbeschränkung notwendig, sie soll jedoch durch Verweise auf relevante Sekundärliteratur so weit wie möglich durchbrochen werden.

Im Verlauf der Darstellung gewinnt ein Mythen-Modell an Transparenz, welches den drei Romanen als gemeinsames Orientierungsmuster zugrunde liegt: die Mythographie des Matriarchats. Diese über hundertjährige „Chronique scandaleuse" des Patriarchal-Verdrängten war seit Anbeginn von Widersprüchen und Kontroversen gekennzeichnet. Der Literaturkritik der Nachkriegszeit erschien schließlich die Mythenbildung der Moderne – aus historisch guten Gründen – mehr als suspekt, vom Mutter-Mythos, dem Archetyp des „Großen Weiblichen" ganz zu schweigen. Bachofens *Mutterrecht*-Utopie und ihre überaus komplexe Wirkungsgeschichte besitzen jedoch paradigmatischen Verweischarakter sowohl für die regressiven wie progressiven Tendenzen der Moderne und Spätmoderne. Deren Diskurse um das Unbewußte, das Absolut-Andere, um den Verlust der Transzendenz und das Interesse am Mythos finden in der Projektionsfigur der Magna Mater ein kongeniales Reflexionsmedium. Frischs Romanwelt ist – entstehungsgeschichtlich wie werkästhetisch – auf vielschichtige Weise in diesem mutterrechtlichen Signifikations-Modell verankert. Seine archetypischen Sinnbilder und Sinnbezüge verleihen nicht nur den psychologischen und mythologischen Lineaturen der einzelnen Romane innere Kohärenz, sie bilden auch das heuristische Grundmuster, welches die drei Romane zu einem Labyrinth beziehungsreicher Subtexte zusammenfügt. Insgesamt chiffrieren sie ein Itinerar, welches in der Nachkriegsliteratur wohl seinesgleichen sucht: nämlich die Reise in das – von Patriarchat und Feminismus gleichermaßen tabuisierte – „Reich der Mütter". Ödipale Regression, hermetische Initiation und ein vieldeutiger „Tod des Subjekts" sind ihre esoterischen Reisestationen. Fabers „Bericht" bildet die leitmotivische Engführung dieser dreiteiligen Initiationsreise; in seinen Aufzeichnungen verschlüsseln sich die psychomythischen Konstellationen zum eleusinischen Mysterienkult der Magna Mater. In ihrem Zeichen gibt sich Gantenbeins Romanwelt als ein Reich zu erkennen, in welchem dem Schein-Blinden mehr als nur das Sehen vergeht.

Diese sukzessive Rückkehr zum matriarchalen Prinzip strukturiert unterschwellig fortschreitend die gesamte Roman-Trilogie. Deren Figurationen werden in den entsprechenden Schlußkapiteln genau zu skizzieren sein. Darüber hinaus soll ihre Mytho-Logik im Zusammenhang (spät-)moderner Theoriebildungen weiter verfolgt werden – ihrer umfassenden Kontextualisierung sind allerdings im Rahmen dieser Modellanalysen Grenzen gesetzt. Was möglich ist, sind Perspektiven-Aufrisse, etwa zur prä-ödipalen Entwicklungspsychologie (Klein, Mahler), zur amerikanischen Massenkultur („Inbegriff des Mütterlichen", Elsaesser), zur Frauen-Emanzipation und sexuellen Revolution, sowie zur feministischen Literaturkritik („Imaginierte Weiblichkeit", Bovenschen) und weiblichen Kunstästhetik („écriture féminine") ... Diskurse als Desiderate ... denn das große Schweigen um die Magna Mater – den insgeheimen Archetyp aller Männerphantasien – ist mehr als fragwürdig.

New York, Juni 1989.

I. STILLER

1. Handlungsstruktur und Erzählperspektive

„Ich bin nicht Stiller", so beginnt Frischs erster Erfolgsroman *Stiller* (1954), der zu einem der bekanntesten Romane der Ichflucht und Ichsuche in der deutschen Nachkriegsliteratur werden sollte.[1] Um die Entwicklungsstufen dieser perspektivisch vielfach gebrochenen Lebensgeschichte klarer erkennen zu können, empfiehlt sich eine kurze Skizzierung des Handlungsverlaufs. Der Protagonist des Romans kehrt unter dem Namen Jim White mit einem gefälschten amerikanischen Paß in seine Heimatstadt Zürich zurück. Jedoch bereits an der Grenze wird er als der seit sechs Jahren verschollene Schweizer Bürger und Künstler Anatol Stiller erkannt und verhaftet: U. a. steht er unter dem Verdacht, zum Zeitpunkt seines Verschwindens in eine Spionageaffaire verwickelt gewesen zu sein. In seiner zehnwöchigen Gefängnishaft unternimmt er den Versuch, dem Gericht in sieben Schreibheften Rechenschaft abzulegen über sich selbst. Die Hefte eins, drei und fünf enthalten tagebuchartige Aufzeichnungen und Überlegungen, die um seinen Gefängnis- bzw. Amerika-Aufenthalt kreisen, wobei sich der Inhaftierte vor aller Welt – frühere Frau und Freunde eingeschlossen – als Jim White auszuweisen versucht. Die Hefte, zwei, vier und sechs stellen protokollartige Rekonstruktionen von Stillers Schweizer Vergangenheit dar, wobei der Erzähler aus der Perspektive der wichtigsten Bezugspersonen Stillers berichtet, nämlich Julikas, der Ehefrau des Angeklagten (Heft zwei), Rolfs, seines Staatsanwalts (Heft vier) und Sibylles, seiner früheren Geliebten (Heft sechs). Der Rahmen des objektiven Berichts („Ich protokolliere", 86) wird jedoch mehrfach gebrochen durch subjektive Reflexionen, die mehr über die wahre Identität bzw. Problematik der Beteiligten verraten, als ihnen lieb sein kann (z. B. 89). Das letzte siebte Heft läßt schließlich eine verzweifelt zögernde Reidentifikation des Erzählers – „meine Lage wird unhaltbar" (334) – mit dem verschollenen Stiller erkennen. Ein vom Staatsanwalt geschriebenes Nachwort verfolgt über einen Zeitraum von zweieinhalb Jahren, beginnend mit dem Freispruch des Angeklagten, das weitere Schicksal Stillers und Julikas.

Aus diesen diversen Erzählperspektiven kristallisieren sich die folgenden Lebens- und Beziehungsgeschichten heraus. Der junge Stiller kämpft im Spanischen Bürgerkrieg auf der Seite der Republikaner, versucht sich nach seiner Rückkehr in die Schweiz als Bildhauer und heiratet die erfolgreiche Ballett-Tänzerin Julika Tschudy. Ihre Ehe erweist sich jedoch als äußerst kompliziert (siehe unten I, 3). Stiller beginnt ein Verhältnis mit Sibylle, der Frau seines späteren Staatsanwalts, worauf Julika sich in eine kurzlebige Affaire mit einem Reklameberater stürzt. Das Scheitern der Ehe und mehr noch die Ausweglosigkeit der Ehebrüche führt einerseits zu Julikas Lungenerkrankung und ihrem Sanatoriums-Aufenthalt in Davos und treibt andererseits Sibylle zu Liebesabenteuern im Skisportzentrum Pontresina. Stiller taucht an beiden Fluchtorten auf, erklärt bzw. empfindet beide Beziehungen für beendet (wobei sich Julikas und Sibylles Versionen, 144 und 304, in der Reihenfolge dieser Aufkündigungen widersprechen), – und sucht nun seinerseits Hals über Kopf das Weite in der Neuen Welt. Seitdem er in den Carlsbad-Kavernen von Texas den Cowboy Jim White – sinnbildlich – umgebracht hat (vgl. unten I, 6), führt er unter dessen Namen in Amerika ein – angeblich – abenteuerliches Leben. – Parallel zu den gescheiterten Beziehungen Stillers in der Schweiz und teilweise verzahnt mit ihnen kommt die Ehekrise zwischen Rolf und Sibylle zur Gestaltung. Während Rolf lediglich durch einen dreitägigen Genua-Aufenthalt Abstand zu Sibylles Seitensprung zu gewinnen sucht, bricht sie sukzessive und konsequent aus ihrer Ehe aus, um in New York ein eigenes Leben zu führen. Erst nach zwei Jahren kommt es in dieser Stadt zwischen ihnen zu einer ersten Begegnung und schließlichen Erneuerung ihrer Ehe. Rolfs entschlossene Zurückgewinnung Sibylles kontrastiert mit Stillers zögernder Rückkehr in seine frühere Identität und eheliche Beziehung mit Julika. Nach seinem Freispruch zieht sich Stiller mit seiner Frau zuerst in eine Genfer Pension, dann in ein abgeschiedenes waadtländisches Bauernhaus zurück, doch das Experiment einer neuen ehelichen und künstlerischen Selbstverwirklichung scheitert: Julika stirbt an ihrer abermals ausbrechenden Lungenkrankheit – ein sinnbildlicher Erstickungstod – und Stiller fristet einsam als Keramiker sein Leben.[2]

Identität und Ehe, d. h. das Einverständnis mit sich selbst und dem andern, sind, soviel wurde bereits deutlich, einer der fundamentalen Themen- und Problemkomplexe des Romans (mehr dazu unten I, 2 und 3). Unauflöslich damit verbunden ist die tiefverwurzelte Sprachskepsis und Erkenntniskrise des Erzählers: „Man kann alles erzählen, nur nicht sein wirkliches Leben" (64) – „Jedes Wort ist falsch und wahr" (175).[3] Ganz im Sinne dieser Ausdrucksproblematik heißt es in Frischs *Tagebuch 1946–1949*: „Man gibt Aussagen, die nie unser eigentliches Leben enthalten, das unsagbar bleibt [...] das Unsagbare erscheint bestenfalls als Spannung zwischen diesen Aussagen." (GW II,

378 f.). Diese dem *Tagebuch* wie dem Roman gemeinsame Aussage über das Unsagbare reflektiert programmatisch das autobiographisch wie produktionsästhetisch komplexe Spannungsverhältnis zwischen Erzähler und Erzähltem. Was Stiller und seine Geschichten und Frisch und seinen Roman vor allem auszeichnet, ist die dialektische Verwandlung von Leben in Literatur. Frisch gesteht in einem Interview: „Der Konflikt zwischen Stiller und dieser Frau ist ein selbsterlebter Konflikt, der hier auf andere Figuren übertragen worden ist."[4] So wird das novellistische Versteckspiel des Autors mit seiner eigenen Biographie zur Identitätsflucht und Identitätssuche des Roman-Protagonisten. Dabei löst sich die alles durch- und überschauende auktoriale Erzählinstanz auf und zerfällt in ein heterogenes Spektrum von z. T. widersprüchlichen Erzählperspektiven, mosaikartigen Fragmenten, subjektiven Protokollen und symbolischen Parabeln.[5] „Nicht epische Totalität", so Poser, sondern „Perspektivierung und Medialisierung sind Kennzeichen dieser Erzählhaltung." (L 95, 49) Vielfache Traumschilderungen unterbrechen und unterwandern als verfremdende Vorwegnahmen und Rückblenden das Handlungsgefüge. (L 89, 74–78) Auch die wirkungsvollen „Parallelgeschichten" (L 89, 109), vor allem die Isidor-Schnurre, das Rip-van-Winkle-Märchen und das texanische Höhlenabenteuer, sind Gebilde „imaginativer Wirklichkeitserfahrung". (L 13, 71) Poser deutet sie als Gleichnisse der Rückkehr und Heimkehr (L 95, 35–38) und für Hinderer charakterisieren sie „modellhaft die psychischen Vorgänge, Wünsche und Frustrationen der Hauptfigur". (L 43, 298)[6] Sämtliche Erzähleinheiten sind konstitutive Teilaspekte des Gesamtwerkes und reflektieren, zum Teil noch in sich selbst, dessen Strukturprinzip der „Wiederholung, Spiegelung und Variation." (L 95, 55) Dadurch wird die gradlinige Chronologie aufgehoben und verwandelt in eine kreisförmige „Synchronizität". (L 89, 134–138)[7]

Charakteristisch für die Erzähleinheiten wie für die Gesamtkonzeption des Romans ist das narrative Gestaltungsprinzip des „Offen-Artistischen", welches Frisch von der Brechtschen Dramaturgie übernommen hat:

Verfremdungseffekt mit sprachlichen Mitteln, das Spielbewußtsein in der Erzählung, das Offen-Artistische, das [...] die Einfühlung verhindert, das Hingerissensein nicht herstellt, die Illusion zerstört, nämlich die Illusion, daß die erzählte Geschichte ‚wirklich' passiert sei. (GWII, 601)[8]

Ganz im Sinn der für das Epische Theater typischen Illusionszerstörung erklärt der inhaftierte Stiller dem mit Begeisterung seinen Geschichten lauschenden Wärter Knobel: „Gerade die enttäuschenden Geschichten, die keinen rechten Schluß und also keinen rechten Sinn haben, wirken lebensecht." (64) Besonders deutlich wird dieses Täuschungs- und Enttäuschungsmanöver in dem spannend geschilderten Höhlenabenteuer. Stiller identifiziert sich so sehr mit den erzählten Ereignissen und dem ans Tageslicht zurückgekehrten Überlebenden, daß Knobel „etwas verwirrt" fragt: „– sind Sie denn Jim White?" (172). Und Stiller, seine eigene Alibi-Figur verratend: „‚Nein', lache ich, ‚das gerade nicht! Aber was ich selber erlebt habe, sehen Sie, das war genau das gleiche – genau.' Knobel scheint etwas enttäuscht zu sein." (172) Entsprechend enttäuschend und verwirrend offen endet denn auch Stillers eigene Lebensgeschichte. Die letzten Worte des Staatsanwalts lauten: „Wir sahen einander dann und wann; seine nächtlichen Anrufe blieben aus, und seine Briefe waren karg. Stiller blieb in Glion und lebte allein" (437). Wie Stillers Wärter ‚knobeln' die Stiller-Interpreten bis heute am Nach- und Schlußwort des Romans. Dürrenmatt initiiert den Exegeten-Streit, indem er den Beitrag des Staatsanwalts insgesamt zu einem „nachträgliche[n] und nebensächliche[n] Entgleisen" (L 69, 79) des Romans erklärt. Naumann spricht vom „auktorial erzählten Nachwort" (L 90, 148) und billigt damit dem Bericht des Staatsanwalts genau jene Autorität und Objektivität zu, die wiederum Kieser und Hanhart als ausgesprochen fragwürdig empfinden. (L 15, 89, L 9, 240) (Zu anderweitigen Meinungsverschiedenheiten vgl. zusammenfassend Poser L 95, 19). In anderen Worten: Das Darstellungsdilemma des Erzählers wird zum Deutungsdilemma des Lesers. Zu der vielberufenen Selbstentfremdung des Protagonisten gesellt sich eine erst in jüngster Zeit systematisch reflektierte Entfremdung des Interpreten vom Text.[9] Aus dieser Doppelnot macht der Autor im *Tagebuch* eine zwiespältige Tugend, indem er dem Leser eine „ungeschriebene Rolle im Werk" einräumt, und zwar die Rolle „eines Partners, eines Mitarbeiters, der mit uns sucht und fragt und uns ergänzt". (GWII, 503)[10] Einerseits entläßt diese Gestaltungsstrategie den Verfasser aus der alleinigen Verantwortung für den Text, was zu einem Kontrollverlust und folglich zu Widersprüchen in der Handlungsformation führen kann. Andererseits ermöglicht die perspektivische Vielschichtigkeit und der dadurch entstehende interpretatorische Freiraum die Aktivierung, ja Autorisierung des Lesers zur persönlich subjektiven Wahrheitsfindung.

2. Identitätswandel, Rollenspiel und Bildnisproblematik

Dem Gestaltungsprinzip der Sprachskepsis, des Perspektivenwechsels und der Parallelgeschichten entsprechen auf der Inhaltsebene die Identitätskrise, der Rollentausch und die Wunschbild-Projektion.[11] Stillers

Ausbruch aus seiner bürgerlichen Ehe-Misere und Kunst-Karriere ist der Versuch, sich aus der emotionalen und kreativen Erstarrung zu befreien. Seine Flucht nach Amerika ist inspiriert von der Hoffnung: „daß einer mit sich selbst identisch wird. Andernfalls ist er nie gewesen". (66) Seine Rückkehr in die Schweiz ist gezeichnet von der Resignation: „Wenn ich beten könnte, so würde ich darum beten müssen, daß ich aller Hoffnung, mir zu entgehen, beraubt werde" (343). Eine Vielzahl von Interpreten versuchte – im jeweiligen Erkenntnisinteresse einer sich wandelnden Zeit –, der Stillerschen Identitätsproblematik auf den Grund zu kommen. So zeitigte das religiös gefärbte Nachwort des Staatsanwalts vorwiegend in den 50er Jahren noch ausgesprochen theologische Deutungen.[12] In die Mitte der 70er Jahre datieren die ersten literaturpsychologisch orientierten Interpretationen, die sich v. a. mit den Theoriemodellen Freuds, Jungs und Eriksons auseinandersetzen.[13] Obgleich der Existentialismus primär den Zeitgeist der 50er Jahre prägte, erschienen differenziert existentialistische Textdeutungen ebenfalls erst in den 70er Jahren. Bezugsrahmen ist immer wieder das Dreigestirn Kierkegaard-Heidegger-Sartre.[14] Kiernans Monographie über den Einfluß Heideggers auf die Romane *Stiller*, *Faber* und *Gantenbein* stellt die bislang umfangreichste und auch sorgfältigste Untersuchung der Thematik dar. Die Autorin sieht die Romanstrukturen v. a. von den in Heideggers Hauptwerk *Sein und Zeit* (1927) entwickelten Kategorien „Geworfenheit", „In-der-Welt-Sein", „Angst", „Nichtigkeit", „Wiederholung" und „Tod" geprägt. In diesem Kontext erscheint der Frischsche Protagonist im Konflikt zwischen der existentialen Herausforderung zu einem „Werden, was man ist" (L 14, 10) und der unweigerlich daraus resultierenden Selbstüberforderung:

Heidegger versteht ein solches ‚Begehren' von Unmöglichem als Zeichen des neuzeitlichen Menschen, der ‚gegen' die Welt aufgestanden ist und nicht mehr bereit ist, in einem Seinsinn zu wohnen: ‚Der Wille hat dem Möglichen das Unmögliche als Ziel aufgezwungen.'" (L 14, 42)[15]

So verschieden die Deutungsansätze, so unterschiedlich und widersprüchlich die Schlußfolgerungen. Viel ist die Rede von Stillers „blankem Solipsismus" (L 67, 199) und „Narzißmus" (L 13, 67), seinem „Doppelleben" (L 99, 386) und seiner, im Freudschen Sinne, gewollten „Selbstentfremdung" (L 84, 601). Für die einen wird Stiller „innerlich [...] zu einer anderen Person" (L 106, 253), für die andern „bleibt [er] der introvertierte Egoist, der er war" (L 80, 186). So vervielfacht die Mitarbeit des Lesers das Meinungsmosaik über Stiller ins Unendliche und letztlich Unkenntliche. Mehr oder weniger gemeinsam ist diesen diversen Deutungen lediglich die Erklärungs- und Beschwörungsformel von der „Selbstentfremdung des modernen Menschen" (L 99, 386). In diesem diffusen Inbegriff der Moderne ist freilich alles aufgehoben, was zwischen Marx' Theorie entfremdeter Arbeit und Sedlmayrs Schlagwort vom „Verlust der Mitte" gesellschafts- und kulturkritisch denkbar ist. Die bevorzugten Gewährsautoren für diese Hypothese sind immer wieder die Klassiker der Moderne Musil, Joyce und Kafka.

Interpreten, die ausschließlich das tragisch Schicksalhafte der Stillerschen Selbstentfremdung in den Vordergrund rücken, übersehen dabei das ironisch Voluntaristische seiner Selbst-Inszenierung. Stillers erklärtes Ideal ist es, „eine Rolle [zu] spielen [], ohne daß ich mich selbst je damit verwechsle". (241) Jurgensen trägt dieser Lebensvorstellung Rechnung, wenn er Stillers oft beklagte Selbstentfremdung als bewußtes „Ich-Drama" und „Ich- Theater" (13, 66 f.) deutet. Hanhart erweitert diese These, wenn sie Stillers Rollenspiel methodisch durch Dahrendorfs Rollentheorie und metaphorisch als „theatrum mundi" zu verstehen sucht: „Die Welt als Bühne zu betrachten und sich selbst nur als Rollenspieler, ist nicht unfragwürdig." (L 9, 8 f.) Hanhart verfolgt jedoch weder den ersten Weg, der in die Sozialgeschichte der Moderne, noch den zweiten Weg, der in die Pikaro-Tradition des Barock führt. Sozialgeschichtlich verweist Stillers „auswechselbares Ego" (L 107, 371) auf ein Zeitphänomen, welches bislang noch überhaupt nicht in Betracht gezogen worden ist. Wie keine andere Zivilisation ist die des zwanzigsten Jahrhunderts geprägt durch weltanschaulichen Wandel, gesellschaftliche Veränderungen und politische Revolutionen. Geistige und berufliche Neuorientierung, ideologischer Frontenwechsel, innere und äußere Emigration, Aufgabe von alter und Suche nach neuer Heimat und Identität, das sind um die Jahrhundertmitte die Erfahrungen von Millionen. Assoziativ taucht dieser historische Hintergrund mehrfach in Romangesprächen auf. Im Verteidiger Bohnenblusts Lob auf die Ehe ist die Rede von „Millionen ohne Heimat" (371), Stiller stellt sich und Julika als „ein schweizerisches Inland-Emigranten-Ehepaar" (389) vor, und ihren Freunden Rolf und Sibylle erscheinen sie wie „Russen in Paris" (389) bzw. wie „deutsche Juden in Neuyork" (389). So sehr Stiller die prekäre Selbstentfremdung des modernen Menschen repräsentieren mag – gleichzeitig reflektiert er auch dessen potentielle Selbstbefreiung aus gesellschaftlicher Fremdbestimmung.

Ein zentraler Aspekt in diesem wie auch immer gewerteten Identitätswandel des modernen Menschen ist die vielzitierte, wenn nicht zerdiskutierte Bildnisproblematik Stillers. Julika bringt sie, inspiriert durch ihre Gespräche mit einem jungen Jesuiten im Davoser Sanatorium, zum ersten Mal zur Sprache. Sie glaubt sich von der Tatsache überzeugt, „daß es das Zeichen der Nicht-Liebe sei, also Sünde, sich von seinem Nächsten oder überhaupt von einem Menschen ein fertiges Bildnis zu machen, zu sagen: So und so bist du, und fertig [...] War es nicht so, daß Stiller, ihr Mann, sich ein Bildnis von Julika machte?" (116) Mit diesen Überlegungen wird Julika zur vorrangigen Vertreterin und Verkünderin von Frischs bekanntestem Glaubens- und Gestaltungsprinzip. Seine grundsätzliche Formulierung findet dieses Prinzip im *Tagebuch*: „Du sollst dir kein Bildnis machen, heißt es, von Gott. Es dürfte auch in diesem Sinne gelten. Gott als das Lebendige in jedem Menschen, das, was nicht erfaßbar ist." (GWII, 374) Und für die zwischenmenschlichen Beziehungen folgert Frisch: „Man macht sich ein Bildnis [vom Mitmenschen]. Das ist das Lieblose, der Verrat." (GWII, 370) Von dieser Bildnisproblematik sind Denken und Handeln nahezu aller Stiller-Figuren entscheidend geformt. Sie bildet das Hauptargument im längsten, in direkter Rede wiedergegebenen Wortwechsel, den die ansonsten wortkarge Julika mit ihrem Mann führt (150), eine Auseinandersetzung, die schließlich den Bruch der Beziehung besiegelt und Stiller zur Flucht treibt. Der Verteidiger Bohnenblust greift später Julikas Argument erneut auf: „Die Zehn Gebote noch immer das Beste, du sollst dir kein Bildnis machen, wie Frau Julika immer wieder sagt, sehr richtig, sehr richtig" (372), ebenso der Staatsanwalt, der von Stillers Aufzeichnungen schreibt: „Das Bildnis, das diese Aufzeichnungen von Frau Julika geben, bestürzte mich; es verrät mehr über den Bildner, dünkt mich, als über die Person, die von diesem Bild vergewaltigt worden ist. Ob nicht schon in dem Unterfangen, einen lebendigen Menschen abzubilden, etwas Unmenschliches liegt, ist eine große Frage. Sie trifft Stiller wesentlich" (407). Stillers eigene Selbst-Entwürfe profilieren sich primär ex negativo, d. h. als Vorwürfe an die andern, daß sie sich von ihm die falschen Vorstellungen machen. So wurde Frischs Bildnis-Verbot – von höchster alttestamentarischer Instanz sanktioniert, von Julika proklamiert, vom Staatsanwalt legitimiert und von Stiller, wie konsequent auch immer, praktiziert, zum Lackmus-Test zahlreicher Interpretationen.[16] Bei Heidenreich gewinnt die Ikonophobie der Roman-Protagonisten geradezu dämonische Dimensionen: „Das Bildnis ist eine Fessel, es ist ein den lebendigen Menschen mordendes Werkzeug, dazu geschaffen, ihn auf eine unverwechselbare Erscheinungsform festzulegen." (L 10, 34) Hanhart gebietet diesem Mißverständnis ehrwürdigster Provenienz schließlich Einhalt, obgleich ihm ein Ende wohl so schnell nicht zu bereiten sein wird: „Es ist zwecklos, sich aufzulehnen gegen die Tatsache, daß menschliches Vorstellen bildlich geschieht und ein Mensch dem andern nicht vorstellungsfrei gegenübertritt." (L 9, 23) Daß man sich vom andern falsche Vorstellungen machen kann, ist beklagenswert, und Stiller und seine Interpreten haben es hinlänglich getan. Daß man sich jedoch vom andern überhaupt keine Vorstellungen mehr macht, wäre weitaus beklagenswerter und verhängnisvoller. Der Mensch, ob verliebt oder geliebt, ist kein ‚homo absconditus'; ihn mit diesem göttlichen Nimbus auszustatten, kann nur zu zwischenmenschlichen Komplikationen führen. Das eherne Diktum „Du sollst dir kein Bildnis machen" ist, genau betrachtet, Teil des Problems, nicht Teil der Lösung von Stillers Ehe- und Identitätskrise. Denn hinter dem Bildnis-Verbot steht ein Wunsch- und Idealbild von sich und dem andern, welches so unerreichbar und unerkennbar ist, wie – das Göttliche selbst. Anstatt des archaischen Bild-Verbotes eines blinden Glauben und Gehorsam fordernden Gottes sollte dem aufgeklärten Menschen vielmehr die Freiheit zu Gebote stehen, zwischen falschem und richtigem Bild zu unterscheiden. Wie man sieht: Das Bildnis-Verbot verlangt vom Leser mehr selbständige „Mit-Arbeit", als selbst der Autor eingeplant hatte. (Das Bildnis-Verbot wird in der Projektionsbildung der „imaginierten Weiblichkeit" und im Bilder-Überfluß der Medienkultur weiter zu problematisieren sein. Vgl. dazu unten I, 3 und I, 6 bzw. I, 5).

So wie Frisch die Erfahrung der Wirklichkeit mit einem Bild-Verbot belegt, so deklariert er konsequent umgekehrt die Erfahrung der Wahrheit als „Spiele der Einbildung [...] Bilder." (GW IV, 263) Resultat: Seine phantastischen Geschichten ermöglichen dem Protagonisten einerseits eine imaginäre Selbst-Verwirklichung und verhindern andrerseits eine realistische Selbst-Einschätzung. Diese zwischen Realem und Imaginärem changierende Doppelperspektive ist die genaue Reflexion ihrer Erzählfigur, nämlich eines „erfundenen [...] gespaltenen [... und ...] fragmentierten Ichs" (L 107, 371 f.).

3. Macht und Ohnmacht im Verhältnis der Geschlechter

Entsprechend der Doppelperspektive des Erzähl-Protagonisten und seiner Erzählwelt erscheint auch Stillers Ehepartner verdoppelt. „Es sind zwei verschiedene Juliken" (202). Man hat Stiller auf Grund dieses Ausspruches zugute gehalten, „daß er ehrlich bemüht ist, diese seine Frau nach fast siebenjähriger Trennung wie zum ersten Mal zu sehen, aber möglichst objektiv." (L 19, 55). Der Wahrheit näher kommen jene Interpretationen, welche Julika, allem Anschein von Wirklichkeit zum Trotz, primär als Projektionsfigur Stillers deuten. (L 89, 178, L 84, 597, L 49, 181) In ihr haben verschiedene Wunsch- und Angstvorstellungen des Protagonisten bildhafte Gestalt angenommen. Was beide Figuren gemeinsam haben, ist die – wie die Stiller-Rezeption schon auf den ersten Blick erkannte – „fast neurotische Angst des Menschen, sich zu binden". (Kaiser, nach L 49, 183) Paradoxerweise ist es gerade diese Bindungsangst, welche beide nicht voneinander loskommen läßt. Stellvertretend für Julika schreibt Stiller: „Sie brauchten einander von ihrer Angst her" (89).[17] Eine Generation später, in sexuellen Dingen weniger verschwiegen als die Literaturkritik der 50er Jahre, deutet Lusser-Mertelsmann diese Bindungsangst der Ehepartner als eine Manifestation der Sexualangst. (L 49, 183)[18] Dabei sind vor allem die folgenden zwei Aspekte von grundlegender und folgenreicher Bedeutung. Zum einen ist es der schuldbesetzte, unbewußte Wunsch des Mannes, „für die Frau das Kind zu bleiben" (L 49, 194).[19] Zum andern ist es sein „Zerwürfnis mit dem Körper" (109), dem Stiller selbst mehrfach Ausdruck verleiht, am deutlichsten in der wiederholten Charakterisierung seiner Beziehung zu Julika als der eines „stinkige[n] Fischer[s] mit einer kristallenen Fee" (98, 108). Diese Märchen-Metapher wiederum veranschaulicht zweierlei. Einerseits ist sie facettenreiches Spiegelbild der sich wohl wechselseitig bedingenden Komplexe von Julikas Frigidität (kaltes, lebloses Kristall) und Stillers Impotenz (stinkig-faulig-phallischer Fisch).[20] Andrerseits ist Julika als zauberhafte Kristallfee ein Produkt der Verschiebung und Sublimierung der Stillerschen Sexualangst, und somit Ausdruck jener Idealisierung der Frau ins „Unerreichbare", von der Lusser-Mertelsmann schreibt: „Sehnsucht nach dem Ideal und de[n] unbewußten Wunsch, es niemals zu erreichen, [...] stellt Frisch besonders komprimiert im ‚Stiller' dar." (L 49, 185)[21] Am ausdrucksstärksten kommt Stillers Hochstilisierung des Weiblichen in der ästhetischen Verfremdung Julikas zur Jugendstil-Figur zum Ausdruck.[22] In dieser Kunstform treibt die verdrängte Sexualität eines im Verfall begriffenen Puritanismus ihre bezauberndsten Blüten. In diesem wahrsten Abbild bürgerlicher Lebenslüge findet die Stiller-Ehe denn auch ihre sprechendste Verbildlichung. Immer wieder greift der Erzähler in der Beschreibung dieser Ehe auf die florale Metaphorik des Jugendstils zurück. Stiller selbst erscheint als „männliche Mimose" (106, 122, 149), die sich nach Berührung sehnt und vor ihr zittert, und Julika wird als „Herbstzeitlose" (146) charakterisiert, als ein Geschöpf, das Stiller „zum Blühen [...] bringen" (147) möchte. (Zur Symbolik der Herbstzeitlosen-Blume, der Blüte ohne Frucht vgl. L 94, 97). Sie ist eine verschlossene Jugendstil-Blüte, die sich einzig im Tanz, der emblematischen Ausdruckskunst des Jugendstils, zu öffnen und zu entfalten vermag. Das Ballett ist „die einzige Möglichkeit ihrer Wollust" (99).

In Julikas Bühnenkunst gelangt das komplexe Entfremdungsverhältnis des Stillerschen Ehepaares zu seiner parabolischen Darstellung. Dem Solipsismus und „Ich-Theater" Stillers, der sich die Welt zur Bühne macht, korrespondiert der „Narzißmus" (100) und die exhibitionistische Theater-Existenz Julikas, die einzig auf der Bühne zum Leben erwacht (vgl. 101, siehe auch L 13, 85). Im Wechselspiel von weiblichem Zeigetrieb und männlicher Schaulust entfaltet sich die ganze sexuelle Spannung der Frustration und Sublimation, welche für diese Ehe so symptomatisch ist. Lusser-Mertelsmann hat diese psychovisuelle Dynamik erstmals erörtert (L 49, 186), jedoch nur das Augenfällige dieser überaus vielschichtigen Theater-Parabel ausgeleuchtet. Was hier vor den Kulissen zur Darstellung gelangt, ob nun als humangenetisches Naturgesetz oder als phallokratische Spielregel, ist das für die Attraktion der Geschlechter ausschlaggebende Wechselverhältnis von weiblichem Exhibitionismus und männlichem Voyeurismus. Als wollüstige Tänzerin versinnbildlicht Julika das Ur-Bild aller männlichen Vorstellungen vom Weiblichen, nämlich das männerverführende und männermordende Weibs-Bild Salome, den Sexualtrieb wie das Kastrationstrauma des Mannes gleichermaßen erregend. (So kehren die Bilder, die man sich nicht macht, als Wunsch- und Wahngebilde wieder!). Julikas Tanz suggeriert jedoch nicht nur, er sublimiert auch die sexuelle Verführung und Paarung und verwandelt somit die Triebwelt in ein Reich der Kunst. Dieser Transformationsprozeß veranschaulicht die Genese vom klassischen Gegensatz zwischen Kunst und Leben – und reflektiert gleichzeitig die reale Entfremdung zwischen den Geschlechtern. So verkommt die Schaubühne zur öffentlichen Veranstaltung des privaten Trauerspiels einer unausgelebten Sexualität. Die Partnerwahl entpuppt sich – coram publico – als Partnerqual.[23] Julikas Tanzkunst ist für Stiller nicht nur Reizbild seiner sexuellen, sondern auch Spottbild seiner kreativen Frustration; ihm bleibt die erotische Schein- und mehr noch die künstlerische Selbstverwirklichung seiner Frau versagt. Das gleiche gilt auch für seinen Erfolg als Lebens-Schauspieler. Während Julikas Flucht in die Bühnenrolle die Anerkennung der Welt findet, landet Stiller mit seiner Flucht in eine fremde Identität schließlich im Gefängnis. Eng verbunden mit dem sexuellen und kreativen Konflikt ist die soziale Konkurrenz der Geschlechter. Wenn Merrifield allgemein feststellt, „alle zentralen Frauengestalten in den Romanen sind [...] sogenannte höhere Töchter, während ihre Partner [...] durchweg aus kleinbürgerlichen Verhältnissen stammen" (L 19, 115 f.), gilt dies im besonderen für die Beziehung Stiller – Julika. Und auch dieser

Aspekt findet in der Theater-Parabel seine unmittelbare Veranschaulichung. Die Tanzkunst und Theaterwelt Julikas ist Repräsentationsmedium einer Gesellschaftsschicht, die sich im Übergangsstadium befindet zwischen einem klassizistisch orientierten Bildungsbürgertum und einer kapitalistisch fundamentierten „leisure class". Letztere zeichnet sich ihrem Soziologen Thorstein Veblen zufolge aus durch eine ostentative Zurschaustellung von Wohlstand und Kultur.[24] Am Rand dieser Welt steht der gesellschaftliche Aufsteiger Stiller. Mit sexuellen, künstlerischen und sozialen Minderwertigkeitskomplexen blickt er auf zu seiner Frau, – die ihm in allen drei Gesichtspunkten buchstäblich auf der Nase herumtanzt. Kluft und Distanz zwischen erleuchteter Tanzbühne und verdunkeltem Zuschauerraum unterstreichen noch einmal Bruch und Entfremdung einer nur durch zahlreiche Projektionen und Illusionen zusammengehaltenen Ehe.

Dieses eheliche Rollenspiel und Psychodrama – eine Fehlbesetzung in mehrfacher Hinsicht – gilt es weiter zu untersuchen. Die Kritik war von Anfang an von dieser ausgefallenen Inszenierung einer Ehe fasziniert. Joachim Kaiser erklärte den Autor des *Stiller*, was das Verhältnis der Geschlechter betrifft, zum Strindberg, ja Hamsun seiner Tage. (In L 4, 48 f.) Und Reich-Ranicki führte weiter aus: „Es erweist sich, daß seine Männer […] nicht unbedingt gelungene, mitunter offensichtlich simplifizierte Modellfiguren sind, während seine weiblichen Gestalten überzeugender wirken und auf größere künstlerische Sensibilität schließen lassen." (L 96, 317)[25] Aus heutiger Sicht läßt sich präzisieren: *Stiller* ist einer der ersten Romane, der den für unsere zweite Jahrhunderthälfte so bedeutsamen Wandlungsprozeß im Verhältnis der Geschlechter wesentlich präfiguriert. Während die männlichen Romanfiguren von einer wachsenden Verunsicherung ihrer männlichen Identität gezeichnet sind, profilieren sich die weiblichen Romanfiguren durch Selbstverwirklichung und Selbstbewußtsein. Die Interpretationsgeschichte dieses sich abzeichnenden Geschlechtsrollentausches spiegelt gleichzeitig auch die reale Emanzipationsgeschichte der Frau wider.[26] Im Verlauf der 70er Jahre gewinnen die Neubewertungen der Geschlechterverhältnisse eine zunehmend feministische Akzentuierung und Polarisierung.[27] Marian E. Musgrave stellt schließlich die Behauptung auf, daß es sich bei Frischs Werken um „horror stories of female relationships with men" (L 54, 116) handelt, in welchen für Frauen der Kontakt mit Männern potentiell gefährlich und zerstörerisch ist. Und Mona Knapp bringt ihr Argument auf die These: „The female is only a sustaining vehicle for male self-analysis." (L 47, 263) Im Gegensatz zu Knapps Feststellung „In spite of the superficial and oftenstated supremacy of the female of these texts, she does not emerge as a dominant figure" (L 47, 289), schlußfolgert Sibylle Heidenreich: „Frisch zeigt emanzipierte Frauen, die sogar zum Teil den Mann – hier Stiller – unterhalten müssen. Stiller ist ein Sklave der Frauen, seelisch wie finanziell." (L 10, 55)[28] Was diese neueren Frauenstudien auszeichnet, ist ein mehr oder weniger moralisch motivierter Feminismus – er wäre zu ergänzen und zu präzisieren durch einen theoretisch orientierten. Als hilf- und aufschlußreich erweisen sich hierbei die programmatischen Überlegungen von Silvia Bovenschen. In ihrer inzwischen zu einer Art Kursbuch der feministischen Literaturkritik in Deutschland avancierten Studie *Die imaginierte Weiblichkeit – Exemplarische Untersuchungen zu kulturgeschichtlichen und literarischen Präsentationsformen des Weiblichen* schreibt sie: „... das Weibliche [garantiert für den Mann] ein doppeltes Glück: emphatisch als Trägerprinzip einer regressiv-utopischen Einheitssehnsucht, realiter, indem es eine passive, ‚natürliche' Knetmasse in männlicher Hand bleibt." (M 4, 33) Diese Definition trifft ins Zentrum sowohl des Bild-Verbotes wie des Ehe-Diskurses sämtlicher Roman-Protagonisten. Julika verkörpert als Ballett-Tänzerin und Illustrierten-Schönheit modellhaft Präsentationsformen männlicher Phantasien. Ja, sie ist so sehr „Knetmasse in männlicher Hand", daß Stiller – der Theorie buchstäblich zur Hand gehend – Julika tatsächlich zu einer „schöne[n], seltsame[n], tote[n] Vase" (260) zurechtknetet.[29] Nirgendwo konkretisieren sich Bild- und Bannkraft männlich imaginierter Weiblichkeit und regressiv-utopischer Einheitssehnsucht stärker als im Modell der Ehe. Mit seinem Sakraments- und Institutionscharakter setzen sich, konform, kritisch und kreativ, sämtliche Hauptfiguren des Romans leidenschaftlich auseinander. Stillers Verteidiger Bohnenblust vertritt die konservative Position, die er mit dem hochamtlichen Eifer eines Hochzeitspredigers – vom Pathos beseelt, zur Parodie verdammt – in einer endlosen Reihe von moralischen Parolen und literarischen Phrasen *ad nauseam* führt (370–373). Im Gegensatz zu Bohnenblusts Ehe-Enkomion steht das Ehe-Experiment des Staatsanwalts, der davon überzeugt ist, „daß man die Ehe nicht in einem spießbürgerlichen Sinne begreifen dürfe; [...] Und selbstverständlich fußt diese Theorie auf einer vollkommenen Gleichberechtigung von Mann und Frau" (209). In der Praxis freilich, d. h. in der Gleichberechtigung der Seitensprünge, erweist sich auch diese Theorie als äußerst hinfällig. Sinn fürs Wirkliche und Wesentliche hat einzig Sibylle. Ihrem Ehemann gibt sie Bescheid: „Du hast mir keine Freiheit zu geben [...] Ich nehme mir die Freiheit schon selbst, wenn ich sie brauche" (203). Und auch von der Ehe hat sie entschiedene Vorstellungen: „Entweder ist die Ehe ein Schicksal, meine ich, oder sie hat überhaupt keinen Sinn" (292).

Im Ehe-Desaster zwischen Julika und Stiller – im Existenz-Vakuum hinter den Kulissen – ist das Syndrom imaginierter Weiblichkeit und regressiv-utopischer Einheitssehnsucht am ausgeprägtesten. Der Staatsanwalt bestätigt Stiller, was Julika eine Ehe lang befürchtete: „Sie als dein Geschöpf [...] Ein unvollendetes Lebenswerk!" (423). Das regressive Element der Stillerschen Einheitssehnsucht hat Lusser-Mertelsmann bereits herausgestellt als Stillers „unbewußten Drang zur Mutter" (L 49, 189). Das utopische Element dieser Einheitssehnsucht manifestiert sich in Stillers Imagination eines matriarchalen Mythos (vgl. unten I, 6) bzw. in der Konzeption einer idealen Ehe.[30] Vom letzteren erhofft Stiller sich nichts weniger als die psychische Regeneration seiner selbst: „Ich war verliebt in deine Spröde, in deine Zerbrechlichkeit [...] Ich machte dich zu meiner Bewährungsprobe [...] ein irgendwie gebrochener Mann, der sich an dir glaubt bewähren zu müssen" (146 f.). Das Utopische dieser Liebesmüh leuchtet allerdings erst auf in ihrem ohnmächtigen Versagen, nämlich im Umschlagen einer moralisch bedrängten Sexualität in eine religiös übersteigerte Passion.[31] Diese Metamorphose kündigt sich an als der „ungehörige Traum von der Konfrontation mit Frau Julika Stiller-Tschudy" (63), in dem beide Ehepartner von Wundmalen an den Händen gezeichnet sind „wobei es offenbar, nur soviel ahne ich, zwischen den beiden darum ging, wer das Kreuz und wer der Gekreuzigte" (63). Dieser Traum repräsentiert eine blasphemische Verschiebung der Vorstellung vom lustvollen Koitus zur qualvollen Kreuzigung, – das ‚mysterium conjunctionis' pervertiert zum ‚martyrium conjunctionis'. Die nächste Station auf diesem sich anbahnenden Kreuzweg ist Lokaltermin und Zeugenversammlung im Atelier. Stillers Konfrontation mit Julika wird zur wechselseitigen Erkennungs- und Offenbarungsszene. Indem sie sich als seine Ehefrau bekennt, verwandelt sie sich für ihn in seine „Verräterin" (368): Julika wird Judas. Ihr Verrat besiegelt die Verurteilung Stillers, Ehe und Identität auf sich zu nehmen und zu tragen – wie ein Kreuz zur Hinrichtung. Stillers biblische Projektion, den Weg nach Golgatha, vollendet freilich nicht er, sondern Julika. Zwar folgt, mit heilsgeschichtlicher Logik, Julikas Verrats-Szene die Selbstmord- (d. h. Selbsthinrichtungs-) Geschichte Stillers. Er kommt jedoch, wie sich zeigen wird, mit einem mystischen Schrecken davon (380). Es ist die todkranke Julika, an der sich Stillers Kreuzigungstraum schließlich entscheidet und erfüllt. Sie ist in dieser Ehe die „Gekreuzigte" (63) und stirbt den Opfertod, bezeichnenderweise in einer Osternacht: matrimonium consummatum est.

Jedoch erst im Nachwort verdichten sich die Assoziationen zwischen Stiller-Ehe und Christus-Passion zu einer veritablen Erlösungsgeschichte. Der Staatsanwalt: „Stiller, du gestattest, daß ich es dir sage: dein mörderischer Hochmut – du als Erlöser eurer selbst" (422). Noch drei weitere Male fällt das Wort „Erlöser" und kennzeichnet damit unzweideutig Stillers Ehe-Ideal als Heils-Utopie, nämlich als messianischen Versuch „auf dem Wasser zu wandeln" (342, vgl. auch 428). Sosehr Rolf Stillers ehedramatische ‚imitatio' der Passionsgeschichte kritisiert, seine eigene Phantasie tendiert in dieselbe Richtung. Der religiös überdrehten Imagination Stillers vergleichbar glaubt er nach dem Ehebruch Sibylles dreimal den Hahn krähen zu hören (202) – wie einst Petrus nach dem Verrat seines Herrn und Meisters. So verwechselt sich in seiner größten Verzweiflung auch Rolf, der gehörnte Hahnrei, mit einem dornengekrönten Heiland. Julikas Verrat und Sibylles Betrug, das sind für Stiller und Staatsanwalt Stunden der Wahrheit höchsten, d. h. leidens- und heilsgeschichtlichen Ausmaßes. Rolf erkennt: „Etwas plötzlich war Sibylle der einzige Sinn und Inhalt seines Lebens geworden" (217). Ebenso Stiller: „Frau Julika Stiller-Tschudy ist ja doch meine einzige Hoffnung" (340). Erst im drohenden Verlust gibt sich die Frau dem Mann als sein höchstes Erdenglück zu erkennen. Frischs *Don Juan* wird die kritische Theorie vom weiblichen „Trägerprinzip einer regressiv-utopischen Einheitssehnsucht" schließlich als klagende Elegie intonieren:

Welche Ungeheuerlichkeit, daß der Mensch allein nicht das Ganze ist! Und je größer seine Sehnsucht ist, ein Ganzes zu sein, um so verfluchter steht er da, bis zum Verbluten ausgesetzt dem andern Geschlecht. (GW III, 164)

Der Stellenwert dieses utopischen Geschlechter-Diskurses kann für den Wertwandel der Moderne nicht hoch genug angesetzt werden. Er reflektiert den für das zwanzigste Jahrhundert symptomatischen Umbruch von transzendenter Sinngebung in säkulare Sinnsuche. Ebenso illustriert er dessen inhärente Dialektik, nämlich die tendenzielle Desintegration rein männlicher, sexualrepressiver Herrschaftsstrukturen und die graduelle Emanzipation weiblicher, sexualpermissiver Wertprinzipien. Stillers Utopie einer erlösenden und Rolfs Theorie einer offenen Ehe sowie die erotische und professionelle Selbstentfaltung ihrer Frauen, das sind alles neue Positionen im alten Kampf der Geschlechter. Sibylle geht daraus als souveräne Siegerin hervor: „Wieso wär's nicht möglich, zwei Männer zu lieben?" (284) – „‚Männer sind komisch! [...] Weiß der Himmel' lacht sie, ‚ihr seid mir eine Gesellschaft!'"(284 f.). Stiller seinerseits ist die zerrissene Männlichkeit in Person: Einerseits „gab er Töne von sich wie ein Pascha" (296), andrerseits besitzt er „ein feminines Talent zur Anpassung." (400) Im autobiographischen *Montauk* (1975) findet sich schließlich die zwischengeschlechtliche Bewährungsproblematik des Mannes (Frisch, Stiller, Staatsanwalt) auf das aktuelle Schlag- und Schlüsselwort der feministischen Diskussion gebracht: „Mein Laster: Male Chauvinism" (GW VI, 679). Was einst Manneswürde ist nun Mannesbürde – und diese Selbstbelastung ist mehr als ein Frischsches Versagen. Aus dem persönlichen Bekenntnis des Autors spricht vielmehr die allgemeingültige Erkenntnis, daß der moderne Mann seine traditionelle Rolle schlechterdings verspielt hat.

Was sich in den hier umrissenen Beziehungen zwischen den Geschlechtern abzeichnet, ist ein kulturell fundamentaler Wandlungsprozeß – ein insgeheimer Paradigmenwechsel von patriarchalen zu matriarchalen Welt- und Wertvorstellungen. Dieser Paradigmenwechsel ist weder von der Frisch-Forschung noch von zeitgenössischen Gesellschaftstheoretikern im wesentlichen erkannt, geschweige denn erörtert worden.[32] Die Roman-Trilogie ist jedoch von diesem prototypischen Normenwechsel sexualpolitisch und psychomythisch auf grundlegende Weise geprägt (siehe unten I 6, II 5, III 3).

4. Schweiz und Amerika: Gefängnis und Fluchtpunkt persönlicher Selbstverwirklichung

Der Polarität zwischen Mann und Frau entspricht strukturell im Roman die Polarität zwischen Heimat und Fremde, d. h. konkret der Gegensatz zwischen der Schweiz und Amerika. Die unmittelbare Verkörperung dieser Polarität stellen Stillers Schweizer Ehefrau und seine amerikanische Wunschgeliebte dar. In sprichwörtlicher Schwarz-Weiß-Malerei kontrastiert die Maskenhaftigkeit und Frigidität der hellhäutigen Julika mit der Natürlichkeit und Sinnlichkeit der dunkelhäutigen Florence. ‚*Tertium comparationis*' ihrer Gegensätzlichkeit ist ihr Tanz: Ästhetik des Kunsthaus-Balletts versus Ekstase der „Urwald" (188)- Rhythmik.[33] Im übertragenen Sinn figurieren Julika und Florence als weibliche Allegorien Stillerscher Schweiz- und Amerika-Vorstellungen. So verkörpert Julika, die Stadttheater-„Bacchantin" (102) und *vice versa* häusliche Migräne-Simulantin, geradezu ausnahmslos all jene Eigenschaften, die Stiller als typisch schweizerisch so leidenschaftlich kritisiert: „Temperamentlosigkeit, (was mich so maßlos reizt), [...] Korrektheit [...] Mäßigkeit" (21) „Verlogenheit" (197), „Verzicht auf das Wagnis" (245) und: „Die Armut an Begeisterung, die allgemeine Unlust, die uns in diesem Land entgegenschlägt, sind doch wohl deutliche Symptome, wie nahe sie [der] Impotenz schon sind" (245).[34] Diese Schweizer Verhältnisse bilden nicht nur Julikas Verhalten ab und bündeln, laut Poser „wie in einem Brennspiegel alles [...] was Stiller an der bürgerlichen Gesellschaft überhaupt kritisiert." (L 95, 31). Sie sind gleichzeitig auch Kontrastspiegel zu Stillers großer Amerika-Vision. Die Neue Welt, so der einstimmige Chor der Kritik, repräsentiert „ursprüngliches, nicht genormtes Leben" (L 95, 31), „existentielles Experiment" und „Projektion seines Selbst" (L 43, 301) und in Frischs eigenen, von seinen Interpreten vielfach aufgegriffenen Worten „Räume der Hoffnung" und „Kontinent[] der eigenen Seele" (GWII, 184; zu Florence als Teil dieser Wunschwelt siehe unten I, 6). Obgleich sowohl die Faszinationskraft als auch der Projektionscharakter Amerikas im Werk Frischs gebührend anerkannt und erörtert worden sind,[35] steht die eingehende Erforschung des „American Dream" und seiner Bedeutung für die Vor- und Darstellung der Frischschen Romanwelt immer noch aus. Wohl sämtliche Amerika-Erfahrungen Stillers – vom „Frontier"-Mythos („westwärts zu fahren, gleichviel wohin", 338) bis zum „rebirth experience" (in den Carlsbad-Kavernen, vgl. unten I 6) – ließen sich als prototypische Erlebnismuster des „American Dream" deuten.[36] Hier sei lediglich auf zwei seiner charakteristischsten Aspekte näher eingegangen. Zum einen ist es der Topos des Paradieses, der zu den Gründermythen des „American Dream" gehört und in Stillers Reisebeschreibungen als „Paradies auf Erden" (39) mehrfach wiederkehrt (vgl. auch 28, 180). Am deutlichsten kommt die religiöse Komponente des amerikanischen Paradies-Mythos noch in der Gospel-Tradition der Schwarzen und ihrer „Baptist Church" (191) zum Ausdruck: „... der Lord wird uns führen in das Gelobte Land" (193) verkündigt ihr Sonntags-Prediger. Ein zweiter prägender Aspekt des „American Dream" ist das Ideologem des „rugged individualism", ein weltanschauliches Amalgam aus amerikanischer Unabhängigkeits-Erklärung und „pursuit of happiness"-Verfassung sowie dem Pioniergeist des Wilden Westens mit seinem Faustrecht.[37] Nicht nur mußte der amerikanische „rugged individualism" Stiller als rettende Alternative zur eigenen Mimosenhaftigkeit und Identitätsproblematik erscheinen. Gleichzeitig steht dieses rigorose Individualitäts-Postulat des „American Dream" im dialektischen Zusammenhang mit der calvinistischen Prädestinationslehre schweizerischer Provenienz. Auch deren Einflußsphäre im Weltverständnis Stillers verdient größere Aufmerksamkeit, als ihr bislang zuteil wurde. Darauf hingewiesen hat der DDR-Germanist Roland Linke, der in seiner Stiller-Interpretation von einer Schweizer Gesellschaft spricht, „die seit Calvins Zeiten der Prädestination huldigt, der Vorbestimmung, die sich im gottesfürchtig brav erfochtenen Erfolg zeige". (L 82, 323). Poser ihrerseits führt Stillers Tagebuch-Schreiben auf die Tradition des Pietismus zurück – ohne jedoch auf dessen innere Verwandtschaft zum Calvinismus hinzuweisen und schlußfolgert, daß der Pietismus „zur Entdeckung und zum Bewußtsein einer eigenen Individualität beigetragen hat". (L 95, 7) *Nota bene*: Hier schlägt der im Calvinismus vorgeschriebene Weg der ‚imitatio dei', der Nachfolge und Befolgung Gottes und seines Willens, um in eine selbstbewußte ‚imitatio mei'. (Im Falle Stillers führt allerdings das dabei auf den Menschen zurückfallende Bildnis-Verbot Gottes eher zum Selbstverlust als zur Selbstfindung.) Stillers Selbst-Ergründung nach calvinistischem Prädestinations-Dogma, „zu werden, was man ist. Nichts ist schwerer ..." (408) steht im Wirkungsverhältnis zu seinen Selbstentwürfen im „self-made-man"-Stil des „American Dream". Damit ist die Wechselwirkung dieser beiden Weltbilder jedoch noch nicht erschöpft. Auch Stillers Wunsch „Ich möchte das Wesen erkennen, das über mich richten wird", (247) entspringt einer tieferen Erfahrung als der des modernen „Mensch[en] in Untersuchungshaft". (L 96, 311) Stillers notorischer Schuldkomplex wurzelt vielmehr in calvinistischen Zwangsvorstellungen von unvermeidlicher Versündigung und gnadenloser Verurteilung, von ungenügender Leistung und ausbleibendem Lohn: „... ein Moralist [...] leide[nd] an der klassischen Minderwertigkeitsangst aus übertriebener Anforderung an sich selbst, und sein Grundgefühl, etwas schuldig zu bleiben, hält er für seine Tiefe, mag sein, sogar für Religiosität [...] Er möchte wahrhaftig sein" (252, vgl. auch 147). Diesem Rechenschaftsdenken des Calvinisten Stiller steht das Naturrechtsdenken des Cowboys White gegenüber, für den nicht das Gesetz Gottes, sondern das Recht des Stärkeren zählt. „Der Mensch ist ein Raubtier" (52), erklärt der Inhaftierte seinem Wärter, und von seinem Höhlen-Zweikampf mit White berichtet er: „... jedenfalls ist nur einer aus der Kaverne gestiegen, der Stärkere vermutlich" (171). Die Gegensätze zwischen dem bibelfesten Dulder Stiller („Bibel gelesen", 63; vgl. auch 40, 243) und dem trinkfesten Draufgänger White („ohne Whisky [...] bin ich nicht ich selbst", 9) sind zwei Seiten einer Münze, zieht man in Betracht, daß die Genese des „American Dream" in eine Zeit zurückreicht, die von ausgesprochen calvinistischen Werttraditionen geprägt war. So sind in der Doppel-Identität Stiller/White calvinistisches Ethos und amerikanischer Mythos, Alte Welt und Neue Welt zu einer doppelköpfigen Einheit verschmolzen.

Stillers „Kontinent der Seele", das ist aus der Perspektive der Psychoanalyse „inneres Ausland" (Freud, nach L 84, 607) und in der avantgardistischen Filmästhetik Signifikant des „schlechthin Anderen" (Elsaesser).[38] Dieser der Feminismus-Theorie entlehnte Begriff bezeichnet das Unbewußte ebenso wie das Weibliche.[39] Plausibel wird diese Doppelbedeutung in Elsaessers Diskussion der Wechselwirkung von amerikanischer Film-Kultur und europäischem Amerika-Kult. Zum Aspekt des Unbewußten: „Daß Amerika für ein spezifisch deutsches Imaginäres eine eigenartig verschobene wie auch spiegelbildlich verkehrte Funktion hat, wird im Neuen Deutschen Film vielleicht noch deutlicher als in der Nachkriegsliteratur [...] Als Bild und Vorstellung wird so die [amerikanische] ‚Außenwelt' zur ‚Innenwelt'." Zum Aspekt des Weiblichen: Im Gegensatz zur europäischen Hochkultur (bzw. ihren elitären Traditionen) steht die amerikanische Massenkultur, die von Elsaesser zum „Inbegriff des Mütterlichen" emblematisiert erscheint: „Amerika ist das immer schon gekannte Glücksgefühl, aufbewahrt in seinen Filmbildern, seiner Zeichensprache, deren Wirksamkeit durch die Mittel der Wiederholbarkeit weiterlebt. Von ihnen muß man sich (im Gegensatz zur Mutter) als Kinosüchtiger nie mehr trennen."[40] Diese Charakterisierung des Signifikanten Amerika beleuchtet drei konstitutive Romanaspekte: der amerikanische Film als Disseminationsmedium des „American Dream", Amerikas Massenkultur als semiotisches Programm für das Zeitalter der Reproduktion (siehe I 5) und Amerika, „Inbegriff des Mütterlichen", als mythische Matrix für das Zeitalter der Frauen-Emanzipation (siehe I 6). Diese zeichen- und bedeutungsreiche Ausstrahlung des Signifikations-Modells Amerika erscheint wohl nicht zuletzt deshalb so vielfältig in Frischs Werk eingefangen: Der Roman ist das Produkt eines einjährigen Amerika-Aufenthalts seines Autors. (Zur Entstehungsgeschichte vgl. L 101, 29–34)

5. Lebensauthentizität im Zeitalter der Reproduktion

Es ist die Mythen-Welt des „American Dream", die Stillers „übersteigerten Originalitätsanspruch" (L 27, 200) evoziert – und die andere Seite der Münze – es ist die Medien-Welt der amerikanischen Realität, die ihm die Simulierbarkeit jeglicher Individualität vor Augen führt. Zum Traum-Land Amerika mit seiner Suggestion vom ungenormten Leben gehört die Traum-Fabrik Hollywood mit ihren massenproduzierten und massenkonsumierten Illusionen. „Wir leben in einem Zeitalter der Reproduktion" (186), stellt der Erzähler fest, und Hans Mayer hat daraus schon früh die These abgeleitet: „Leben und Literatur im Zeitalter der Reproduktion: Das ist Max Frischs eigentliches Thema im Roman ‚Stiller'." (L 88, 243) In der Tat reflektiert – und reproduziert – der Roman dieses Thema auf vielfältigste Weise. In ironischer Kontrafaktur des Mottos „Du sollst dir kein Bildnis machen" beziehen die

Romanfiguren ihre Vorstellungen mit Vorliebe aus Bild-Journalen. So glauben gleich zu Beginn Kommissär und Wärter den heimgekehrten Stiller an Hand von Presse-Photos identifizieren zu können. Stiller erhält von verschiedenen Personen auf seine Frage, woher sie dies oder jenes wüßten, permanent die Antwort: „Aus der Illustrierten". Und Julika, die mit mysteriösen Bild-Verboten ihrem Ehemann – einem Bildhauer! – den Kopf verdreht, findet im eigenen, tausendfach vervielfältigten Konterfei auf der Titelseite einer Illustrierten ihr größtes Glück. (Hier ist sie bildhübsch, unberührbar und käuflich in einem; Idealbild, Glanzpapier, Warenfetisch) – Mit der Masseninformation durch die Bildzeitschriften paart sich die Allgemeinbildung durch die audiovisuellen Medien. Stiller:

Wir sind Fernseher, Fernhörer, Fernwisser. Man braucht dieses Städtchen nie verlassen zu haben, um die Hitlerstimme noch heute im Ohr zu haben, um den Schah von Persien aus drei Meter Entfernung zu kennen und zu wissen, wie der Monsun über dem Himalaja heult oder wie es tausend Meter unter dem Meeresspiegel aussieht. Kann heutzutage jeder wissen. (186)

Dieser Erkenntnis-Qualität aus zweiter Hand entspricht die Erfahrungs-Qualität der Geschichten von Stiller alias White. Seine Abenteuer in der Neuen Welt: „remakes" amerikanischer Märchen (Rip van Winkle) und Hollywood-Mythen (Wilder Westen), seine Mords- und Weibergeschichten: Abklatsch gängiger Sex-and-Crime-Thriller aus Amüsierkino und Trivialroman. Und seinem Selbstportrait als Frauenheld attestiert Lusser-Mertelsmann die „omnipotente Männlichkeit" (L 84, 597) von Reklame-Bildern – das „Wanted"-Poster eines Selbstsuchers nach dem Vorbild des amerikanischen „tough guy". So weit man sieht, Stillers Ich- und Welterfahrung im Duplikat und Imitat scheint grenzenlos:

Daß ich meine Mordinstinkte nicht durch C. G. Jung kenne, die Eifersucht nicht durch Marcel Proust, Spanien nicht durch Hemingway, Paris nicht durch Ernst Jünger, die Schweiz nicht durch Mark Twain, Mexiko nicht durch Graham Greene, meine Todesangst nicht durch Bernanos und mein Nie-Ankommen nicht durch Kafka und allerlei Sonstiges nicht durch Thomas Mann, zum Teufel, wie soll ich es meinem Verteidiger beweisen? Es ist ja wahr, man braucht diese Herrschaften nie gelesen zu haben, man hat sie in sich schon durch seine Bekannten, die ihrerseits auch bereits in lauter Plagiaten erleben. Was für ein Zeitalter! (186)

In der Tat lebt Stiller ein „Leben im Zitat", eine Montage-Biographie aus kulturbunter (Aller-)Welt(s)Literatur. Allein schon seine zahlreichen direkten und indirekten Anspielungen an klassische Romane wie

Anna Karenina, Effi Briest, Der Zauberberg und *Wem die Stunde schlägt* sind ein Kapitel für sich.[41]

Das Zeitalter der Plagiate und Reproduktionen, welches Stiller so vielfältig illustriert, reflektiert und persifliert, ist das Zeitalter der sich entfaltenden Kultur- und Unterhaltungsindustrie. In keinem anderen Land ist diese Industrie so fortgeschritten wie im Amerika der 50er Jahre, dem Land von Disney und McDonald. Ermöglicht durch technologische Innovationen und begünstigt durch wirtschaftliche Prosperität beginnt sie rapide alle Lebensbereiche zu erfassen und zu gestalten. Interessant sind in diesem massenkulturellen Zusammenhang die ersten kritischen Reaktionen auf den Roman, die vorwiegend von einem kulturpessimistischen Ton durchzogen sind. Hans Mayer: „Echte, originale [...] Produktion einer eigentümlichen Lebensgeschichte [ist] im Zeitalter der Illustrierten und Kulturfilme gar nicht mehr möglich." (L 88, 245) Tenor der Klagen ist, daß Stiller sein Leben nur noch reproduktiv und fragmentarisch zu gestalten vermag. Was in diesem Roman jedoch vor allem fragmentiert und reproduziert zur Darstellung gelangt, ist das Erfahrungs- und Wissensmonopol des Bildungsbürgertums (zu dem sich ja selbst noch ihre damaligen Kritiker zählten). Bildungsgut und Bildungsreisen sind nicht mehr ausschließlich das Privileg der ehemals kulturtragenden Oberschicht, sondern werden zunehmend Massenware in einer expandierenden Konsum- und Informationsgesellschaft nach amerikanischem Vorbild.[42]

Den negativen, noch traditionsorientierten Urteilen Mayers et al. folgen eine Generation später wertneutrale, zeitbezogene Einschätzungen. Schmitz: „Literarhistorisch gesehen eröffnet der ‚Stiller' jene besonders in jüngster Zeit stetig anwachsende Reihe von Texten, die Menschen in einer Umwelt voller Nachrichten, Bilder [...] und Begriffe darstellen, und von dem schwierigen Versuch erzählen, dieses semiotische Universum zu meistern." (L 100, 18) Ob man nun das „semiotische Universum" Stillers begrüßt oder beklagt, Tatsache ist, daß es einen markanten technologischen Wandlungsprozeß der Moderne beschreibt, der erst in der Postmoderne zur vollen Entfaltung gelangt.[43] In seinem Essay „Metamorphosen des Imaginären – nachmoderne Blicke auf Ästhetik, Poesie und Gesellschaft" schreibt Dietmar Voss:

In medialer Perspektive wird das gesellschaftlich Imaginäre (statt wie noch ‚modern': als Reklame auf Straßen, Film auf der Leinwand usw., also stationäres und subaltern vermittelndes Element im kapitalistischen Reproduktionsprozeß zu sein) jetzt zur bewegenden Mitte dieses Prozesses selber. [...] Einschlägigen Prognosen zufolge [wird] die Auswahl und Bestellung von Waren und Diensten [...] von der Konserve bis zur Weltreise in absehbarer Zeit nur mehr die Angelegenheit am heimischen Btx-Terminal sein. [...] Was in der Sprache postmoderner

Verkaufsmanager unter dem Etikett des ‚Erlebnishandels' Konjunktur macht [...] läßt sich bündig begreifen als Transformation des traditionell öffentlichen, des urbanen Raumes zur Fernsehwelt, zur Video- City.⁴⁴

Frischs Konzeption von Wahrheit als „Spiele der Einbildung [..] Bilder" (GW IV, 263) und seine Bauform des Romans als „Wiederholung, Spiegelung und Variation" (L 95, 55), im audiovisuellen „Reproduktionsprozeß" dieser Medien-Welt erscheinen sie programmatisch perfektioniert. Die Flut der Fernseh-Bilder und Fernseh-Bildung, die auf den Roman-Protagonisten einströmt, ist hier um ein zig-faches gesteigert. Der heimische Btx-Terminal wird zur informationssprudelnden Quelle aller Lebenserfahrungen: Derivatives Erleben verwandelt sich in originäres Erleben. Die Welt selbst erscheint reduziert zu einem elektronischen Bau- und Schaukasten – gleichzeitig wird sie reproduzierbar als ein Welt-All von Bildern und Zeichen, als ein zweidimensionales Simulakrum-Universum: „Das Simulakrum bildet die reale Basis der Programmierung [...] Die im Simulakrum vollzogene Konvergenz von Realem und Imaginärem wird in der selbst steuernden Aktivität des Computers ‚gesellschaftliche Realität'."⁴⁵ Frischs Romanwelt entpuppt sich immer wieder als literarische Vor-Schau auf diese Simulationswelt der Simulakren: „Markt in Mexiko! Man erinnert sich an Farbfilme" (29) – „Für Rolf [...] blieb [in Genua] alles wie ein Film farbig und sogar mit Geruch, aber Film: Vorgang ohne Gegenwart." (204, vgl. auch 41) Die sogenannte weite Welt, ein unendliches Déjà-vu. Aus der medialen Perspektive der nachmodernen Fernsehwelt gewinnt das Frischsche Bild-Verbot eine doppeldeutige Dimension. Es chiffriert nicht nur offenen Widerstand gegen die hereinbrechende Bilderflut, sondern auch geheime Sehnsucht nach dem Schwelgen in ihr. Das Bild-Verbot also ein Mauerbau – zur Mauerschau in die Zukunft. Stillers Amerika-Imaginationen (Wildwest-Romanzen) und Amerika-Imitationen („Swiss pottery" Arizona Style, 394), das ist Leben und Kunst im Zeichen der kommenden nachmodern schönen neuen Welt.

6. Ursprungssehnsucht und die Wiederkehr der Großen Mutter

Nicht zufällig gibt sich Stillers Flucht nach Amerika, dem „Ursprungsland" der Postmoderne (Huyssen)⁴⁶ gleichzeitig auch als Zuflucht zum „Inbegriff des Mütterlichen" (Elsaesser) zu erkennen. Die Neue Welt ist sowohl Signifikant der Progression in eine nachmoderne Massen-Medien-Zivilisation, als auch Signifikant der Regression in einen vorgeschichtlichen Matriarchats-Mythos. Sie repräsentiert, wie bereits deutlich wurde, utopisches Ursprungsland – und die Suche nach dem Ursprung bedeutet immer auch, psychisch wie mythisch, eine „Heimkehr zur Mutter". Diese psychomythische Rückkehr Stillers ist bislang nur sehr bruchstückhaft skizziert worden. Im literaturpsychologischen Bereich machte Lusser-Mertelsmann einen Anfang, wenn sie in mehreren Werken Frischs die Beziehungen des Mannes zur Frau als einen „unbewußte[n] Drang zur Mutter" (L 49, 199) kennzeichnete. Einen ersten – wenn auch noch verkappten – muttermythischen Interpretationsansatz bietet Linda J. Stine, die Stillers Geschichten in Anlehnung an das Mythenmodell Joseph Campbells deutet als: „Varianten der grundlegenden Bauform des mythischen Abenteurers, der Musterformel ‚separation – initiation – return.'" (L 105, 48) Hinter dieser Formel verbirgt sich – Stine geht darauf nicht mehr ein – das matriarchale Initiationsgeheimnis von Geburt – Tod – und Wiedergeburt. (Das archaische Grundmuster aller Re-Produktion)

Frisch spricht in seinem *Tagebuch* von der epischen Suche und Sehnsucht nach „Räume[n] unbekannten Lebens, unerfahrene Räume, Welt, die noch nicht geschildert worden ist [...] Terra incognita, die unser Weltbild wesentlich verändern könnte." (GW II, 554) Stiller betritt mit der Neuen Welt im geographischen Sinn „unerfahrene Räume", jedoch erst im mythographischen Sinn erfährt er eine wirkliche „Terra incognita": das „Absolut Andere" ... „Reich der Mütter". Wie sich zeigen wird, ist es dessen archetypische Unterwelt, welche die, oberflächlich gesehen, so heterogenen Romane *Stiller*, *Faber* und *Gantenbein* im Innersten zusammenhält.[47]

Voraussetzung für das Verständnis dieses Mutterreiches ist ein Einblick in Wesen und Wirkung der Matriarchats-Historiographie. Sie beginnt mit dem 1861 erschienenen enzyklopädischen Werk *Das Mutterrecht* des Baslers Johann Jakob Bachofen. Er hatte anhand unzähliger altertumswissenschaftlicher Quellen aus mittelmeerischen, ägyptischen und indischen Frühkulturen ein umfangreiches Kompendium archaischer, gynaikokratischer Gesellschaftsformen erstellt. Er unterscheidet dabei folgende Entwicklungsstufen. An den Anfang der mutterrechtlichen Kulturgeschichte setzt er den „regellosen Hetärismus" (M 1, 36), der durch eine völlige Promiskuität unter den Geschlechtern gekennzeichnet ist. Diese frühe Anarchie wird laut Bachofen aufgehoben durch den amazonischen Aufstand der Frauen, aus welchem die eheliche oder demetrische Gynaikokratie hervorgeht. Sie findet ihre utopische Vollendung durch die Verbreitung des Dionysos-Kultes, welcher „dem Altertum die höchste Ausbildung einer durch und durch aphroditischen Zivilisation gebracht und ihm jenen Glanz verliehen, von welchem alle Verfeinerung und alle Kunst des modernen Lebens verdunkelt wird". (M 1, 46) Im Einklang mit seinem zyklischen Geschichtsverständnis glaubt Bachofen in den Zeichen seiner Zeit eine beginnende Rückkehr zu den „frühesten Zuständen der Völker am Schlusse ihrer Entwicklung" (M 1, 48) beobachten zu können. Er kommt zu dem Schluß:

> Je mehr die innere Auflösung der alten Welt fortschreitet, um so entschiedener wird das mütterlich-stoffliche Prinzip von neuem in den Vordergrund gestellt, um so entschlossener seine umfassende aphroditisch hetärische Auffassung über die demetrische erhoben. (M 1, 48)[48]

Die Wirkung des *Mutterrechts* auf die deutsche Geistes- und Ideengeschichte ist vielschichtig, weitreichend und widersprüchlich.[49] Bachofens Bedeutung für die gegenwärtige feministische und gesellschaftstheoretische Diskurs-Formation wird weitgehend verkannt, wenn nicht verdrängt.[50] Bachofens Einfluß auf die Vorstellungswelt Frischs vollzieht sich indirekt v. a. durch die Schule der Jungschen Tiefenpsychologie, deren Archetyp des Weiblichen wesentlich vom Bachofenschen Mythologem der Magna Mater geprägt ist.[51]

In der matriarchalen Vorstellungswelt repräsentiert das weibliche Prinzip sowohl Schöpfung wie Zerstörung. Das heißt, der Mensch wird nicht nur aus dem Mutterschoß geboren, er kehrt auch im Tod wieder in ihn zurück, Anfang und Ende sind eins. Seine mythische Versinnbildlichung findet diese „coincidentia oppositorum" im Archetyp der fruchtbaren und furchtbaren Großen Mutter.[52] Neues Licht auf diesen ambivalenten Elementarcharakter des Weiblichen werfen die Studien von Melanie Klein über das prä-ödipale Entwicklungsstadium des Kindes, v. a. ihre „good breast"-„bad breast" Introjektionstheorie. (M 13, 211–229) Weitere Differenzierung findet er in der Sozialisationstheorie Margaret Mahlers, besonders in ihrer Lehre von der „symbiotischen Phase", in welcher das Kind noch kein Gefühl von Ich-Grenzen entwickelt hat und daher in einer Art extra-uteriner Einheit mit der Mutter lebt. (M 15)[53]

Stillers Vorstellungen und Erfahrungen sind in auffallender Weise von einer Regressionstendenz in dieses prä-ödipale Entwicklungsstadium geprägt. Als deren erste Anzeichen können die zahlreichen Anspielungen des Erzählers an die Welt der „Zaubermärchen" (9285) gelten. Sie sind sowohl Evokation früher Kindheit, als auch immer wieder Thematisierung jenes „dornröschenhaften Zustand[s]" (332), der die bewußtlos „symbiotische Phase" wohl am treffendsten kennzeichnet. In Stillers „amerikanischem Märchen" (70) von Rip van Winkle – für den Erzähler ein ausgesprochen „akuter" (71) Stoff „imaginativer Wirklichkeitserfahrung" (L 13, 71) – wird die Rückkehr-Phantasie besonders anschaulich. Rip verfällt in einen solch tiefen und anhaltenden Lebensschlaf, daß sich seine Traumwelt in eine Totenwelt zu verwandeln droht. Von der Regression in dieses Zwischenreich ersehnt sich nun der Erzähler – wie schon einmal von seiner Ehe – eine wahrhaft märchenhafte Regeneration seines verwunschenen Selbst. Anders gewendet: Er hofft auf das Wiedererwachen als ein anderer.

Noch deutlicher als in seinem Hang zum Märchen wird Stillers Regressions-Tendenz in seinem Drang zum Träumen. Die ganze Wirklichkeit kommt ihm oft „wie ein Traum vor" (329) – und entsprechend nennt ihn seine Geliebte im Spanischen Bürgerkrieg nur ihren „deutschen Träumer" (267).[54] In Amerika, dem Traum-Land schlechthin, werden die Träume, die Stiller „damals kettenweise kamen" (380) besonders aufschlußreich:

Julika gar nie meine Frau gewesen, alles nur Einbildung von mir ... Ein anderer Traum: In meinem Bett liegt Mutter, gräßlich, obzwar lächelnd, eine Puppe aus Wachs [...] in einem äußersten Grad von Grauen knie ich nieder mit einem Schrei, um zu erwachen, in meinen Händen plötzlich ein Osterei so groß wie ein Kopf ... Andere Träume weiß ich noch weniger. Alle gingen um dasselbe. (380 f.)

In diesem Traumgespinst verschmelzen Ehefrau und Mutter für Stiller zu einem einzigen, inzestuösen Liebesobjekt.[55] Die Ekstase des Eros verwandelt sich in den Horror des Todes, und die fruchtbare Mutter gibt sich als furchtbare Mutter wiederzuerkennen.[56] Im Zentrum dieser muttermythischen „unio mystica" erscheint das Ur-Symbol des Mutter-Kultes, das Ei.[57] Stillers Traum-Regression in den Mutterschoß ist, mit innerer Notwendigkeit, Teil seiner Suizid-Erfahrung:

Wie man ja in Träumen mitunter genau weiß, daß es Traum ist, wußte ich, daß dies nicht der Tod ist, auch wenn ich jetzt sterbe [...] etwa wie wenn man von einer Mauer springen würde, um sich zu zerschmettern, aber der Boden kommt nicht [...] es bleibt Sturz, nichts weiter [...] ein Zustand vollkommener Ohnmacht bei vollkommenem Wachsein, nur die Zeit ist weg [...] alles bleibt wie gewesen, nichts vergeht. (379)

Diese Sturz-Metapher für das Sterben wird in den folgenden zwei Romanen z. T. wortwörtlich wiederkehren und für den Lebenswandel der Protagonisten, d. h. ihren Wandel zwischen Leben und Tod, zeichenhafte Bedeutung gewinnen.[58] Dem archaischen Matriarchats-Mysterium entsprechend ist die traumhafte Erfahrung des Todes gepaart mit Sinnbildern der (Wieder-)Geburt. Der vom Schuß verletzte Stiller halluzinierend: „... eine runde Öffnung in der Ferne (als Buben krochen wir manchmal durch einen Abwasserkanal, das ferne Loch mit Tagesschein erschien viel zu klein, als daß man je herauskommen könnte; genau so!" (379). Sinnbildlicher und anschaulicher als in dieser „tunnel vision" läßt sich der blind bewußtlose Augenblick, in dem ein Mensch das ‚Licht der Welt erblickt', nicht darstellen. Stiller überlebt seinen Selbstmordversuch denn auch mit der „bestimmte[n] Empfindung, jetzt erst geboren worden zu sein" (381). Das Wunder des Überlebens/Geborenwerdens erfährt er, religiös gesteigert, als „Gnade" (381) und heilsamen Schrecken: „Kann man denn hierüber sprechen? Ich kann hier lediglich sagen, daß es dieser Schrecken ist, was ich ‚meinen Engel' nenne" (380), und er beschließt seine Aufzeichnungen mit den Worten „Mein Engel halte mich wach" (382).[59]

Gemeinsam ist der Stillerschen Traum- und Märchenwelt die Regression in die symbiotische Phase und die Antizipation von Tod und (Wieder-)Geburt. Was sich in beiden Erfahrungsbereichen abzeichnet, ist die psychomythische Imago der Mutter: In ihr findet Stillers „Selbstflucht und Selbstsuche"[60] ihr imaginäres Zentrum. In keinem anderen Stiller-Erlebnis gelangt dieser muttermythische Regressions- und Projektionskomplex so vielschichtig zur Anschauung wie im Meta-Erlebnis der Carlsbad-Kavernen. Dieses Höhlenabenteuer steht annähernd in der Mitte des Romans und bildet dessen symbolischen Höhe- und Wendepunkt. Hier verdichtet sich die sinnbildliche Traum- und Märchenwelt zu konkreten Räumen und Bildern:

Jeder Schritt, schien mir, bedeutete Sturz in den Tod [...] Mit der Zeit [...] war eine Grotte zu erkennen, ein ebenfalls beträchtlicher Raum, der [...] an *Träume* [erinnerte], eine so plötzlich andere Welt [...] ein *Märchen* mit hundert und aberhundert Säulen [...] Für jemand, der klettern kann, war es nicht unmöglich, in dieses *Märchen* hinunterzusteigen (160, meine Hervorhebung)[61]

Lusser-Mertelsmann, die sich bereits als einfühlsame Deuterin der Stillerschen Identitäts- und Sexualproblematik erwies, hat das bislang überzeugendste Interpretations-Modell dieser Höhlenerfahrung erstellt. (L 83). Mit Hilfe der Freudschen Traumdeutung und mehr noch der Jungschen Symboldeutung interpretiert sie Stillers Höhlengeschichte als Versinnbildlichung einer Wiedergeburts-Erfahrung.[62] Im Sinne der Jungschen Archetypenlehre deutet Lusser-Mertelsmann nun die Mutter als Verkörperung des individuell Unbewußten und Stillers Höhlenreich als Veranschaulichung des Jungschen kollektiven Unbewußten. In den Worten des Höhlenwanderers: „Alles, was die Menschenseele je an Formen erträumte, hier ist es noch einmal in Versteinerung wiederholt und aufbewahrt, scheint es, für die Ewigkeit. Und je tiefer man hinuntersteigt, um so üppiger wächst es aus dem Boden der Kavernen" (164). Bis hierher stößt Lusser-Mertelsmann mit Hilfe der Jungschen Tiefenpsychologie interpretatorisch vor, macht jedoch halt vor der Erkenntnis, daß sie sich dabei im Ursprung und Mittelpunkt einer durch und durch matriarchalen Symbolwelt befindet. Zu ergänzen wäre ihre Interpretation durch den wichtigen Aspekt der Todeserfahrung, der in den matriarchalen Mythen und Mysterienkulten die natürliche Voraussetzung ist für jegliche (Wieder-)Geburt. In Stillers Höhlenreich vermischen sich nämlich die Sinnbilder schöpferischen Lebens mit Sinnbildern ewigen Todes. Diese Unterwelt offenbart sich nicht nur als ein uterines Mutterreich, gefüllt mit „Monumenten des Phallus, die ins Riesenhafte ragen" (165), sondern auch als ein mythisches Totenreich, „ein seltsames Arkadien der Toten, ein Hades, wie Orpheus ihn betreten hat" (164). Indem Stiller diese Unterwelt als „Labyrinth" (161, 164) erfährt, begeht er jenen archetypischen Weg, von dem Neumann schreibt:

Immer ist der Labyrinthweg der erste Teil [...] der Abstieg des [...] Männlichen in die verschlingende Unterwelt, in den Todesschoß der furchtbaren Mutter. Dieser Labyrinthweg, der zum Zentrum der Gefahr führt [...] findet sich ebenso beim Totengericht in Ägypten, in den Mysterien, antiken und primitiven, wie in den entsprechenden psychischen Entwicklungsstufen des modernen Menschen.[63]

Stiller wagt sich immer tiefer ins Höhlen-Labyrinth hinein, in der mythischen Gewißheit, er hätte „den Faden der Ariadne" (161). Bekanntlich kennt sie allein den Ausgang des Labyrinths, und Bachofen hat denn auch in ihr eine ursprüngliche Gottheit „des mütterlichen Erdstoffs" (M 1, 161) erkannt. Schließlich gelangt Stiller – „das Labyrinth nimmt kein Ende" (164) – in das „Zimmer einer Königin, die nie gelebt hat" (165). Der Hinabgestiegene ist im imaginären Sanktum der alles gebärenden, alles verschlingenden Magna Mater. Hier im tiefsten Erd-Schoß hat die Mutter-Religion, der mater-ielle Schöpfungs- und Zerstörungs-Mythos seinen chthonischen Ursprung. Ende und Anfang, zeitlose Synchronizität, U-Topia, d. h. Niemandsland: Schauplatz von Stillers insgeheimer Hoffnung „Vielleicht bin ich niemand" (334).[64] – Als Stiller schließlich nach drei Tagen als White ans Tageslicht zurückkehrt, hat er nicht nur eine „psychologische Wiedergeburt" erfahren, „eine[] geistige[] Erneuerung, die der ganze Roman ja im Grunde darstellt" (L 83, 171). Er wurde darüber hinaus eingeweiht in das matriarchale Initiationsgeheimnis des „ewigen Stirb und Werde", ein Gesetz, das als Matrix die zwei folgenden Romane entscheidend strukturieren wird.[65]

Stillers Unterwelt-Erlebnis imprägniert nicht nur seine Traum- und Märchenwelt (Unterbewußtsein), es prägt auch deutlich sein Selbst- und Weltverständnis (Bewußtsein). Es sind vor allem seine Weltreisen, die ihm weitere Einblicke gewähren in die Natur- und Kulturgesetze der Großen Mutter:

> Mexiko – Ich muß (ich weiß nicht, unter welchem Zwang) an den Totentag denken, wie ich ihn auf Janitzio sah, an die indianischen Mütter, wie sie auf den Gräbern kauern die ganze Nacht, alle in ihren festlichen Trachten, sorgsam gekämmt wie für die Hochzeit [...] Die Frauen knien nicht, sondern sitzen auf der Erde, damit die Seelen der Verstorbenen aufsteigen in ihren Schoß. Das ist alles, bis der Morgen graut, eine Nacht der stillen Hingabe an das unerläßliche Stirb und Werde. (321)

Was Stiller in den texanischen Kavernen selbst erfahren hatte, erkennt er nun („ich weiß nicht unter welchem Zwang") in den mexikanischen Totenkulten wieder. "Totentag" – „Mütter" – „Hochzeit" – „Verstorbene" – „Schoß" – „Stirb und Werde", das sind die wesentlichen Chiffren im matriarchalen Zyklus von Schöpfung und Zerstörung, das Initiationsgeheimnis miteingeschlossen.[66] Stiller erkennt das maternale Gesetz nun auch im Naturschauspiel seiner Schweizer Heimat wieder:

> Das ist der *Herbst* hier, und ich sehe auch den *Frühling*. Ich sehe ein ziemlich junges Paar [...] Sie küssen einander zum erstenmal [...] Das ist der *Frühling* hier [...] und nun (kaum habe ich mein Glas geleert) ist es schon wieder *Herbst* [...] Alles ist eins, Räume voll Dasein, nichts kehrt uns wieder, alles wiederholt sich. (349–352, meine Hervorhebung)

Gleichzeitigkeit, Einheit und Wiederholung, das ist der Zeit- und Zauberkreis der Großen Mutter (vgl. auch III 3, S. 120). Frühling und Herbst, das sind ihre Jahreszeiten ewigen Werdens und Vergehens. Oder mythisch gesprochen, die Zeiten der alljährlichen Wiederkehr Persephones aus der Unterwelt, ihre Vereinigung mit ihrer Mutter Demeter und ihre erneute Rückkehr in die Unterwelt. (Zur zentralen Bedeutung dieser matriarchalen Gottheiten für die Figuren-Konstellation im *Homo faber* vgl. II 5).

Stillers Tajo-Erlebnis im Spanischen Bürgerkrieg – sein gescheitertes Jugendabenteuer in der Nachfolge Hemingways (vgl. u.a. L 100, 12) – ist bekanntlich die Urszene seiner lebenslangen Impotenzangst: „Ich bin kein Mann. Jahrelang habe ich noch davon geträumt: Ich möchte schießen, aber es schießt nicht – ich brauch dir nicht zu sagen, was das heißt, es ist der typische Traum der Impotenz" (269). Mit dieser Traum-Verschiebung vom Geschlecht zum Gewehr hat es zweifellos seine Freudsche phallozentrische Richtigkeit. Die gleichzeitige Sinn-Substitution von Tötungsakt mit Zeugungsakt deutet jedoch darüber hinaus auf einen tieferen, matriarchalen Kontext, nämlich auf die mythische Impotenz des Mannes angesichts der weiblich maternalen Schöpfungs- und Zerstörungsmacht. Deutlich wird dies allerdings erst in der folgenden Szene. „Um nicht" – wieder einmal – „die Geschichte mit dem russischen Gewehr erzählen zu müssen" (257), inszeniert Stiller den Kampf der Geschlechter als Stierkampf, wobei er den Stier verkörpert, während er Sibylle die Rolle des Toreros zuweist: „... der Kampf beginnt spielerisch [...] der Stier [...] stößt mit seinen Hörnern ins Leere [...] bis hierher war's eine Neckerei, nichts weiter, ein Flirt ..." (258). Daß der Stierkampf Liebesspiel und Todestanz, Zeugungs- und Tötungsakt sinnbildlich in sich vereint, diese Geheimnisse der Tauromachie (vgl. Anm. 67) führt Stiller dramatisch vor Augen ... bis hin zum blutigen Ende: „Etwas daran, schien es, faszinierte ihn, etwas Schmerzliches auch, fast etwas Pesönliches [...] Also die letzte Runde! [...] Grazie gegen rohe Gewalt [...] Sieg des Geistes über das tierische Leben" (260).[67] Stiller illustriert mit seinem Stierkampf-Schauspiel nicht nur Sibylle seine Impotenzangst, er inszeniert auch jenen rituellen Macht- und Todeskampf zwischen den Geschlechtern, von dem Neumann schreibt:

Das Symbol der Kastration, das zu den wesentlichen Symbolen der furchtbaren Mutter gehört, erscheint [im matriarchalen Blut- und Opferkult] in einem neuen Licht. Der Stierkampf und das Spiel mit dem Stier gehören als Herrschaft der Menschheit über das Tierische zu den Ritualen des Großen Weiblichen. (M 14, 265)[68]

In diesem archaischen Sinn triumphiert auch im Roman das gynaiokratische über das phallokratische Prinzip. Aktueller ausgedrückt: Die soziale Superiorität des Mannes wird durch die sexuelle Emanzipation der Frau bedrohlich in Frage gestellt. Der Mythos vom ‚Herrn der Schöpfung' entpuppt sich als archetypischer Etikettenschwindel: Das Patriarchat, die Kulturgeschichte eines Imponiergehabes – und der Kult männlicher Omnipotenz schlägt um in einen Komplex männlicher Impotenz. Stiller wie Staatsanwalt ziehen im Kampf der Geschlechter den kürzeren.[69]

So wie Stiller in der Stierkampf-Arena den rituellen Opfertod des Mannes inszeniert, so imaginiert er im Tanz der Frau die rhythmische Entfesselung des Eros. War für Julika der Tanz die „einzige Möglichkeit ihrer Wollust" (99), so ist er für Florence gesteigerte Entfaltung ihrer natürlichen Sinnlichkeit: „Florence tanzte noch immer allein; jetzt kam ein anderer, um sie zu drehen, kaum ihre Finger berührend, und sie zu umkreisen [...] dazu machte [sie] eine so königliche Gebärde mit dem Arm, eine Gebärde so seligen Triumphes ..." (188).[70] Neumann charakterisiert den Tanz „als Ausdruck der natürlichen Ergriffenheit des frühen Menschen. Das Ritual ist ursprünglich immer auch Tanz [...] im Tanz, besonders im orgiastisch erregten und erregenden Tanz

[wird] die Große Göttin gefeiert". (M 14, 281) Stiller über den Tanz seiner Angebeteten: „Jetzt hörte man nur noch eine dumpfe Trommel aus dem Urwald, ein klangloses Beben, eine Art rasender Stille, während sie weiter tanzte. Ein dritter Tänzer wurde verbraucht, ein vierter" (188). Florence verbraucht ihre Tänzer wie eine aphroditische Hetäre ihre Liebhaber. Bachofen: „Mit stets neuen Männern paart sich die gleiche Urmutter." (M 1, 157) Stiller, versunken in das verführerische Tanzschauspiel: „Ich wußte sehr wohl, daß ich diesem Mädchen nicht genügen konnte. Um so sehnsüchtiger war ich." (189)[71] Lust und Angst, Angstlust, das ist jenes archaische Ambivalenzgefühl, welches das tödlich liebende „Ur- Weib" dem Manne einzuflößen vermochte, – ehe er es unter seine Kontrolle, seine patriarchale Herrschaft zu zwingen verstand. Nirgendwo im Roman kommen Macht und Mythos der matriarchalen Frau so ungebrochen zum Ausdruck, wie im Tanz der Mulattin Florence.[72] In ihrem Bann vergeht Stiller vor Lust, mytho-logisch gewendet, er sucht den Tod, den Untergang im Mutterschoß: „Ich erinnere mich [...] über mir das Antlitz von Florence, die als einzige den Schuß gehört hatte" (379). Auch dieser Suizid-Schuß ist ein Impotenz-Schuß („Das Mißlingen hatte rein technische Ursachen", 378), ein Entmannungs-Trauma: „und dann war alles weg: bis auf eine runde Öffnung in der Ferne ..." (379). Hier schließt sich der matriarchale Kreis von Stillers imaginären Höhlen- und Liebesabenteuern. Der so lange in Amerika „Verschollene" (152, 175, 325) – der unter die Scholle Geratene – weiß genau, wovon er redet, wenn er über die Mutter von Florence sagt: „auch so eine Mutter Erde." (189)[73]

All diese Figurationen und Imaginationen sind Verwandlungen der Psyche, in denen Seelisch-Verschobenes (Unterbewußtsein) als Sagen-Umwobenes („Reich der Mütter") wieder in Erscheinung tritt. Amerika, der „Kontinent der Seele" (Frisch) und „Inbegriff des Mütterlichen" (Elsaesser) ist das ideale Projektionsfeld dieser Wirkungsdynamik. Stillers mexikanische Totenkult-Aufzeichnungen, sein texanisches Kavernen-Abenteuer, sein Neuengland-Märchen von Rip van Winkle und nicht zuletzt seine Liebes-Tod-Phantasien um Florence: In Amerika, dem Traumland des verlorenen Paradieses finden diese Fabeln und Parabeln von Untergang und Wiedergeburt ihren natürlichen Nährboden. Stillers Projektionen stoßen hier auf Realitäten. Amerikas ureigenste Selbsterfahrung, „to be born again" wurzelt ebenso im Mutter-Mythos wie seine Geschichtstradition der „Women's Liberation". Angefangen hat diese Geschichte mit einem Ende. Ein Großteil der ursprünglichen Neger- und Indianerkulturen besaß matriarchale Strukturen, ehe ihre Stämme versklavt und ausgerottet wurden (vgl. II, 5, Anm. 55). Nach der Unabhängigkeit Amerikas war es zuerst die Quäkersekte, die sich die Gleichberechtigung der Frau zur Aufgabe machte – wie sich bald zeigte, mit großem Erfolg und wachsender Gefolgschaft. Um die Wende zum 20. Jahrhundert ergriff das konservative Europa eine regelrechte Panik vor der amerikanischen Emanzipation der Frau. Aus einem ihrer zahlreichen Menetekel:

Die zunehmende Gynaikokratie, auf deutsch Weiberherrschaft, ist ein der ganzen weißen Rasse gemeinsamer Krebsschaden [...] An der Spitze der Verfrauenzimmerung marschieren die Vereinigten Staaten, die wahrlich gut täten, ihre berühmte Freiheitsstatue im Hafen zu New York umzustürzen, da das souveräne Jankeevolk der schimpflichsten und lächerlichsten aller Arten der Sklaverei verfallen ist: der Untertänigkeit unter seine eigenen Weiber.[74]

Aus der Sicht dieser Götter- bzw. Männerdämmerung der Jahrhundertwende erscheint Stiller zweifellos als deren ‚*self-fulfilling prophecy*‘, als Verkörperung all ihrer Ängste. Aus der Sicht der heutigen Frauen-Emanzipation, der Auseinandersetzung um die Gleichberechtigung der Geschlechter, ist Stillers männlicher Identitätskonflikt jedoch vielmehr Gewähr ihrer Hoffnungen. Seine Amerika-Visionen konturieren sich im Kontrast zur Vorväterfurcht Europas – und personifizieren sich schließlich in der imaginierten Weiblichkeit Florence. Dieses Frauen-Idol repräsentiert nicht nur einen muttermythischen Archetyp, es reflektiert auch einen zukunftsträchtigen Stereotyp. Florence ist verführerisches Simulakrum einer „‚post-weißen‘, ‚post-männlichen‘ [... und ...] ‚postpuritanischen‘ Welt": ‚Der Untergang des Abendlandes‘ *in effigie*.[75]

*

Fassen wir zusammen: Im Paradigma Neue Welt versus Alte Welt kartographiert Frischs Roman – wie wohl kein anderes Werk der Restaurationsperiode – den epochalen Wandlungsprozeß im Kampf der Geschlechter um Macht und Moral. Dabei gewinnt das psychologische Spannungsverhältnis zwischen den Sexualpartnern eine ausgesprochen mythologische Tiefendimension. Matriarchale Welt- und Wertvorstellungen, die durch Jahrtausende patriarchaler Herrschaft unterdrückt worden waren, werden erneut erkennbar. Damit steht der Roman ganz im Einklang mit der zyklischen Geschichtsmetaphysik Bachofens, der Wiederkehr des verdrängten Mutterrechts. Die Lineaturen des „Großen Weiblichen" prägen die Vorstellungswelt Stillers ebenso wie den Strukturwandel seiner Gesellschaft und die Privatsphäre ihrer Individuen. Exemplarisch Sibylles Hetären-Experiment: „Der Weg von der Frau zur Dirne erwies sich als erstaunlich kurz" (307) und Rolfs Promiskuitäts-Geständnis: „Eine Ehe im klassischen Stil, Monogamie, war es wohl schon lange nicht mehr." (208) Was systematisch problematisiert wird, ist die Doppelmoral einer spätbürgerlichen Gesellschaft, die – ihren Gleichheitsgrundsätzen zum Trotz – der Frau immer noch versagt, was sie dem Mann seit jeher gewährte. Mit dieser Demaskierung präfiguriert der Roman genau jenen öffentlichen Wandel der Moral, den die sexuelle Revolution der späten 60er Jahre propagiert und den die permissive Demokratie von heute sanktioniert.[76]

Insgesamt gesehen heißt das: Spätmoderne und Matriarchat haben *idealiter* all das gemeinsam, was das abendländische Patriarchat *realiter* so lang zu unterdrücken wußte. In Bachofens Worten:

[Das Mutterrecht] hat das Gesetz des leiblichen Lebens, Freiheit und Gleichheit unter den Menschen, an die Spitze gestellt, alle Unterschiede, welche aus politischem Gesichtspunkte stammen, aufgehoben, Fesseln gelöst [...] Glanz und Pracht des Lebens befördert [... und ...] dem Fleische Emanzipation gebracht. (M 1, 592 f.)

Bachofens Prophezeiung einer Rückkehr zum „mütterlich-stoffliche[n] Prinzip" (M 1, 48) antizipiert – ihrer Zeit bis um ein Jahrhundert voraus – den progressiven Zerfall der puritanischen Zwangsmoral, die demokratische Bewegung der Frauen-Emanzipation und – last but not least – das materialistische „consumer paradise" unserer westlichen Wohlstandsgesellschaften. Friedrich Engels, einer der radikalen Vordenker der Moderne und Verkünder ihres Materialismus, nannte einst Bachofens Mythos vom „Goldenen Zeitalter" eine „vollständige Revolution" (M 8, 334). Nichts kann diese Revolution besser illustrieren – und persiflieren – als unsere kapitalistische Massenkultur und ihr restauratives Utopie-Postulat: „Back to the Future". Im Zukunftsdiskurs der Postmoderne, in welchem der Mythos eine favorisierte Stellung einnimmt[77], figuriert das Bachofensche Matriarchatswerk – Modell aller Nostalgien – jedoch immer noch als Geheimtip seines Herausgebers H. J. Heinrichs. Er schrieb zum hundertsten Todestag des Mutterrechts-Gelehrten:

Der postmoderne Exotismus und die ihm entsprechende Zivilisationsflucht haben den Charakter der individuellen Revolte verloren und sind weitgehend in einer gesellschaftlich sanktionierten Stimmung aufgehoben [...] Gleich Atlantis tauchen mutterrechtliche Gesellschaften jetzt noch einmal am Horizont einer sich selbst zerstörenden Welt auf und künden von anderen, fernen, versunkenen Zeiten. [...] Eine Utopie. Bachofens Mutterrecht erzählt von längst entschwundenem Recht. Atlantis von längst entschwundener Seligkeit.[78]

Die verborgenen Konstellationen zwischen „postmodernem Exotismus" und Matriarchat, in Stillers Odyssee zwischen Kontinenten und Kulturen treten sie zum ersten Mal auf vielseitige Weise schillernd in

Erscheinung. Die Fremde, die Selbst-Entfremdung, das „Nie-An-kommen" (186) bleibt allerdings Stillers Schicksal – homerische Nostos, mythische Heimkehr, ist ihm nicht beschieden. Vielmehr ist Stillers waadtländisches „MON REPOS" (397) eine Replika des verlorenen Ursprungs, ein Pastiche auf die mißlungene Rückkehr. Zugrunde liegt diesem nostalgischen Motto – einmal mehr – die matriarchale Matrix: Sehnsucht zur Mutter – Heimkehr in den Tod. Im folgenden Roman werden die labyrinthischen Texturen dieses Grundmusters weiter zu dechiffrieren sein (vgl. II, 5).

II. HOMO FABER

1. Handlungsstruktur und Erzählperspektive

Als der Roman *Homo faber – Ein Bericht* 1957 erscheint, kündigt der Klappentext das Werk im Rückblick auf Stiller folgendermaßen an: „In dem neuen Buch von Frisch werden nicht mehr Geschichten erzählt, sondern in großartiger Weise wird menschliche Existenz von heute mitgeteilt." (Nach L 29, 74) Das unmittelbare Echo der Kritik bestätigt dem Romanprotagonisten Walter Faber, ein „beherrschender Typ unserer Gegenwart" (L 122, 276) zu sein, und ein Vierteljahrhundert später ist seine Repräsentanz als „Phänotyp der Stunde", will heißen, der „materialistischen Wirtschaftswunderjahre" (Stephan L 29, 75) literaturhistorisch festgeschrieben. Fabers „Bericht" resümmiert nicht nur wesentliche Auseinandersetzungen der Moderne, er integriert sie auch in ein Koordinatensystem, welches ihre zentralen Widersprüche zu einem komplexen Gesamtbild zusammenfügt. Martin Roda Becher brachte 1986 das Wesen dieser Moderne auf den folgenden Nenner:

> Es gibt zweierlei Moderne, eine, die den Siegeszug der Naturwissenschaften seit dem 19. Jahrhundert und den damit verbundenen Fortschrittsglauben beschreibt, und eine, die Umberto Eco definiert als ‚Religiosität des Unbewußten, des Abgrunds, des Fehlens der Mitte, des Absolut Anderen.'"[1]

Diese Janusköpfigkeit der Moderne findet in Fabers Zwei-Stationen-Bericht ihre geradezu modellhafte Ausgestaltung. Es wird sich zeigen, daß der erste Teil noch vorwiegend vom männlichen Selbstbewußtsein und technokratischen Fortschrittsoptimismus der Frühmoderne geprägt ist, während der zweite Teil von einer wachsenden Rückbesinnung aufs Unbewußte und unbekannte Andere gekennzeichnet ist, in anderen Worten: aufs verdrängt Weibliche, die – siehe Stiller – Zukunft der Moderne.

Auch der Protagonist und Narrator dieses Roman-Berichts ist gebürtiger Zürcher und Amerika-Rückkehrer. Im Gegensatz zur gescheiterten Künstler-Existenz Stiller handelt es sich jedoch bei Faber um einen erfolgreichen Maschinenbau-Ingenieur, der im Dienst der UNESCO in Ländern der Dritten Welt Turbinenanlagen installiert. Der Roman beginnt mit Fabers verspätetem Start in einer „Super-Constellation"-Maschine auf dem La-Guardia-Flughafen in New York. Der Flug endet nach einer Zwischenlandung in Houston/Texas, wo

Faber vergeblich versucht, den Weiterflug zu verpassen, mit einer Notlandung in der Wüste von Tamaulipas/Mexiko. 85 Stunden lang gestrandet, schließt Faber nähere Bekanntschaft mit dem Düsseldorfer Herbert Hencke, der ihm bereits während des Fluges aufgefallen war. Im Verlauf der Gespräche entpuppt sich Herbert als der Bruder von Joachim, Fabers früherem Studienfreund und späteren Ehemann seiner Jugendgeliebten Hanna. Faber entschließt sich, seine Reiseroute zu ändern, um Herbert auf seiner Suchexpedition nach der Plantage seines Bruders im Dschungel von Guatemala zu begleiten. Nach langer Irrfahrt finden sie ihn, vom Urwald überwältigt und in den Tod getrieben, erhängt in seiner Hütte. Während Herbert die Vertretung seines Bruders übernimmt und auf der Plantage bleibt, kehrt Faber nach New York zurück. Er verbringt einige strapaziöse Tage bei seiner Geliebten Ivy und bucht schließlich überstürzt eine Schiffsreise nach Europa. Auf dem Deck macht er die Bekanntschaft der jungen Sabeth, ein Liebesverhältnis entwickelt sich – und Faber beschließt, sie auf ihrer Rückkehr nach Athen zu ihrer Mutter ein Stück zu begleiten. Er läßt sich in Paris von seiner Firma beurlauben, und gemeinsam unternehmen sie eine romantische Bildungsreise durch Frankreich, Ialien und Griechenland. Während der blind Verliebte noch sorglos sein Glück genießt, warnt der rückblickende Erzähler bereits den Leser: Sabeth ist seine eigene Tochter. (Faber hatte sich vor mehr als 20 Jahren von Sabeths Mutter Hanna getrennt in der Annahme, sie würde, wie vereinbart, ihre Schwangerschaft unterbrechen.) Die inzestuöse Liebesgeschichte schlägt um in eine fatale Schicksalstragödie, als Sabeth am Strand von einer Schlange gebissen wird, vor dem ihr zu Hilfe eilenden – nackten – Vater zurückweicht und an einem Hang rücklings abstürzt. Mit seiner bewußtlosen, sterbenden Tochter kehrt Faber – unverhofftes Wiedersehen – zu ihrer entsetzten Mutter, seiner Jugendliebe Hanna zurück.

Nach dem Tod Sabeths entschließt sich Faber, seiner Firma zu kündigen, nach Athen zu ziehen und Hanna zu heiraten. Zuvor kehrt er allerdings ein letztes Mal nach Amerika zurück, um in New York seine Wohnung aufzulösen, in Guatemala noch einmal Herbert zu besuchen und in Caracas Geschäftliches zu erledigen; seine Rückkehr führt ihn über Habana, Düsseldorf und Zürich zurück nach Athen. Diese letzte große Reise Fabers ist überschattet von seiner Trauer um den Tod seiner Tochter und der wachsenden Ahnung seines eigenen Todes. Sein Magenleiden, welches sich seit Beginn des Romans in zunehmendem Maße bemerkbar macht, wird zu spät als Magenkrebs erkannt. In Athen unterzieht sich Faber einer Operation, von der er nicht mehr erwacht.[2]

Die Erzählperspektive dieses Romans ist noch vertrackter als die des vorhergehenden. Während Stiller fabuliert, um die Welt bewußt über seine Identität zu täuschen, rekonstruiert Faber Ereignisse und Zusammenhänge, deren „hintergründige Bewandtnis" (L 116, 65) er selbst nicht durchschaut. Die Erzählmotivation und Erzählposition dieses Berichterstatters haben einen doppelten Boden. Fabers „interior monologue" (L 5, 163) ist einerseits der verzweifelte Versuch, sich und Hanna seine Unschuld am Tod ihrer Tochter zu beteuern. Andererseits ist diese „Selbstrechtfertigung" (L 13, 103) auch die Selbstbetrachtung eines Sterbenden, der über sein Leben und um sein Leben schreibt.³ Dieser doppelten Erzählmotivation entspricht eine doppelte Erzählposition, nämlich eine „duale Erzähltechnik" (L 139, 81), die zwei gegensätzliche Perspektiven vermittelt, nämlich Fabers Glauben *und* Zweifel an Technik und Zivilisation. (Zu ihren antagonistischen Positionen und ihrer kulturphilosophischen Provenienz vgl. unten II, 2)

Die Aufzeichnungen selbst sind unterteilt in zwei „Stationen". Faber verfaßt die „Erste Station" (7–160) bereits krank in einem Hotelzimmer in Caracas (Erzählzeit: 21. Juni – 8. Juli). Darin rekonstruiert er die Ereignisse vom verspäteten Abflug in New York bis zum Tod Sabeths (erzählte Zeit: 1. April – 4. Juni). Die Aufzeichnungen der „Zweiten Station" (161–203) stammen aus Fabers Aufenthaltszeit im Athener Krankenhaus (Erzählzeit: 19. Juli bis zum Morgen des 26. Juli, dem Tag der Operation). Faber führt seinen rückblickenden Bericht fort und fügt – in unterschiedlichem Druckbild – seine jüngsten Tagebuch-Notizen ein, so daß erzählte Zeit und Erzählzeit schließlich ineinander aufgehen.⁴ Die Erzählhaltung der „Ersten Station" ist noch primär gekennzeichnet vom Vernunftsdenken des Technikers, selbst – und vor allem dann – wenn er an seiner Vernunft zu zweifeln beginnt. (Repräsentative Textpassagen: 24, 74 f., 77, 86 f., 105–107) Walter Henzes erste umfassende, immer noch aufschlußreiche Interpretation der Erzählstruktur deutet das Weltbild der „Ersten Station" insgesamt als symptomatisch für das Selbstverständnis des ‚homo faber' (L 120, 72). Dieser Begriff, eine Analogiebildung zu ‚homo ludens' (vgl. L 139, 69), gewann in den 50er Jahren Bedeutung, ja wurde schlechthin zum Inbegriff eines Zeitgeistes, dem alles machbar, zumindest erklärbar schien. Was nicht in dieses logozentrische Weltbild paßte, wurde als irrational eskamotiert. Faber bringt dieses Denksystem auf die leitmotivische Parole: „Technik statt Mystik." (77) Kennzeichnend für die Erzählhaltung der „Zweiten Station" ist ein größeres „Bedürfnis nach Reflexion und Konfession" (L 120, 76), ein gesteigertes Todesbewußtsein und, damit zusammenhängend, ein immer häufiger durchbrechendes mystisches Lebensgefühl. (Repräsentative Textpassagen: 24, 124 f., 150 f., 180 f., 199) Henze deutet diese Erzählhaltung, die derjenigen des rationalen ‚homo faber' aus der „Ersten Station" von Grund auf widerspricht, als das Weltgefühl des ‚homo religiosus'. Der Begriff ist von dem zeitgenössischen Kulturkritiker Philipp Lersch als Gegenbegriff zum ‚homo faber' Typus geprägt und definiert worden als eine Haltung der „Ergriffenheit vor dem Geheimnis, das alle Dinge umgibt und das jenseits rationaler Begreifbarkeit und technischer Brauchbarkeit liegt." (Lersch, nach L 120, 77) Schule hat dieses Denken keine gemacht: Es war undiskutabel in der materialistischen, bestenfalls existentialistischen Weltanschauung der 50er Jahre – und mehr noch in der zunehmend mythen- und ideologiekritischen Faber-Forschung der folgenden Dekade. Auf die grundlegende Antithetik ‚homo faber' – ‚homo religiosus' wird jedoch zurückzukommen sein. Henze faßt den widersprüchlichen Charakter der doppelten Erzählperspektive folgendermaßen zusammen: „Die ungelöste Spannung zwischen Fabers Ingenieursdenken und der Mystik ist das strukturtragende Element des ganzen Romans." (L 120, 78) Dieser Charakterisierung hatte die Frisch-Forschung keine wesentlich neuen Erkenntnisse, lediglich Akzentverschiebungen hinzufügen können. (Vgl. L 122, 267; L 116, 16; L 121, 67 und L 137) Grundsätzliche Einigkeit herrscht auch über die Tatsache, daß sich Fabers Erzählperspektiven, seine konträren Weltbilder ebenso wie seine diversen Zeitebenen, vielfach überlagern und vertauschen: „Faber entwickelt sich nicht stetig von einem Pol zum andern, sondern steht dauernd in der Spannung zwischen beiden." (L 120, 78) (Vgl. dazu auch L 137, 128 und L 21, 132)

Schon früh scheiden sich allerdings die kritischen Geister am Erzähler selbst, an seiner Rollenprosa und seinen Sprachposen. So schreibt Friedrich Sieburg nach Erscheinen des Romans in der FAZ: „Um ein Haar wäre es ein großartiges und drohendes Buch über die Allgegenwart des Todes geworden." Den Hauptmangel sieht der Kritiker darin, daß der Ingenieur „in schlechtem Deutsch" erzählt, „anstatt daß er dem Schriftsteller Max Frisch die Aufgabe überläßt, über diese Verwandlung einen Roman zu schreiben." (Nach L 120, 67) Ganz anders Eduard Stäuble:

Besser als durch seine eigene Sprache könnte dieser Typ Faber gar nicht charakterisiert werden. Es ist der heute sehr häufige Typ, der durch den laxen, saloppen Ton seiner Sprech- und Schreibweise überlegene, unerschütterliche Weltmännischkeit vortäuschen will, damit aber nur seine innere Leere, seine Unsicherheit, seinen Mangel an echter Beziehung zum Leben überdeckt. (Nach L 120, 67)

Zahlreiche akribische Sprachkritiken folgen. Negativerseits gipfeln sie wohl in dem Verdikt Schenkers, daß es sich bei Fabers Erzählweise um nichts anderes als eine „vom Autor gepflegte Sprachverrottung" (nach L 139, 97) handle.[5] Positiverseits findet lediglich die „hohe Kunst der indirekten Aussage" (L 122, 279) Anerkennung bzw. Fabers euphorische Schilderung seines Habana-Erlebnisses: „eine Meisterleistung moderner deutscher Sprache" (L 116, 45; vgl. dazu auch L 5, 116). In diesen vielfältigen Meinungsstreit bringt Frisch selbst insofern Klärung, als er über den Protagonisten sagt: „Er lebt an sich vorbei, und die Diskrepanz zwischen seiner Sprache und dem, was er wirklich erfährt und erlebt, ist das, was mich dabei interessiert hat." (Nach L 21, 138) Die Diskrepanz wurzelt in der antinomischen Erzählperspektive Technik versus Mystik, Fachsprache versus Symbolsprache. Daß auch Faber Unsagbarem auf der Spur ist, welches sich primär durch die Sprache der Bilder und Figurationen offenbart, wird im Verlauf der Interpretation deutlich werden.[6]

Mehr noch als Stiller ist Faber auf seinen Geschäftsreisen rund um die Welt einem „semiotischen Universum" (L 100, 18) von ständig wechselnden Bildern, Eindrücken und Weltanschauungen ausgesetzt.[7] Um diese Überfülle der Zeichen in den Griff zu bekommen, hat Faber eine Reihe von dualistischen Erklärungsmustern entwickelt, welche die Vielfalt der Erscheinungsformen auf globale Stereotypen reduzieren. Als prägnanteste Gegensatz-Bildungen werden darzustellen sein: Technik-Mystik, Amerika-Europa, Mann-Frau.[8] Jedes Erklärungsmodell, mit dem Faber sich identifiziert, profiliert sich maßgeblich durch sein Gegenmodell. Konzipiert ist damit ein modern geschlossenes Weltbild, ein geistiges Räderwerk der Vernunft, in welchem alle denkbaren Widersprüche miteinkalkuliert sind, – um sie desto leichter eliminieren zu können. Bekanntlich tritt das Gegenteil ein: Fabers Rechenschaftsbericht sind die Aufzeichnungen von einem, der systematisch unter die Räder der eigenen Denk- Mechanik gerät.

2. Stereotype Weltbilder: Technik – Mystik, Amerika – Europa, Mann – Frau

TECHNIK versus MYSTIK: Die erste weltanschauliche Standortbestimmung des Technikers erfolgt – treffenderweise – nach der Notlandung seiner „Super- Constellation" in der mexikanischen Wüste:

Ich glaube nicht an Fügung und Schicksal, als Techniker bin ich gewohnt mit den Formeln der Wahrscheinlichkeit zu rechnen. [...] Ich bestreite nicht: Es war mehr als ein Zufall, daß alles so gekommen ist, es war eine ganze Kette von Zufällen. Aber wieso Fügung? Ich brauche, um das Unwahrscheinliche als Erfahrungstatsache gelten zu lassen, keinerlei Mystik: Mathematik genügt mir. (22)

Wahrscheinlichkeit versus Fügung, Zufall versus Schicksal, Mathematik versus Mystik. Das sind die Formeln, nach denen der Techniker Faber sein Weltbild konstruiert. „Erfahrungstatsachen" sind die einzigen Kriterien seiner Philosophie, und seine vielberufene, berufgewordene Sachlichkeit: die absolute Beschwörungsformel für eine durch und durch berechenbare Welt. (Zur neuesten Fachliteratur zum Thema Zufall und Kausalität vgl. L 141, 22 f.) Keine Rezension und noch weniger Interpretation, die um diese Weltvorstellung des Technokraten Faber herumgekommen wäre. Die erste umfangreiche Auseinandersetzung mit der Technik-Thematik stellt van Ingens „Max Frischs ‚Homo faber' zwischen Technik und Mythologie" dar. An Hand zahlreicher Textbeispiele belegt er die „deutliche Diskrepanz zwischen Fabers Beteuerungen von der Rationalität des Technikers und der offensichtlichen Irrationalität seines Handelns." (L 121, 66) Besonders offenkundig wird diese Diskrepanz nach der Wüstenlandung, als der Vernunft-Mensch Faber eine bizarre Gespensterlandschaft imaginiert, nur um immer wieder behaupten zu können: „Ich weigere mich, Angst zu haben aus bloßer Fantasie, beziehungsweise fanatisch zu werden aus bloßer Angst, geradezu mystisch" (24 f.). Diese Beschwörung der Wüste verrät Faber – „Qui s'excuse, s'accuse" (L 121, 69) – ebenso wie seine Begeisterung für die Maschine. Der verhängnisvoll Verliebte:

Die Maschine erlebt nichts, sie hat keine *Angst* und keine *Hoffnung*, die nur stören [...] Der Roboter erkennt genauer als der Mensch, er weiß mehr von der Zukunft als wir, denn er errechnet sie, er spekuliert nicht und *träumt* nicht [...] der Roboter braucht keine *Ahnungen*. (75, meine Hervorhebung)

So wie Faber versucht, seinen Berufs-Schock (Versagen der Flugmotoren) in Schreckvisionen abzureagieren und seine Gefühlskonfusion (Begegnung mit Sabeth) durch Roboter-Maschinen zu exorzieren, so versucht er auch, den Störfaktor der eigenen Vaterschaft zu eliminieren: „... ich legte mir die Daten zurecht, bis die Rechnung wirklich stimmte, die Rechnung als solche." (121) Van Ingens Schlußfolgerung: Fabers Technik-Argumente und Rechen-Exempel sind nichts anderes als „Maske", „Vorwand" und „Täuschungsmanöver" (L 121, 67–71), um von seinen komplexen Gefühlskonflikten, den inneren, psychischen Tatsachen, abzulenken. – In engem Zusammenhang mit dieser Techniker-Maskerade steht das Motiv der Blindheit. Hanna wirft es in ihrer Auseinandersetzung mit Faber zum Thema auf, indem sie ihn für „stockblind" (144) erklärt und entsprechend seine Weltanschauung als „Weltlosigkeit" (169) entlarvt. Leitmotivisch kommt dieses Urteil in

Fabers Selbst- und Weltdarstellung immer wieder zur Sprache und läßt die Technik als Täuschung in doppeltem Licht erscheinen: nämlich als Blendwerk und Selbstverblendung. Das Dingsymbol dieser Täuschungs-Technik und ihrer selektiven Blindheit ist Fabers Kamera: das Sehen per Knopfdruck. (Zur Bedeutung der Faber-Kamera allgemein vgl. Hasters L 119)

Originell ist Fabers Maschinen-Welt-Anschauung nicht, sie ist vielmehr die Theorie-Montage eines – wie Schmitz materialreich nachweist – bis ins 19. Jahrhundert zurückreichenden „Streites um die Technik" (L 139, 32–48). Die Technik-Euphorie des italienischen Futurismus und des frühen deutschen Expressionismus markiert den ersten Höhepunkt dieser Auseinandersetzung. Durch die Erfahrungen des Ersten Weltkrieges schlägt sie um in eine Technik-Kritik, die in den Werken von Benn, Toller und Kaiser zunehmend apokalyptische Dimensionen annimmt. (L 139, 33 f.) Repräsentativ für die konservative Kulturkritik der zwanziger Jahre wird das dichotomische Leben-Geist-Modell von Ludwig Klages und Oswald Spengler: „In der Technik spielt sich nach Spengler der tragische Kampf des geistigen Menschen gegen die gattungshafte Natur ab." (L 139, 39) Nach der politischen Instrumentalisierung der Technologie im Dritten Reich und ihrer totalen Entfesselung im Zweiten Weltkrieg gewinnt die philosophische Gegnerschaft zu ihr eindeutig die Oberhand. Günther Anders Werk *Die Antiquiertheit des Menschen* (1956) stellt die umfangreichste Abrechnung mit dem technischen Zeitalter dar (L 139, 44 f.) und bildet gleichzeitig den Epilog zur Technologie-Diskussion: diesem philosophisch umstrittensten und politisch verheerendsten Diskurs der Moderne. Frischs Roman fungiert in diesem Kontext als literarisches Reflexionsmedium, welches die traditionsreiche Genese dieser Auseinandersetzung rekapituliert und – im Wechselspiel der Perspektiven – den Verschleiß der Argumente auf beiden Seiten vor Augen führt.[9]

Doch noch ist für Faber das Argumenten-Arsenal des technologischen Fortschrittsoptimismus nicht erschöpft. Er montiert vielmehr dessen Theoreme zu einer Zukunftsvision, die nichts weniger ins Auge faßt als die totale Kontrolle über Leben und Tod. Faber beginnt mit einem vertrauten Argument:

Schwangerschaftsunterbrechung ist heutzutage eine Selbstverständlichkeit [...] Fortschritt in Medizin und Technik nötigen geradezu den verantwortungsbewußten Menschen zu neuen Maßnahmen [...] Die drohende Überbevölkerung unserer Erde [...] Der liebe Gott! Er machte es mit Seuchen; wir haben ihm die Seuchen aus der Hand genommen. Folge davon: wir müssen ihm auch die Fortpflanzung aus der Hand nehmen. (105 f.)[10]

Geburtenkontrolle, das ist die „selbstverständliche" Ausgangsbasis einer globalen Strategie, deren Ambitionen sich zusehends ins Exorbitante versteigen, in die totale Kontrolle über den Tod. Faber: „Skulpturen und Derartiges [sind] nichts anderes [...] als Vorfahren der Roboter. Die Primitiven versuchten den Tod zu annullieren, indem sie den Menschenleib abbilden – wir, indem wir den Menschenleib ersetzen. Technik statt Mystik!" (77) Faber hofft also nicht nur Herr über die Zeugung, sondern auch – in Gestalt des Roboters – Herr über die Zerstörung zu werden. Es ist dies die phantastische Hybris des ‚homo faber', den Menschen zu rekonstruieren als ‚homo ex machina': Er wäre die „Sachlichkeit" in Person und hätte sich automatisch unter Kontrolle. Die Welt, ein Schaltwerk der Vernunft, der Roboter, Krone der Schöpfung – in anderen Worten: Technodizee – Faber auf dem Höhepunkt seiner „déformation professionelle" (142).[11]

Fabers Maschinen-Mensch veranschaulicht jedoch nicht nur eine total verselbständigte Technodynamik, er spiegelt auch eine völlig außer Kontrolle geratene Psychodynamik. Der Roboter, das ist die Ausgeburt einer Sexual- und Todesangst, die in Fabers Bericht eine – wie sich herausstellen wird – mannigfaltige strukturen- und figurenbildende Potenz entfaltet. Das Problem des Technikers: „ – der ganze Mensch! – als Konstruktion möglich, aber als Material ist verfehlt: Fleisch ist kein Material, sondern ein Fluch." (171) Vom Maschinen-Menschen, in dem alle menschlichen Defekte behoben sind, verspricht sich Faber die Erlösung von der als Last empfundenen Liebe und dem als Fluch begriffenen Tod. Der Roboter ist die perfekte Projektionsfigur dieser konfliktreichen Psychodynamik: Er repräsentiert die Fabersche Kreativität ebenso wie die Fabersche Phobie vor dem Kreatürlichen.

Fabers lebenslanger Zwang, diesen Komplex zu transformieren in die Mechanik von Maschinen, dokumentiert sich zum ersten Mal in seiner Dissertation über den „Maxwellschen Dämon". Es war das Traum-Projekt einer sich ständig selbst erzeugenden, nie selbst erschöpfenden Energie-Motorik.[12] Wäre Faber nicht an der Konzeption dieses ‚perpetuum mobile' gescheitert, es wäre der Schrittmacher geworden für die Maschine Mensch, den Maxwellschen Roboter: nach Fabers Fiat ein Automat ewiger Zeugung ohne Zerstörung. Dieses mechanische Mysterium (verdrängter Komplexe) findet seine überaus suggestive Offenbarungsszene im Maschinenraum des Ozeandampfers. Faber will Sabeth das Triebwerk zeigen und hilft ihr über die Leiter in den Bauch des Schiffes: „Ihre Hüften waren merkwürdig leicht, zugleich stark, anzufassen wie das Steuerrad meines Studebakers, graziös, im Durchmesser genau so –" (87). Auf den ersten Blick scheint dieses „Steuerrad meines Studebaker" ein gelungenes Ablenkungsmanöver. Tatsächlich ist jedoch diese amüsante Versachlichung der Sexualität ein ‚lapsus linguae', d. h. ihre provokative Beschwörung. „Durchmesser" und „Steuerrad": phallische Durchdringung des sinnbildlich „Weiblichen Runden" (vgl. M 19, 203–214). Faber angeblich: „Für mich war nichts Aufreizendes dabei gewesen." (87) Dann glaubt sich der Techniker sicher in seinem Element:

Probleme der Torsion, Reibungskoeffizient, Ermüdung des Stahls durch Vibration und so fort, daran dachte ich nur im stillen, beziehungsweise in einem Lärm, wo man kaum sprechen konnte – erläuterte dem Mädchen lediglich [...] wo die Schraubenwellen aus dem Schiffskörper stoßen, um draußen die Schrauben zu treiben. (87)

Diese Koitus-Mechanik im Schiffsbau und ihre invertierte Penetration nach draußen – von der sexuellen Bedeutung der „Schraube" im Englischen ganz zu schweigen –, das ist ein Fabersches Meisterwerk der Verdrängung und Verwandlung menschlicher Triebe ins Triebwerk der Maschinen. (Freud hätte an dieser Libido-Projektion seine helle Freude, genießt doch in seiner Lehre die Technik als „Ablenkung vom Sexuellen ... den größten Ruf", vgl. L 49, 183) Mit „Technik" hat die Exploration und Imagination des Maschinenraums kaum noch etwas zu tun, dafür um so mehr mit „Mystik". Dieses Anti-Thema des Technikers bedeutet „Innenschau" und figuriert als Schlüsselwort zum imaginären Innenraum des Unbewußten und Weiblichen, also jener Welt, der gegenüber sich Faber so „stockblind" verhält.[13] Sabeth ist die Frau, die ihm zuerst die Augen öffnen wird für dieses Reich des „Absolut Anderen", in welchem Liebe und Tod – Fabers Verdrängungskomplex – eine archaische Einheit bilden. Anders gewendet: Mystik statt Technik.[14]

AMERIKA versus EUROPA: Stillers „American Dream" konkretisiert sich für Faber zum „American Way of Life" (50, 175). Für ihn als Techniker ist das moderne Amerika im wahrsten Sinne des Wortes das Land der unbegrenzten Möglichkeiten: Es steht an der zivilisatorischen Schwelle zur Postmoderne und ihrer – inzwischen sprichwörtlich gewordenen – „runaway technology". Nur, zu einer Hommage Fabers an das Traumland der Technik kommt es nicht mehr. Der völlig amerikanisierte Schweizer macht eine Reihe von Erfahrungen, die ihn sukzessive eines anderen – eines ganz „Anderen" – belehren sollten. Der Umschlag seiner Amerika-Liebe in Amerika-Haß kündigt sich an in der New Yorker Party in der Nacht vor seiner Schiffsreise zurück nach Europa. Faber betrunken: „In eurer Gesellschaft könnte man sterben, sagte ich, man könnte sterben, ohne daß ihr es merkt, von Freundschaft keine Spur, sterben könnte man in eurer Gesellschaft."

(67) Verschanzt hinter der Fassade des Technikers beginnt der Berichtschreiber ein systematisches Rückzugsgefecht in Sachen Weltanschauung. Schritt für Schritt bricht er eine Amerika-Kritik vom Zaun, die durch sein Cuba-Erlebnis ihren Höhepunkt erreicht und in ihrer Vehemenz seine technologischen „Vorwände" schließlich mit zum Einsturz bringt:

Mein Zorn, daß sie mich immer für einen Amerikaner halten [...] Mein Zorn auf Amerika [...] die Schutzherren der Menschheit, ihr Schulterklopfen, ihr Optimismus. [...] Was Amerika zu bieten hat: Komfort, die beste Installation der Welt, ready for use, die Welt als amerikanisches Vakuum, wo sie hinkommen, alles wird Highway [...] ihre Kosmetik noch an der Leiche, überhaupt: ihr pornographisches Verhältnis zum Tod [...] ihre obszöne Jugendlichkeit. (172–177)

Neu sind auch diese Vorstellungen nicht. Schmitz hat ausführlich dokumentiert, daß sie allesamt dem Anti-Amerika-Fundus europäischer Zivilisationskritik entstammen. Deren bevorzugte Zielscheibe: Amerikas Kult der Jugend und seine Kaschierung des Todes. (L 139, 78 f.) Diese Amerika-Kritik der 50er Jahre – der „Falschen Fünfziger" – ist die Kehrseite ihrer Amerika-Faszination. Die Neue Welt verkörpert in dieser Zeit wie keine andere Zivilisation – je nach Perspektive – Glanz und Elend der Moderne. Faber, Phänotyp dieser Moderne, artikuliert ihren Amerika-Diskurs in gleicher Weise wie ihren Technik-Diskurs, nämlich als Meinungsmontage. Worauf sein kritisches Amerika-Panorama schließlich hinausläuft, ist ein Panoptikum nationaler Klischees und Karikaturen: „... diese Vitamin-Fresser [...] dieses Coca-Cola-Volk ... ihre Häßlichkeit, ihre rosige Bratwurst-Haut, gräßlich, sie leben, weil es Penicillin gibt, das ist alles, ihr Getue dabei, als wären sie glücklich, weil Amerikaner." (176) (Vgl. auch 79, 177) Kurzum: Amerikas High-Tech-Pop- und Pillenkultur, eine Hybriden-Zivilisation – sit venia verbo – zum Kotzen. Fabers Expektorationen sind, hier ist Bicknese zu widersprechen, alles andere als „nüchtern [...] präzise und überzeugend ehrlich". (L 110, 53) Die Amerika-Kritik Fabers ist vielmehr ein rhetorischer Amoklauf, dessen Bildersturm der Stereotypen weit mehr aussagt über seinen eigenen psychischen Zustand – „Mein Zorn auf mich selbst" (176) – als über die Lage der insultierten Nation. Amerikas Reklamewelt „als Neon-Tapete vor der Nacht und vor dem Tod" (177) und seine Städte „die keine sind, Illumination, am anderen Morgen sieht man die leeren Gerüste" (176): mehr noch als amerikanische Städte sind dies Potemkinsche Dörfer, Spiegelgebilde der eigenen Blendwerk- und Fassadentechnik Fabers. Und seine Attacken auf Amerikas „Vakuum zwischen den Lenden" (176) sowie dessen Pornographieverhältnis zum Tod: Teufelsaustreibungen der – einmal mehr – eigenen Angst vor Tod und Sexualität.[15]

Dem Oppositionsmodell „American Dream" – „American Nightmare" entsprechend entfalten auch die beiden für Faber wichtigsten Städte antinomische Repräsentanz. War New York (die Neue Welt) für den UNESCO-Ingenieur Bau- und Schauplatz westlicher Hyper-Zivilisation, so gewinnt Athen (die Alte Welt) für den Amerika-Desillusionierten zunehmend Bedeutung als Geburtsort und Bewahrungshort antiker Kunst und Kultur. Fabers Rückkehr nach Europa, zu den Ursprüngen, vollzieht sich – von der Faber-Forschung mehrfach nachskizziert (L 116, 40; L 117) – als gradueller Rückschritt in der Technik der Verkehrsmittel. Flugzeug: New York-Tamaulipas; Zug: Campeche-Palenque; Auto: Guatemala-Dschungel – Mittelmeer-Länder; Schiff: Amerika-Europa; Eselskarren: Akrokorinth – Athen und Teile dieser letzten Wegstrecke zu Fuß. Die „runaway technology" Amerikas im immer langsamer und schwerfälliger werdenden Rücklauf: bis sie schließlich – mit ihrem entlaufenen Techniker – auf dem Boden der Antike zum Stehen kommt.

MANN versus FRAU: Dieses werkkonstitutive Gegensatzpaar illustriert das Fabersche Denken in Phrasen und Hypostasen wohl am exemplarischsten. Hier wird die Gegensätzlichkeit von Verstand und Gefühl zum ontologischen Unterscheidungskriterium. „Sachlichkeit", das ist für Faber – kaum anders zu erwarten – primäres Geschlechtsmerkmal des Mannes (vgl. 24, 69, 79, 91 etc., „Was die Stimmung betrifft, so mache ich mir nichts daraus." 92). Daß dies Voraussetzungen sind, die zu Spannungen zwischen den Geschlechtern führen, steht zu erwarten.

Bereits in ihrer gemeinsamen Jugendzeit brachte Hanna dieses Spannungsverhältnis auf den Nenner – und Buchtitel: Faber „nannte sie eine Schwärmerin und Kunstfee. Dafür nannte sie mich: Homo Faber." (47) Als sie sich nach langer Trennung in Athen wiederbegegnen, spricht Faber von ihrer „Gelehrtenwohnung" (133) und Hanna, hellhörig für Herrschaftsansprüche, zitiert diesen Ausspruch später als Beweis dafür, „daß auch ich die Wissenschaft für ein männliches Monopol halte, überhaupt den Geist". (33) Fabers Bericht, seine Berufs- und Geschlechtsbilanzen sollten ihr recht geben: „Ich stehe auf dem Standpunkt, daß der Beruf des Technikers, der mit den Tatsachen fertig wird, immerhin ein männlicher Beruf ist, wenn nicht der einzig männliche überhaupt." (77) FAB-rizierer/Sachver-WALTER: Walter Faber ist es von Ruf und Beruf mit – und das heißt in seinem Fall anstatt – Leib und Seele: „... ich lebe, wie jeder wirkliche Mann, in meiner Arbeit." (90) Mannsein ist für Faber nur möglich als Fach-Mann, und dies ist eine Lebens-Aufgabe im doppelten Sinne des Wortes. Die Freizeit überlebt er noch am besten als „Mann unter Männern." (64) Bei seiner Überfahrt hofft er auf einen „Männertisch" (69) und man muß es ihm glauben: „Ich hoffte wirklich auf einen Männertisch." (70)

Rein äußerlich findet Faber in Ivy, seinem Manhattaner Mannequin, sein vielfach komplementäres Spiegelbild. Dafür gibt es mehrere „sachliche" Gründe. Erstens: Sie hat ihre weibliche Schönheit genau so zum Beruf gemacht wie Faber seine männliche Sachlichkeit. Zweitens: Als Modemodell ist sie eine Art Menschenpuppe oder – noch fachmännischer betrachtet – ein Laufsteg-Roboter, also ganz nach den Wunschvorstellungen des Maschinenbau-Ingenieurs. Drittens: Einzig im Zuschauerraum kann Faber vor ihr als Frau sicher *und* auf sich als Mann stolz sein, denn vor allen besitzt er sie allein. Viertens: Als Photomodell ist sie ideales Lust- und Schauobjekt für Faber und seine Kamera. (Er muß nur abdrücken und hat – solange der Auslöser nicht versagt – das gefährliche Leben gebannt und damit in der Hand – als totes Bild) Ivys Erotik als Blendwerk spiegelt Fabers Blendwerk der Technik. Darin sind sie ein Gegensatzpaar, das sich ideal ergänzt, – solange es sich nicht zu nahe kommt. – Privat entpuppt sich diese perfekte Schein- und Schaubeziehung als ein totales Desaster: „Gefühle", so Faber, „sind Ermüdungserscheinungen." (92) Der emotionale Bereich ist dem Techniker, der so gern mit „beiden Füßen auf der Erde" (47) steht, gleichbedeutend mit Sumpf, schlüpfrigem weiblichen Morast. Diese Vorstellung ist ihm ureigenste „Erfahrungstatsache". Der Havarist beim Flug über das Sumpfland von Tampico – aus nicht mehr so sicherer Entfernung:

Unter uns immer noch Sümpfe, seicht und trübe, dazwischen Zungen von Land [...] Sümpfe, teilweise grün und dann wieder rötlich, Lippenstiftrot, was ich mir nicht erklären konnte [...] dann wieder himmelblau und wässerig, wie die Augen von Ivy [...] mit gelben Untiefen [...] Unterwassergewächs [...] widerlich." (18)

Hier assoziiert Faber sein Manhattaner Photomodell unzweideutig mit der Urwald- und Sumpfwelt Guatemalas und beschwört damit zum ersten Mal jene archetypisch weibliche Vorstellungswelt herauf – „was ich mir nicht erklären konnte" – in der er schließlich untergehen wird. (Zur Sumpf-Symbolik vgl. unten II, 5, Anm. 46) So ist Ivy Vorbotin des „Abgrunds", des „Absolut Anderen", ein Hauch von Urwald und Urweib, vor dem der Techniker, der Mann kapituliert. – Aus technischer Perspektive liefert Faber schließlich selbst den Klartext zu seinem Verdrängungskomplex: „... wie Mann und Weib sich paaren [...] Wieso eigentlich mit dem Unterleib? Man hält es, wenn man [..) es sich in aller Sachlichkeit vorstellt, nicht für menschenmöglich [...] Es ist absurd [..] geradezu pervers." (93) Schon Ivys „Rosa-Sachen" (62) sind ihm ein Unding: Ivy-Ideal, das wäre die ‚Dame ohne Unterleib'. Als Mannequin-Mensch ist sie „ein herzensguter Kerl", also – ganz nach Fabers Vorstellung – männlich vernünftig; damit ist es freilich aus, wenn sie „geschlechtlich wurde" (65). In ihrem Manhattaner Apartment sind dem Techniker die letzten Fluchtwege vor der Sexualität versperrt: „Ich glaube, Ivy wollte, daß ich mich haßte, und verführte mich bloß, damit ich mich haßte, und das war ihre Freude dabei, mich zu demütigen, die einzige Freude, die ich ihr geben konnte. Manchmal fürchtete ich sie." (65) Fabers Liebeslogik ist eine ‚déformation emotionelle' höchsten Grades; puritanisch verhemmt, psychisch verklemmt treibt sie ihre misogynsten Blüten: „Ivy heißt Efeu, und so heißen für mich eigentlich alle Frauen." (91) Diese Macho-Maxime ist ein gelungenes Oxymoron, welches Protz und Panik männlicher Potenz gleichermaßen zum Ausdruck bringt: die Frau als gesellschaftliches Schmuckwerk des Mannes, aber auch als geschlechtliches Rankwerk, Sumpfgewächs, das ihn umschlingt und verschlingt, den phallischen Stamm zu Fall bringt. Als „Sündenfall" – Ur-Szene aller Ehen – machte diese Sexualangst des Mannes bekanntlich christlich abendländische Bewußtseinsgeschichte. Sie ist auch noch Faber, der im religiösen Sinn an „Nichts" (38) glaubt, auf den Fersen – und treibt ihn schließlich in die Flucht, Hals über Kopf aufs Schiff: lieber mit Männern am Tisch als mit Frauen im Bett. Daß diese Flucht ausgerechnet in die Arme Sabeths und Hannas führt, hat freilich seine innere, psychomythische Notwendigkeit.

„Weibisch", „hysterisch", „mystisch" (24, 47), das sind Fabers Assoziationsimpulse, wenn das Weibliche zur Sprache kommt. Ivy erscheint als Handleserin und weint, „als sie von meiner kurzen Lebenslinie redete." (61) Hanna ihrerseits beeindruckt Faber als schicksalsgläubig und mythenkundig und veranlaßt ihn zu der Feststellung: „Alle Frauen haben einen Hang zum Aberglauben." (142) Es ist die „Abergläubige" selbst, die Fabers Frauenbild als Projektion männlicher Wunsch- und Wahnvorstellungen durchschaut:

... der Mann (sagt Hanna) will die Frau als Geheimnis, um von seinem eigenen Unverständnis begeistert und erregt zu sein. [...] Der Mann sieht sich als Herr der Welt, die Frau nur als seinen Spiegel [...] Solange Gott ein Mann ist, nicht ein Paar, kann das Leben einer Frau, laut Hanna, nur so bleiben, wie es heute ist, nämlich erbärmlich, die Frau als Proletarier der Schöpfung, wenn auch noch so elegant verkleidet. (140)

Mit dieser Kritik männlich imaginierter, männlich manipulierter Weiblichkeit befindet sich Hanna auf der Höhe ihrer Zeit. Schmitz' Materialien-Sammlung weist nach, daß ihre Argumente im wesentlichen jenem Emanzipationsdiskurs verpflichtet sind, den Simone de Beauvoirs 1951 erschienenes Werk *Das andere Geschlecht* bahnbrechend in die Wege leitete.[16] Hanna ist eine Reflexionsfigur des „anderen Geschlechts": Sie repräsentiert jedoch nicht nur den Phänotyp der Modernen Frau („Hanna hat immer getan, was ihr das Richtige schien", 139), sondern auch den Archetyp des „Großen Weiblichen" (vgl. unten II, 5).

Zusammenfassend läßt sich über die Stereotypenmuster des Romans sagen: Sie sind Ausdrucksformen des „Üblichen", Fabers vielfach wiederholte Formel der Selbstvergewisserung, daß alles quantifizierbar ist und in Schablonen seine Ordnung findet. Das Unwägbare wäre das absolute Chaos. TECHNIK-AMERIKA-MANN versus MYSTIK-EUROPA-FRAU, diese Oppositionensequenz konstituiert ein umfassendes Koordinatensystem von Projektionsfeldern, in welchem der fundamentale Antagonismus zwischen Verstand und Gefühl seine beziehungs- und gestaltungsreiche Repräsentation findet. Die treibende Kraft dieser Weltvorstellung in Stereotypen ist immer wieder der Verdrängungskomplex von Sexualität und Tod: die Abwehr des Bedrohlichen und Unbekannten, bzw. seine Verschiebung und Verdichtung zum ganz „Anderen".[17]

Fabers Denkschema der Oppositionen und sein Lebensprinzip des Kalküls kommen nirgendwo deutlicher zum Ausdruck als in seiner Leidenschaft fürs Schachspiel (28, 48, 59, 83). Die schwarz-weiß-karierten Felder, die Berechenbarkeit der Züge, das ist Fabers Muster zur Meisterung der Welt. So wie im Spiel die Figuren, so glaubt er im Leben die Menschen in der Hand zu haben – und übersieht, daß auch er eine Spielfigur in ihrer Hand. Herbert, Sabeth und Hanna durchkreuzen sukzessive und systematisch seine Kalkulationen und werfen seine Dienst- und Reisepläne, Frauenbilder und Kultur-Schablonen restlos über den Haufen. Schließlich findet der in seinen Weltbildern völlig Verwirrte dazu in Sternenbildern die höhere Bestätigung: „Die bloße Tatsache, daß drei Himmelskörper, Sonne und Erde und Mond, gelegentlich in einer Geraden liegen [...] brachte mich aus der Reihe." (124) Die Mondfinsternis ist seit alters mit dem Inzest assoziiert[18] – und so erscheint die Liebesnacht zwischen Tochter und Vater als Astral-Projektion am nächtlichen Firmament. Dies ist die wahre „Super-Constellation" dieser Romanwelt – die Sternstunde, in welcher das rationale in ein mystisches Weltbild umschlägt (ausführlicher II, 5): „Mein Leben lag in [Sabeths] Hand." (95) – Der Schachmeister im Schach.[19] Von nun an wird das männlich „technische" Prinzip systematisch in die Defensive gedrängt und das weiblich „mystische" Prinzip ergreift die Offensive. Konkret heißt das: Es gelten nicht mehr die Spielregeln der Ratio, des Bewußtseins, sondern die Gesetze der Psyche, des Unterbewußtseins – Dynamik der Projektionen anstatt Kontrolle von Fakten.

3. *Psychologische Interpretationsmodelle*

Wie schon erwähnt spielen die Figuren Herbert, Sabeth und Hanna in Fabers Reorientierung eine zentrale Rolle. Sie sind Bezugspersonen in einer bedeutungsreichen Konstellation. Auf der rein zwischenmenschlichen Ebene zeichnen sie sich durch Qualitäten aus, die auf die geistige Selbstbefreiung Fabers einen wesentlichen Einfluß ausüben. Fabers anfängliche Abneigung gegenüber Herbert ist noch Manifestation der Abwehr seiner Angst vor mitmenschlichem Kontakt. Zuneigung faßt Faber zu Herbert erst im Dschungel. Sämtlicher zivilisatorischer Konventionen, jeglicher schützender Kleider ledig (34), findet sich Faber zurückgeworfen auf primäre Triebe und elementare Bedürfnisse. Erst in diesem nackten Urzustand vermag er etwas vom verlorenen Urvertrauen zu sich und zum andern zurückzugewinnen. Aus diesem Grund kehrt er, obwohl er den Urwald an sich haßt, erneut zu Herbert zurück: „Man hat nicht so viel Freunde." (166) – So wie Herbert Faber zur Freundschaft bekehrt, so lehrt Sabeth ihn die Liebe, das emotional erotische Glück. Ihr gelingt es, ihn aus seinen puritanisch pervertierten Zwangsvorstellungen zu befreien und aus dem sexuellen (Abwehr-)Mechaniker einen verliebten, hingebungsvollen Menschen zu machen: einen Liebhaber mit Leib und Seele. „Sabeth, die mich umarmt, als habe ich ihr alles geschenkt, das Meer und die Sonne und alles, und ich werde nie vergessen, wie Sabeth singt." (152) Das ist nicht mehr die Frau, die Welt, die man schaltend und waltend im Griff hat („Steuerrad"-Technik); Faber erlebt vielmehr ein ergriffenes Dasein, unbegreiflich, „geradezu mystisch". – Die Freundschaft Herberts und die Liebe Sabeths, in Hanna erscheint beides vereint: In ihr findet Faber den bleibenden „Freund" (198), seine wirkliche Geliebte und die eigentliche Braut. Hanna ist eine sexuell wie sozial emanzipierte Frau, sie „führte das Leben, wie sie's wollte" (139, vgl. auch 100, 127). Als Partnerin des Mannes tritt sie so souverän auf wie als Kritikerin seiner Phantasien. Mit Fabers technokratischem Weltbild geht sie auf gleiche Weise ins Gericht wie mit seinem phallokratischen Frauenbild. (Zu ihrer Technik-Kritik vgl. II, 5). Kurzum: Sie verdreht ihm wie keine Frau zuvor den Kopf bzw. rückt ihm den Kopf erst einmal zurecht. Fabers Konversion „Ich nahm alles zurück" (138) und sein Bekenntnis „Ich bewundere sie" (143) kulminieren in der Expertise „Hanna wie ein Manager" (153). In der Tat wird sie sich als ein Ordnungsprinzip psychomythischen Ausmaßes zu erkennen geben.[20]

Soweit zu den Handlungs- und Bedeutungsträgern, die im Erzählgeschehen des Protagonisten eine dramatische Rolle spielen. Der vielschichtige Wandel seiner Welterfahrung und Weltanschauung zeitigte eine vieldeutige Interpretationsgeschichte. Da die Verstrickungen seines Lebensendes mit rationalen Erklärungsmustern nicht mehr zu erfassen waren, versuchte man es anfänglich vor allem mit moralischen Grundsätzen. Dem Zeitgeist Fabers entsprechend deutete die zeitgenössische Literaturkritik die Problematik von Sexualität und Tod vor allem im Kontext von Schuld und Sühne. So wird immer wieder Fabers gestörtes und verkehrtes Verhältnis zu sich selbst und Sabeth für ihren Tod verantwortlich gemacht.[21] Diese moralisierende Art der Textauslegung verfehlt und verfälscht jedoch den Tatbestand. Sabeth wird weder durch Fabers Täuschungstechnik geblendet, vielmehr durchschaut sie diese. „Sabeth fand [...] ich verstelle mich" (109). Noch erschrickt sie – zu Tode – über seine natürliche Nacktheit: Schließlich war sie es, die ihn aus seiner Körperverklemmung befreite. Faber verursacht nicht Sabeths Tod. Hannas Vorwürfe und seine Schuldreflexe sind menschlich allzu verständlich – unverständlich scheinen heute die engagierten Moralreflexionen zahlreicher Romandeutungen. Weder Fabers „déformation professionelle" noch sein Inzestverhältnis, zu dessen willentlichem Vollzug die Beweise fehlen, rechtfertigt jene strenge Verurteilung, die erst in Fabers Tod die gerechte Sühne zu sehen glaubt.[22]

Erst allmählich wandelte sich das Erkenntnisinteresse, brach sich die Einsicht Bahn, daß es sich bei diesem Roman vielleicht weniger um eine Moral-Parabel und vielmehr um ein Psycho-Drama handeln könnte. Anstatt Faber immer wieder pädagogisch den Prozeß zu machen, begann man sich eingehender mit seinen psychischen Prozessen zu beschäftigen, mit der Dynamik seelischer Primär- und Sekundärvorgänge. Schmitz' Materialien-Sammlung bringt eine erste systematische Erfassung der Theoreme Freuds, die für das „psychische Substrat" des Romans von Bedeutung sind. (L 139, 27) Fabers „psychische Defekte" – so heißt es – „lassen sich mit dem elementaren Begriffsinventar der Psychoanalyse, das zur Abfassungszeit des Romans als kulturelles Gemeingut angesehen werden muß, zureichend beschreiben." (L 139, 28)[23] Trotz seiner zahlreichen Analogie-Aufweise zur Freudschen Theorie möchte Schmitz dennoch „keine psychoanalytische Textinterpretation nahelegen". (L 139, 101)

Von den bisherigen psychoanalytisch orientierten Studien erweist sich die Interpretation von Conny Bauer (L 109) am aufschlußreichsten. Aufbauend auf den einschlägigen Arbeiten von Lusser-Mertelsmann (L 49) und Mauser (L 132) geht sie davon aus, daß in der „Tiefenstruktur" des Textes „prototypische Erlebnisse" (L 109, 325) verschlüsselt sind, und zwar nach den „Kompositionsregeln des Unbewußten", nämlich der Projektion, der Verneinung und der Bild- und Metaphernsprache. (L 109, 326) Bauer meint in der Figuren-Konstellation eine durchgehende Aufspaltung der Vater- und Mutter-Instanzen beobachten zu können. (L 109, 326) Als Personifikationen der Vater-Imago gelten ihr Prof. O. und Joachim; letzterer vermag in dieser psychodramatischen Rolle allerdings nicht ganz zu überzeugen. Im Nachweis stringenter und auch für die Bedeutung des Werkes relevanter ist Bauers Interpretation von Sabeth und Hanna als Mutter-Figurationen. Mondfinsternis und Schlangenbiß als Symbole des Inzest sind für Bauer integraler Bestandteil ihrer Argumentation, daß es sich bei Fabers Verhältnis zu seiner Tochter und ihrer Mutter um eine regelrechte Regression in die ödipale Phase handelt. Nach dem Tod Sabeths erweist sich jede Etappe in Fabers Rückkehr zu Hanna, wie Bauer nachweist, als ein weiterer Rückschritt ins infantile Stadium. Seine Wegstrecke von Akrokorinth nach Athen: Er gibt seine Uhr weg und verliert damit seine zeitliche Orientierung; seine Ankunft in Athen: Er kennt sich in der Stadt nicht aus und verliert damit seine räumliche Orientierung; Er beherrscht die Sprache nicht, kommt sich „wie ein Analphabet vor, völlig verloren" (132) und regrediert somit in eine vorsprachliche Entwicklungsstufe. Und schließlich das Krankenhaus, die letzte Durchgangsstation zu Hanna: „... ich wußte: Wenn ich erwache, dann vor Hanna." (125) Der Rest von Bauers Regressions-Interpretation spreche für sich selbst:

Von da an übernimmt Hanna sämtliche Kontaktfunktionen für ihn. Sie nimmt ihn zu sich, pflegt ihn, wird Essensspenderin, und über den ersten Abend in Athen, in Hannas Wohnung, in Sabeths Zimmer, berichtet er: „... ich saß auf dem sauberen Bett ... vornüber gekrümmt ... wie ein Fötus." [] Durch Hanna, Pflegeperson und Geliebte, vollzieht sich die inzestuöse Vereinigung über eine Regression in den pränatalen Zustand. (L 109, 333)[24]

Festzuhalten ist auch folgendes: Es handelt sich bei der Psychodynamik dieses Romans nicht nur um eine Regression des Mannes zum Kind, sondern ebenso um eine Hypertrophierung des Weiblichen ins ausschließlich Mütterliche: „Hanna als Mutter" (133). Sie „opfert [...] ihr ganzes Leben für ihr Kind" (202), und daß „der Vater verschwindet" (202), ist Voraussetzung ihrer Mutterschaft (mythisch reines Mutterrecht). Hanna war mit diesem Wunsch bei der älteren Kritik noch nie beliebt gewesen. Vergegenwärtigt man sich jedoch, daß Fabers Bericht v. a. nach den „Kompositionsregeln des Unbewußten" geschrieben ist, daß seine Erfahrungen primär traum- und triebhafter Natur sind, dann wird man auch Fabers Bild von seiner Jugendgeliebten entsprechend als Traum- und Triebbild verstehen müssen. So gesehen wird Hannas Postulat einer vaterlosen Mutterschaft auch erkennbar als Projektion Fabers, als Verdrängung der eigenen Vaterschaft.

Diese hier skizzierten psychoanalytischen Roman-Interpretationen dürften hinreichend verdeutlicht haben, daß das Handlungsgeschehen primär von seelischen Impulsen und nicht von „sachlichen" Intentionen gesteuert wird. Faber selbst bringt diesen Bewußtseinswandel mehrfach zum Ausdruck: „Ich verstand mich selbst nicht mehr." (43) So wie beim Erwachsenen das Lustprinzip vom Realitätsprinzip beherrscht wird, so wird hier – umgekehrt durch die infantile Regression – das Realitätsprinzip in wachsendem Maße durch das Lustprinzip verdrängt: ein Lustprinzip mit dem Trieb zum Tode. Das bedeutet für die Romanstruktur und ihren Projektionscharakter: Das Motoren-Versagen des Flugzeugs ist erstes Warnzeichen, welches Faber den drohenden Kontrollverlust über seinen psychischen Apparat signalisiert. Aus dieser Sicht gibt sich seine Maschinen-Obsession als verzweifelt verschobener Wunsch zu erkennen, über seinen eigenen Psycho-Apparat die Herrschaft zurückzugewinnen. Das Scheitern führt Fabers Flugzeug drastisch vor Augen: die „Super-Constellation", festgerammt im Wüstensand. Für den Techniker bricht eine heile Welt zusammen – und er mit ihr: „Ende der Welt" (25). – Der Tod des Maschinen-Technikers ist jedoch die Geburt des Erzähl-Technikers, der die Welt noch einmal rekonstruiert – mit dem erzähltechnischen „Täuschungsmanöver" des Pespektivenwechsels: Die Traumebene wird zur realen, die Wirklichkeitsebene zur imaginären Erfahrungswelt.[25] Es ist diese „verkehrte Welt", welche den Rahmen liefert, in welchem sämtliche Weltbilder Fabers in ihr Gegenteil umschlagen: Amerika-Bewunderung in Amerika-Schmähung, technologische Progression in psychologische Regression und Maschinen-Obsession in Mystik-Faszination. Und gemeinsamer Nenner aller Konversionen: Fabers Fixiertheit im Männlich-Faktischen weicht einer Reorientierung am Weiblich-Mythischen.[26]

Zwischenbilanz dieses vielfachen Wandlungsprozesses: Faber erlebt eine psychische Regeneration – der Preis dafür ist seine physische Desintegration „Ich war schon nicht mehr da" (163). Caracas-Hotel und Athener Hospital, das sind „Stationen" der Lebens-Heimkehr, Kranken- und Sterbezimmer. In diesen sprechenden Räumen schreibt sich der Ex-Techniker seine Lebens- und Sterbensgeschichte von der Seele – nach allen „Kompositionsregeln des Unbewußten". Die Selbst-Demontage des Maschinen-Menschen als „écriture automatique": Verdrängtes kehrt wieder, Versäumtes nimmt Gestalt an, Un-Wahr-

Scheinliches wird wahr-scheinlich, scheinbar wahr – nur um auf mehr oder weniger unbegreifliche Weise wieder zu verschwinden.[27]

4. Mythologische Interpretationsmodelle

Den psychologischen Aspekten dieses Romans, die zur Perspektive einer ödipalen Regression zusammenschießen, laufen mythologische Aspekte parallel, welche diese psychische Perspektive reflektieren und komplementieren. Wie sich zeigen wird, entsteht ein inneres, erstaunlich kohärentes Weltbild der Archetypen, welches das äußere, mehr und mehr zerbrechende technologische Weltbild der Stereotypen ersetzt. Die ersten transrationalen Figurationen zeichnen sich bereits nach Fabers Notlandung ab, allerdings aus „sachlichen" Gründen noch *ex negativo*: „Es gibt keine urweltlichen Tiere [...] keine versteinerten Engel [...] keine Dämonen." (24) Es sind die Kunstschätze Europas, welche Faber zum ersten Mal die Augen öffnen für den verborgenen Zauber des Mythischen. Die Leugnung der Faszination weicht ihrem Eingeständnis: „‚Kopf einer schlafenden Erinnye.' Das war meine Entdeckung [...]. Hier fand ich: Großartig, ganz großartig, beeindruckend, famos, tiefbeeindruckend. Es war ein steinerner Mädchenkopf." (111) Waren die „Engel" in der Nachtwüste noch „versteinert", die „Götterfratzen" (942) in den Maya-Tempeln nur für Marcel, den „Ruinenkünstler" (43) mehr als Stein („er behauptete [...] man könne [... sie ...] nicht fotografieren, sonst wären sie sofort tot"), so erwacht die Skulptur der Erinnye nun auch für Faber zum Leben. Wenn Sabeth in ihre Nähe kommt, „gibt es Schatten, das Gesicht der schlafenden Erinnye wirkt, infolge einseitigen Lichteinfalls, sofort viel wacher, lebendiger, geradezu wild." (111) So wie das Kamera-Auge Fabers das Leben in tote Bilder bannt, so erwachen nun – auch das ein Perspektivenwechsel – die toten Bilder zum Leben. „Belichtungssache" (111), wiegelt Faber ab, doch gleichzeitig wundert er sich über die schlafende Erinnye: „Was sie wohl zusammenträumt –?" (111) Sie träumt – affektbesetzte Projektionsfigur Fabers – von seinem Schicksal, sie ist sein Schicksal, seine Tochter. Auf der einen Seite wildwach „‚Du bist ein Wildfang', sagte ich" (114) und auf der andren Seite lebensstarr „sprachlos wie eine Statue" (115) ist Sabeth ein Ebenbild der schlafenden Erinnye. Wie die antike Skulptur war Sabeth für Faber totgeglaubt, d. h. nie geboren und wie erstere erwacht sie ihm für einen „großartigen" Augen-Blick zum Leben, um als Statue und Tote wieder zu erstarren.

So wie die Traum-Sequenz im Flugzeug die psychische, so öffnet die

Skulptur-Szene im Museum die mythische Perspektive. Von nun an unterlaufen dem automatischen Schreiber explizite wie implizite Mythen-Assoziationen mit regelmäßiger Selbstverständlichkeit, während das Thema Technik zunehmend zum Geflunker verkommt. In Rom verbringt Faber eine schlaflose Nacht: „Ich lag wie gefoltert, da ich mich nicht rühren konnte; das schlafende Mädchen hatte ihre Hand auf meine Brust gelegt" (Faber in der Umarmung seiner „schlafenden Erinnye"), während draußen ein Alfa Romeo dröhnt, der „uns die ganze Nacht umkreiste. [...] Vollgas im Leerlauf." (123) Auch das nächtliche Aufheulen und Umkreisen dieses Wagens, darauf wurde mehrfach hingewiesen, symbolisiert das Rache-Lauern der Erinnyen. (Vgl. L 116, 71 und L 5, 113 f.). Der Traum der Vernunft gebiert Dämonen: das Maxwellsche ‚perpetuum mobile' als ‚circulus vitiosus'. – Als Faber Hanna wieder begegnet, ist es auch eine offene Begegnung mit der Welt der Mythen: „Sie redete von Mythen, wie unsereiner vom Wärmesatz, nämlich wie von einem physikalischen Gesetz, das durch jede Erfahrung nur bestätigt wird." (142) Für sich selbst reklamiert Faber – letzte Image-Pflege des Technikers im Erzähler – „daß ich in Mythologie [...] nicht beschlagen bin." (142)[28] Nachdem der Vater seine Tochter ein letztes Mal auf der Leinwand gesehen hat, phantasiert er zu Tode betrübt – und um seine beteuerte Mythenahnungslosigkeit nun nicht mehr bekümmert – die Selbstblendung des Ödipus: „Wozu nach Athen? [...] Warum nicht diese zwei Gabeln nehmen, sie aufrichten in meinen Fäusten und mein Gesicht fallen lassen, um die Augen loszuwerden." (192)[29]

Fabers Mythen-Anspielungen fanden in der frühen Roman-Rezeption großen Anklang. Die ersten ausführlicheren Interpretationen weiten die Mythen-Identifikation auf weitere Handlungsträger aus.[30] Analog zum „Streit um die Technik" entfachte sich bald ein „Streit um den Mythos". Richtungsweisend für die Mythen-Kritik wurde Geulens Faber-Monographie, die in vieler Hinsicht immer noch lesenswert, jedoch gerade in Sachen Mythos problematisch ist. Geulens Diktum, daß die Romanfigurationen „keineswegs die Repräsentanten einer Schicksalsmystik" (L 116, 16) darstellen, wurde apodiktisches Erklärungsmodell, in welchem der Mythos vor allem als „Spielelement" und „Verfremdungseffekt" (L 116, 97) fungiert. Da dieser Interpretationsansatz das Frischsche Gestaltungsprinzip des „Offen-Artistischen" auf seiner Seite zu haben schien, gewann er für die Mythen-Exegese des Romans auf lange Zeit verbindlichen Charakter. (Der „Streit um die Mystik" – dies nur nebenbei – kam übers Abstreiten nicht hinaus.)[31] – Als aufschlußreich erweist sich Schmitz' Kontextualisierung der Faberschen Mythenwelt in den verschiedenen Mythenmodellen der deutschen Geistesgeschichte. Letztere entfalten in der Weimarer Republik und ihrem „Hunger nach dem Mythos" ihr größtes Wirkungspotential. In dieser Umbruchsepoche, ihrer Begeisterung fürs Neue: „Wissensgläubigkeit und Fortschrittsdenken" (L 139, 53) und ihrer Beschwörung des Alten: „Sehnsucht nach verbindlichen Lebens- und Seinsordnungen" (L 139, 53) gewinnt die Antithetik Mythos versus Technik repräsentativen Verweischarakter. Es ist vor allem dieser Doppel-Diskurs, welcher der Janusköpfigkeit der Moderne ihr ausgeprägtes Profil verleiht. Nietzsches Dionysos-Mythos avanciert zum Identifikationsmodell diverser lebensphilosophischer Zeiterscheinungen: élan vital, Kult des Körpers, Rückkehr zum Kreatürlichen. Als Gegenentwürfe zur reaktionären Politisierung des Mythos durch den Nationalsozialismus zitiert Schmitz die Werke Hermann Brochs und Thomas Manns. Diesen repräsentativen Exponenten der klassischen Moderne wird die „objektive Gültigkeit mythischer Kunst" (L 139, 54) zum zentralen Gestaltungsprinzip.[32] Insgesamt gesehen bildet Schmitz' faktenreiche Aufarbeitung der verschiedenen Mythen-Traditionen den Abschluß einer Rezeptionsphase, welche Frischs Werk vor allem vor kompromittierten Denkmodellen zu emanzipieren versuchte. In bezug auf *Faber* heißt das noch einmal: „Die mythischen Identifikationsschemata greifen nicht mehr." (L 139, 57)

Progressiv deutsche Literaturgeschichtsschreibung seit den späten 60er Jahren, das bedeutete notwendigerweise methodischen Abstand zu gewinnen zur deutschen Vergangenheit, genauer zu ihren geistesgeschichtlichen Denk- und Deutungskonventionen. So wird erst aus der Distanz der 80er Jahre eine umfassendere Neubewertung ihrer literarisch-philosophischen Wirkungsgeschichte möglich. In dem 1983 erschienenen Autorenbuch von Alexander Stephan setzt sich exemplarisch ohne große An- oder Entschuldigungen die Erkenntnis durch, daß *Homo faber* „eine recht klare Verteilung der Gewichte zugunsten von Natur, Tradition und Mythos" (L 29, 77) andeutet. Diese von Verfremdungstheoremen ungebrochene Perspektive gibt den Blick frei auf die Entwicklungsstrukturen des Gesamtwerkes, und es wird deutlich, „daß auch dieses Buch die bis in die dreißiger Jahre zurückzuverfolgenden Linien in Frischs Schaffen fortsetzt: die von einer konservativen Kulturphilosophie vorgetragene Sorge, daß der Geist das Leben zersetzt." (L 29, 78)[33]

Parallel zur beginnenden systematischen Erforschung psychologischer Aspekte und gekoppelt mit ihr zeichnet sich ein neues, unbefangeneres Interesse an mythologischen Figurationen ab: „Mythos plus Psychologie", das einflußreiche Gestaltungs- und Deutungsmodell der klassischen Moderne (L 139, 54), welches im literaturwissenschaftlichen Methodenstreit der 60er und 70er Jahre kaum Beachtung fand, steigt im Kurswert – wird diskursfähig. Richtungsweisend werden nun Studien wie die von dem Psychologen Jung und dem Mythologen Kerényi gemeinsam verfaßte „Einführung in das Wesen der Mythologie" (1942). Darin heißt es:

In Tat und Wahrheit wurden typische Mythologeme gerade bei Individuen beobachtet, wo dergleichen Kenntnisse ausgeschlossen waren [...] solche Ergebnisse nötigten zur Annahme [... vom Vorhandensein] ‚mythenbildender' Strukturelemente der unbewußten Psyche. [...] Man darf heute wohl den Satz aussprechen, daß die Archetypen in den Mythen und Märchen, wie im Traum und in psychotischen Phantasieprodukten erscheinen. [...] Inhalte archetypischer Natur manifestieren Vorgänge im kollektiven Unbewußten [...] einer kollektiven seelischen Grundschicht.[34]

Frischs autobiographische Erzählung *Montauk* (1975) machte es auch literarisch offiziell: Der Autor teilte nicht nur seine Heimatstadt mit dem Zürcher Jung – und dem Wahl-Zürcher Kerényi –, er nahm tatsächlich auch an den Universitätsvorlesungen des berühmt gewordenen Schweizer Seelen-(und Mythen-)Forschers teil. (GW VI, 688)[35]

Jungs Werk stellt denn auch die wesentliche Inspirationsquelle der ersten umfassenden Mythen-Interpretation über *Homo faber* dar, nämlich Rhonda Blairs Studie „‚Homo faber', ‚Homo ludens' und das Demeter-Kore Motiv" (1981). Blair geht von der Annahme aus, daß sich Frisch in der Konzeption des Romans bewußt von tiefenpsychologischen Forschungsergebnissen leiten ließ: konkret vom Jungschen Mutter-Archetyp sowie seinen speziellen Ausdrucksformen, dem griechischen Mythos von Demeter und ihrer Tochter, der Kore, bekannter unter dem Namen Persephone. (L 111, 143) Persephone wurde der allgemeinen Überlieferung zufolge einst von Hades geraubt und ins Totenreich entführt, worauf Demeter die Erde mit Unfruchtbarkeit strafte. Um eine Hungersnot zu verhindern, vermittelte Hermes zwischen der Ober- und Unterwelt, was schließlich dazu führte, daß Persephone nur einen Teil des Jahres in die Unterwelt verbannt blieb, während Demeter für den anderen Teil die Fruchtbarkeit der Erde wieder herstellte. Durch die Entzifferung zahlreicher direkter und indirekter Anspielungen entschlüsselt Blair das Verhältnis zwischen Sabeth und Hanna als eine Neugestaltung dieses Mutter-Tochter-Archetyps – und stößt damit am weitesten in den mythischen Figuren-Zusammenhang der Faberschen Lebensgeschichte vor.[36] Der eigentliche Mutter-Archetyp zeichnet sich in Hanna bereits in ihrer Jugendzeit ab, und zwar, so folgert Blair aus Fabers letzten Notizen, in ihrer frühen Auflehnung gegen ein göttliches Patriarchat: „Hanna [...] gründete einen geheimen Mädchenklub, um Jehova abzuschaffen. Jedenfalls kam nur ein Himmel in Frage, wo es auch Göttinnen gibt." (183) In ihrer völligen Hingabe an ihre Tochter und in ihrer äußersten Verzweiflung über ihren Tod vervollständigt Hanna die Wesensmerkmale ihres mythischen Demeter-Vorbildes.

Hanna und Sabeth als Mutter-Tochter-Archetypen reflektieren mehr als die mythische Summe psychischer Komplexe; Demeter und Persephone repräsentieren als weibliche Gottheiten einen ur-mystischen Erfahrungsbereich: Demeter stellte nach der Rückkehr Persephones nicht nur die Fruchtbarkeit der Erde wieder her, sondern beschenkte die Menschheit – und dies war laut Homer ihr größtes Verdienst – mit der Gründung der Eleusinischen Mysterien. Die Stadt Eleusis wurde zum Mittelpunkt dieses Initiationskultes, in welchem Demeter als Erdmutter und Fruchtbarkeitsgöttin und Persephone als Herrin der Unterwelt verehrt wurden. Blair mißt der Tatsache, daß Faber während seines Griechenlandaufenthalts mehrmals an diesem heiligen Ort vorbeikommt, mit Recht große Bedeutung bei. Sie kommt zu dem Schluß:

Daß Walter Faber, dem Geburt, Natur und Tod widerwärtig sind, mit dem Demeter-Kore-Motiv zu tun bekommt [...] ist natürlich höchst ironisch. Das ist einer der Gründe Frischs, dieses Motiv zu benutzen. Der andere Grund gibt sich aus der tieferen Bedeutung des Motivs, eben jener Untrennbarkeit von Leben und Tod, die in den Eleusinischen Mysterien so gefeiert wurde; der Eingeweihte durfte dabei auf ein besseres Los nach dem Tode hoffen [...] Das ‚Mysterium', in das Faber eingeweiht werden muß, besteht darin, daß die immerwährende Gegenwart des Todes für ein wirkliches Leben angenommen werden muß. (L 111, 161).

Mit diesem Hinweis auf die Eleusinischen Mysterien hat Blair eine zentrale Perspektive eröffnet, sie jedoch nicht mehr weiter verfolgt.

Ein vorläufiges Resümee der neueren Mythenforschung liefert Bettina Kranzbühler: „Mythenmontage im ‚Homo faber'" (1985). Aufbauend auf der Technik-versus-Mythos Dichotomie des Romans, Blairs materialreiche Analyse verarbeitend und sich ausrichtend nach Schuhmachers Mythen-Definition als einem ästhetischen Potential, „das dem Autor jederzeit erlaubt, Sinnfixierungen in die Sinnoffenheit zurückzuholen" (nach L 125, 221), gelangt Kranzbühler zu der Feststellung: „Ist das Technikmodell als ein Modell der ‚Eindeutigkeit' interpretierbar, so bietet das Mythologiemodell ein Gegenmodell der ‚Vieldeutigkeit', schon durch die Verwendung eines derart variantenreich überlieferten Materials." (L 125, 215) Entsprechend erklärt sie das Mythologiemodell und seine „raffinierte Montagetechnik" (L 125, 214) zur „Über-Konstellation" (L 125, 215) des Romans, welche in einem quasi kybernetisch freien Spiel der Assoziationen eine Vielfalt mythischer Bilder und Figuren miteinander in Beziehung treten läßt: „Sabeth z. B. figuriert gleichermaßen Kore und Aphrodite und Hermes und Antigone usw." (L 125, 215) Kranzbühler läßt schlechterdings alle beleg- und denkbaren Figurationen Revue passieren und führt damit das überaus reiche mythologische Assoziations-Potential dieses Romans vor Augen. Folgendes Abschlußkapitel versucht in Anknüpfung an das Demeter-Persephone-Motiv einen roten Faden durch dieses mythologische Beziehungs- und Bedeutungslabyrinth zu finden. Es ist die Suche nach der „Mitte, dem Absolut Anderen" (Becher, Eco) oder, nach Fabers unausgesprochenen Worten – *horribile dictu* – Mystik statt Technik: Mysterium der Magna Mater.[37]

5. Fabers Initiation in die Eleusinischen Mysterien

Ausgangspunkt dieser Untersuchung ist Blairs Identifikation von Hanna und Sabeth als mythische Mutter-Tochter-Gottheiten und ihr Hinweis auf deren zentrale Rolle im eleusinischen Initiationskult. Sichtet man im Roman die zahlreichen mythischen Anspielungen und Anverwandlungen und vergleicht sie mit den Berichten und Dokumenten über die Eleusinischen Mysterien, so gibt sich die Fabersche Familientragödie sukzessiv als ein hermetisch chiffrierter Initiationsprozeß zu erkennen. In seinem Verlauf gelangt die mythische Mutter-Tochter Konfiguration zu ihrer endgültigen Verwirklichung. Sabeth und Hanna werden zu eleusinischen Leit- und Schlüsselfiguren auf Fabers außergewöhnlichem Weg der Rückkehr und Rückbesinnung. Während der antike Myste durch kultisch genau festgelegte Zeremonien auf seine Einweihung vorbereitet wurde, erfolgt Fabers Einweihung in einer Reihe von ahnungsvollen Durchbrüchen und rückfälligen Selbstverblendungen. Im Zuge dieser Entwicklung wandelt sich jedoch sein lebenslanger Zwang zur technologischen Selbstvergewisserung in einen wachsenden Drang nach mystischer Selbsterfahrung. Was sich aus psychologischer Perspektive als prä-ödipale Regression zu erkennen gab, offenbart sich nun aus mythologischer Perspektive Schritt für Schritt als eleusinische Initiation in das Geheimnis der Großen Mutter.[38]

Fabers Reise ins muttermythische Labyrinth ist von Anbeginn von matriarchalen Wegzeichen begleitet. Eine Vorbotin der tellurischen Unterwelt erscheint ihm bereits auf dem Houstoner Flughafen. Faber hatte sich vor Herbert in ein Toiletten-Souterrain (!) geflüchtet und dann in einem Schwächeanfall das Bewußtsein verloren:

Als ich wieder zu mir kam, kniete die dicke Negerin neben mir, Putzerin [...] ich sah ihr *Riesenmaul* mit den schwarzen Lippen, das Rosa ihres Zahnfleisches [...] ich begriff nicht, wieso diese Negerin plötzlich lachte – es schüttelte ihre Brust wie einen Pudding, so mußte sie lachen, ihr *Riesenmaul*... (11 f., meine Hervorhebung)

Dies ist die erste archaische Manifestation des furchtbar Weiblichen, das Augurengelächter der „Dunkelgöttin der Nacht". Sie erscheint, so Neumann, als „das furchtbare Todesmaul oder der fressende Schoß, der zu durchschreiten ist". (M 14, 173 – Ivys lippenstiftroter Sumpf-Schlund, ungeschminkt)[39] – Die zweite muttermythische Präfiguration zeigt sich unmittelbar nach der Bruchlandung in der mexikanischen Wüste, und wiederum ist ihr Erscheinen assoziiert mit einem Schwinden der Sinne: „Sturz vornüber in die Bewußtlosigkeit." (20) Auf der psychologischen Ebene repräsentiert dieser Sturz, wie sich zeigte, einen Durchbruch in die Traumwelt des Unbewußten – auf der mythologischen Ebene ist es der Eintritt in die Unterwelt des Weiblichen. Fabers Abwehr-Mechanik läuft nun – „selbstverständlich" – auf vollen Touren: „Ich sehe [...] keine Dämonen [...] keine Gespenster [...] keine Sintflut [...] Gebirge sind Gebirge, auch wenn sie in gewisser Beleuchtung [!], mag sein, wie irgend etwas anderes aussehen, es ist die Sierra Madre Oriental." (24 f.) Faber setzt dieser schimärischen Sierra mit dem sprechenden Namen die sprechende Weigerung entgegen, weder „weibisch" noch „hysterisch" (24) zu werden. („hystera", grch. d. h. Gebärmutter). Diese mysteriöse Abscheu vor einem „Niemandsland" (15) evoziert jenen Widersand, von dem Neumann schreibt: „Das ganze Leben der Menschheit [...] steht im Kampf gegen die Saugkraft des zur Regression verlockenden Unbewußten, welche die furchtbare Seite des Weiblichen ist." (M 14, 171) Aus dieser Perspektive gibt sich das „Vakuum zwischen den Lenden" der Faberschen Amerika-Verteufelung als archetypische Projektion zu erkennen: als Todesschoß des „Großen Weiblichen" und Inbegriff des *horror vacui*. Und „Madre Oriental" offenbart sich nun als komplexes Kryptogramm auf das imaginäre ‚Nie-Manns-Land', das mythische „Reich der Mütter". Ethnographisch deutet es auf den Indischen Kontinent matriarchaler Frühkulturen, etymologisch leitet sich „Orient" von „origo" (lat.) ab und bedeutet Ursprung. So chiffriert „Madre Oriental" – *nomen est omen* – nichts anderes als die initiatorische „Re-Orientierung" Fabers: seine Heimkehr zum maternalen Ursprung – seine Rückkehr in die tellurische Unterwelt. In diesem Initiationsprozeß wird der Fabersche Verdrängungskomplex von Sexualität und Tod nun seine gesamte archetypische Wirkungsdynamik entfalten.[40]

Am Anfang jeder Initiation steht in der Regel ein Führer – und es erhebt sich die Frage, wer dem Mysten wider Willen zuerst die Richtung weist. Während Sabeth, Hanna, Faber und selbst Prof. O. und Achim symbolische und mythologische Bedeutung beigemessen wurde, schenkte die Literaturkritik der Gestalt Herberts erstaunlich wenig Beachtung. Dabei ist gerade sein Verhalten und sein Verhältnis zu Faber von Anfang bis Ende äußerst merkwürdig. Daß Faber im Flugzeug auf seinen Reisebegleiter sofort aufmerksam wird, ist durch dessen Ähnlichkeit mit seinem Bruder Joachim zu erklären. Eigentümlich ist jedoch Herberts vom ersten Augenblick an zum Ausdruck gebrachte Zuvorkommenheit, ja Zudringlichkeit gegenüber Faber: „Er behandelte mich [...] geradezu ehrfürchtig, interessiert bis zur Unterwürfigkeit." (10) Fabers wiederholte Versuche, sich von ihm zu trennen, sind alle zum Scheitern verurteilt. Nach seiner regelrecht erzwungenen Rückkehr ins Flugzeug träumt er seinen bedeutungsreichen Traum, von dem es zusammenfassend heißt: „Das Blödsinnigste von allem: – Ich bin mit dem Düsseldorfer verheiratet!" (16)[41] Seit diesem Traum nennt Faber seinen neuen Reisebegleiter immer wieder „meinen Düsseldorfer", und er beginnt dessen geheimer Führung geradezu willenlos zu folgen.

Fabers Standortbestimmung nach der Notlandung entpuppt sich unweigerlich als Abgrund-Beschwörung: „... es ist aber die Sierra Madre Oriental, und wir stehen nicht in einem Totenreich [...] ich sehe nicht ein, wieso dort, Richtung Tampico, das Jenseits beginnen soll." (24 f.)[42] Unter Herberts Führung landet Faber genau dort, im Urwald Guatemalas, am befürchteten „Ende der Welt" (25, 37). Hier, inmitten der Ruinen versunkener Kulturen ist der Mensch zu einem apathischen, schlafsüchtigen und traumreichen Schattendasein verdammt. Fabers Feststellung „Man vergißt hier alles" (42) und Herberts Bad in „seinem sagenhaften Bach" (42) entlarven dieses Dschungel-Labyrinth als ein stygisches Reich.[43] Auffallend sind Herberts eigentümliche Einsichten und Voraussichten in den Gang der Entwicklung. Er bringt Faber nicht nur Kunde von Hanna, er erweist sich auch im Dschungel als erstaunlich ortskundig (vgl. 38 f. und 40) und er ist es, der Faber zum Zeugen von Joachims Tod macht. In letzterem begegnet Faber nicht nur seinem Jugendfreund, sondern auch seinem Stellvertreter, der sowohl einst seine gescheiterte Eheschließung mit Hanna nachvollzogen hatte, als auch nun sein, Fabers, eigenes Todesverhängnis vorwegnimmt. Wer also ist dieser Herbert, der Faber so zielsicher seiner eigenen Vergangenheit und Zukunft entgegenführt? Er ist kein zufälliger Reisebegleiter. Herbert ist Hermes, der antike Götterbote, der als mythischer *deus ex machina* eingreift ins menschliche Geschick.[44] Unter seiner Führung gibt sich der blinde Zufall als Vor-Sehung und die Reise als Seelenwanderung ins Schattenreich zu erkennen. Kerényi bezeichnet in seiner Studie *Hermes als Seelenführer* das „Zu-fallende als hermetischen Stoff" (M II, 65), d. h. „Begegnen und Finden sind Wesensoffenbarung des Hermes." (M II, 32) Eng verflochten mit der hermetischen Kunst der Führung ist die erotische Kunst der Verführung. Die Verwandtschaft des Hermes zu Eros läßt ihn geradezu als „Urtyp des geheimen Liebhabers" (M II, 77) erscheinen. In diesem Sinn schreibt Kerényi über die Hermes-Gestalt der *Ilias*: „Mit Reisegefährten erlebt man Offenheiten bis zur reinsten Nacktheit, als ließe derjenige, der auf der Reise ist, jede Kleidung und Verkleidung hinter sich." (M II, 22) Kerényis Folgerung, daß die Reise solcher, „von jeder Gebundenheit an eine Gemeinschaft" befreiter Weggefährten einer „Hochzeitsreise" (M II, 22) gleiche, findet in Fabers Erfahrungen ihre mehrfache Bestätigung.[45] Die geheime erotische Ver-Führung des mythischen Götterboten entpuppt sich schließlich als tödliche Heimführung ins Reich der Schatten: „Hermes' Botenamt wurde im Hymnus auf eine Einweihung zurückgeführt und er auf diese Weise ausdrücklich mit der Unterwelt verbunden." (M II, 88) Hermes ist indes nicht nur der Führer ins Schattenreich. Als „Urbote und -Mittler" im „Zwischenreich zwischen Nichtsein und Sein" führt er sowohl in den Tod als auch ins Leben: „Aus einer Welt der Wegelosigkeit, des Ungebundenen, Fließenden und Gespensterhaften zaubert er die Neugeburt hervor." (M II, 90 f.; „keine Gespenster", versicherte noch der desorientierte Techniker) Entsprechend gibt sich denn auch die Urwaldwelt, in die Fabers hermetischer Reiseführer den Weg wies, nicht nur als ein alles verschlingendes Toten-, sondern auch als ein ständig neues Leben hervorbringendes Mutterreich zu erkennen: „Überhaupt diese Fortpflanzerei überall, es stinkt nach Fruchtbarkeit, nach blühender Verwesung." (51) Die Sumpfwelt, die Faber bereits mit Ivy, seiner schönen weiblichen Schlingpflanze, assoziiert hatte, hier offenbart sie sich als archaisch elementares Mutter-Schoß-Chaos:

Verwesung voller Keime [...] Tümpel im Morgenrot wie Tümpel von schmutzigem Blut, Monatsblut, Tümpel voller Molche, nichts als schwarze Köpfe mit zuckenden Schwänzchen wie ein Gewimmel von Spermatozoen, genau so grauenhaft. (68)[46]

Als Faber schließlich diesem zerstörerischen und schöpferischen Natur-Schlund entkommt, empfindet er seine Rückkehr in die „befahrbare Welt" (30) tatsächlich und nachdrücklich als Neugeburt: „Wir waren naß von Schweiß und Regen und Öl, schmierig wie Neugeborene." (69, vgl. auch 64) Bedeutungsvoll für diese erste hermetische Erfahrung, in der Tod und Wiedergeburt eine geheime Einheit bilden, ist der Begriff des „Übergangsrituals", den Blair in bezug auf Fabers zahlreiche Reise-Etappen einführt:

So nannte der Anthropologe Arnold van Gennep (*Les Rites de passage* [...] 1909) zeremonielle Muster, die den Übergang von einer Situation zu einer anderen oder von einer kosmischen oder sozialen Welt zu einer anderen begleiten [...] einschließlich der Zeremonien anläßlich von Geburt, Initiation, Heirat und Tod. (L 111, 167)

Im Eleusinischen Mysterium sind die Erfahrungen von Geburt, Heirat und Tod zu einem zeremonienreichen Initiationskult zusammengefaßt, in den Faber nun Stufe um Stufe eingeführt wird.[47]

Während Faber ins zivilisierte Leben zurückkehrt, bleibt Herbert im urweltlichen „Totenreich" zurück und erhält somit Fabers Beziehung zur Unterwelt, die ihn später zur erneuten Rückkehr bewegen wird, aufrecht. Der hermetische Geist Herberts begleitet jedoch Faber in verdinglichter Gestalt, nämlich als Schreibmaschine mit dem sprechenden Namen „Hermes-Baby", auf all seinen Reisen. Diese Transformation des mythischen *deus ex machina* in eine moderne Schreibmaschine steht in der besten Tradition hermetisch verschlagener Verwandlungskunst. Sie schließt zudem jenen Bedeutungs- und Funktionswandel mit ein, dem die Hermes-Figur selbst in ihrer historischen Entwicklung unterworfen war. Während Hermes im antiken Griechenland vor allem als Psychopompos, d. h. Totenführer verehrt wurde, gewann er im frühchristlichen und mittelalterlichen Abendland in Anlehnung an den ägyptischen Thoth, den Gott der Schrift, vor allem als Hermes Trismegistos, d. h. als Urheber und Ausleger geheimer Offenbarungsschriften an Bedeutung. So wie Herbert-Hermes als Gott der Ein-Führung in Erscheinung trat, so tritt nun „Hermes-Baby" als „Gott der Aus- legung" (M II, 103) an dessen Stelle.[48] Der Verdinglichung dieses Gottes zur Maschine entspricht umgekehrt, wie Fabers Roboter-Utopie zeigte, die zunehmende Vergöttlichung der Maschine. Fabers affektives Verhältnis zu seinem Schreibgerät, in dem Mythos und Technik zu einer dingsymbolischen Einheit verschmolzen sind, entspringt einem mehrfachen Grund: „Hermes-Baby" ist ihm Gegenstand seines Maschinen-Kultes und Ersatz-Objekt für menschliche Beziehungen, gleichzeitig ist es ihm auch modernes Schreibinstrument zur Verfassung seines Berichts und mythisches Reflexionsmedium seiner Reise. In dieser letzten Eigenschaft entwickelt Fabers Schreibmaschine eine bezeichnende Eigendynamik. Sie schreibt ihm seine Reise nicht nur auf, sondern sie schreibt sie ihm auch – und da hat natürlich der hermetische Reiseführer und Schriftausleger seine Finger im Spiel – geradezu vor. Als Faber sich nämlich nach der Notlandung in der Wüste anschickt, seine Firma zu benachrichtigen, ver-schreibt er sich auf seiner Maschine in höchst eigenartiger Weise: „Ich würde an William schreiben, tippte das Datum und schob – Platz für Anrede: ‚My Dear!' Ich schrieb also an Ivy." (30) Fabers „Hermes-Baby" diktiert ihm entgegen seiner Absicht – „es tippte plötzlich wie von selbst" (30): *écriture automatique* – genau den Brief, der die schicksalhafte Verkettung der folgenden Ereignisse erst ermöglicht. In diesem Licht erscheint Fabers „Hermes-Baby" nicht nur als pathologischer „Ausdruck eines falschen, widernatürlichen Bezuges" (L 13, 114), sondern vor allem auch als mythologisches Medium verborgener Zusammenhänge. Der Ingenieurs-Bericht erfährt von nun an eine sich steigernde hermetische Chiffrierung zum Initiationstext.

Fabers anfänglicher Horror vor dem „Andern", „The Other World", beginnt sich mehr und mehr in eine regelrechte Faszination zu verwandeln. Seine Begegnung mit Sabeth stellt den Wendepunkt in diesem Wandlungsprozeß dar. In dieser Beziehung konkretisiert sich nicht nur sein psychischer Komplex von Sexualität und Tod, in ihr vollzieht sich auch die mythische Koinzidenz von Zeugung und Zerstörung, welche Faber erstmals in der Ur- und Unterwelt Guatemalas erfahren hatte. Fabers Gesundheitszustand, der sich zunehmend verschlechtert, übt einen entscheidenden Einfluß auf sein Bewußtsein und seine Bedürfnisse aus. Seine wachsende Liebessehnsucht ist, rein klinisch gesehen, Ausdruck einer wachsenden Todesahnung.[49] Sabeth verkörpert und erfüllt diesen seelischen Widerspruch mit ihrer ganzen Existenz. In Fabers dreifacher Eigenschaft als ihr Erzeuger, Liebhaber und Vernichter schließt sich schließlich der geheimnisvoll unheimliche Kreis von Liebe und Tod, Schöpfung und Zerstörung. Dieser mysteriöse Zu(-sammen-)fall der Gegensätze läßt sich weder mit sachlichen noch moralischen Schlußfolgerungen aufklären. Was als offenkundiger Verstoß gegen das sittliche Vernunftgesetz gedeutet wurde, gibt sich in zunehmendem Maße als geheime Erfüllung des Eleusinischen Mysteriengesetzes zu erkennen.[50]

Einer ersten, direkten Anspielung an den eleusinischen Initiationskult begegnet Faber, als er im Museum in Betrachtung versunken vor dem Relief der „Geburt der Venus" steht: „Vor allem das Mädchen auf der Seite, Flötenspielerin, fand ich entzückend." (110 f.) Blair hat bereits die mythische Verwandtschaft der Flötenspielerin zu Sabeth herausgestellt; sie wäre zu ergänzen durch den Symbolcharakter, den die Venusgeburt für den Mysterienkult besitzt. In dem ebenfalls mit Jung zusammen verfaßten Buch *Das göttliche Mädchen* schreibt Kerényi: „Es war in Eleusis [... wo ...] in Verbindung mit den Mysterienfeiern das Auftauchen einer Göttin aus dem Meer dargestellt wurde: die ‚Geburt der Aphrodite'." (M 9, 76 f.) In seinem Werk *Die Mysterien von Eleusis,* einer erweiterten Fassung von *Das göttliche Mädchen,* hat Kerényi die verschiedenen uns erhaltenen Berichte über die Mysterien zusammengetragen. Unter den von ihm erwähnten Varianten ist vor allem jene orphische Geschichte interessant, die von der Verführung Persephones durch den eigenen Vater in der Gestalt einer Schlange berichtet. (M 12, 133 f.) Erst diese orphische Mysterien-Version des Persephone-Mythos enthüllt die ganze mythische Gesetzmäßigkeit, die der inzestuösen Vereinigung zwischen Sabeth und Faber und ihrem durch eine Schlange verursachten tragischen Ausgang zu Grunde liegt.[51] In ihrer Begegnung, in welcher Liebe und Tod so vielfältig miteinander verflochten sind, vollzieht sich auf sinnlich sinnbildliche Weise ein entscheidender Akt der Initiation: „Das eigentliche Geheimnis, das Arrheton von Eleusis, war mit der Göttin Persephone verbunden – ja sie, [...] das ‚unaussprechliche Mädchen' [...] *war* dieses Geheimnis" [Kerényis Hervorhebung]. (M 12, 39) Daß die Initiation als eine rituelle Vereinigung des Mysten mit der Persephone-Göttin zu verstehen ist, legen auch die nicht-orphischen Überlieferungen nahe. (M 5, 146) Fabers Liebesnacht mit Sabeth, in welcher sich auf so zeichensetzende Weise der Mond verfinsterte, ist die Nacht des Eleusinischen Mysteriums: symbolische Stern- und Sterbestunde der tödlich Liebenden. So wie der Verliebte dem „Mädchen" (69–72) nachstellt, so wird er ihr als Todgeweihter folgen, ihr dem „unaussprechlichen Mädchen" – das weder Faber noch Hanna beim vollen richtigen Namen nennen.[52]

Während in den Eleusinien die Tochterfigur Persephone die jenseitige Seite vertritt und symbolisch in Sabeth stirbt, verkörpert die Mutterfigur Demeter die irdische Seite und erscheint in der Gestalt Hannas: „Hanna als Mutter" (133, zur Diesseits-Jenseits-Zuordnung der Mysterien-Gottheiten vgl. M 12, 47). Blair hat bereits ausführlich auf die demetrischen Eigenschaften Hannas hingewiesen. Ihr Mythogramm wäre nur noch zu ergänzen durch den Hinweis auf ihren Mädchennamen Landsberg. Er ist in seiner chthonischen Doppel-Assoziation für Hannas mythische Erdmutterschaft genauso bezeichnend wie Fabers eigener Name für sein technisches Welteroberertum. Im weiteren Gegensatz zu Fabers Zukunftsperspektive, seinem technologischen Entwerfen des Kommenden, steht Hannas Vergangenheitsperspektive, ihre archeologische Wiederherstellung des Ursprünglichen. So wie Sabeths Sterben Fabers eigenen Untergang präfiguriert, so offenbart ihm nun Hanna seine Lebenswelt als blinde Flucht vor dem Tod:

Diskussion mit Hanna! – Über Technik (laut Hanna) als Kniff, die Welt so einzurichten, daß wir sie nicht erleben müssen. Manie des Technikers, die Schöpfung nutzbar zu machen, weil er sie als Partner nicht aushält [...] Wörtlich: Du behandelst das Leben nicht als Gestalt, [...] daher kein Verhältnis zur Zeit, weil kein Verhältnis zum Tod. [...] Hanna gibt zu, daß sie nicht erklären kann, was sie meint. (169 f.)

Es ist dieses archeo-logische Wahr-Sagen, welches Faber zur Erkenntnis seiner berufsgewordenen Todes-Abwehr zwingt: „Mein Irrtum: daß wir Techniker versuchen, ohne den Tod zu leben." (170) In Hannas Abrechnung mit Fabers verkalkuliertem Leben figurieren „Schöpfung" und „Tod" an zentraler Stelle: die zwei großen – muttermythischen – Unbekannten, mit denen Faber nicht rechnen wollte.[53]

Fabers lebenslange Flucht vor dem Tod führt ihn, mythologisch gesehen, in die Arme der Großen Erd-Mutter. (Marcel hatte Faber ihre „Wiederkehr" (50) längst prophezeit: „Tu sais que la mort est femme [...] et que la terre est femme." (69) Bereits auf der Schiffsfahrt mit Sabeth sucht der Heimkehrer in allen Frauen das Ebenbild Hannas. Ja, er wird von ihr, der „Mutter meiner Geliebten, die selbst meine Geliebte ist" (141) im wahrsten Sinne des Wortes heimgesucht. Fabers Erfahrungen der mythischen Einheit von Mutter- und Totenreich tauchen allerdings seine Rückkehr in ein ominöses Licht. Und in der Tat verkörpert Hanna nicht nur mütterliche Geborgenheit, sondern auch tödliche Bedrohung. In ihrer Wohnung überkommt den Heimgekehrten beim Bad die Agamemnon-Anwandlung: „Spintisiererei (die Badewanne als Sarkophag; etruskisch!") (136) und „man träumt, man sei zum Tode verurteilt" (149) Diese Todesangst vermischt sich mit dem Gefühl des Noch-Nicht-Geboren-Seins: „Vornüber gekrümmt [...] wie ein Fötus" (148) Faber imaginiert sowohl seinen Tod durch Hannas Hand als auch seine Wiedergeburt in ihrem Schoß. Als er schließlich Sabeths Kinderzimmer verlassen will, um sich zu Hannas Raum, d. h. zur Mutter und Geliebten, Zugang zu verschaffen, findet er ihre Tür verriegelt.

Fabers Einbildungen und Verhaltensweisen in Hannas Haus spiegeln in auffälliger Weise zentrale Aspekte des eleusinischen Initiationsgeschehens wider. Bereits die Vorbereitungszeremonie, das rituelle Reinigungsbad, erfüllt Faber mit peinlicher Genauigkeit. (M 12, 73) Was er schließlich in seiner nächtlichen Wirrnis aus Todesangst und Liebesverlangen befürchtet und ersehnt, entspricht ganz den zwei Grunderfahrungen des Eleusinischen Mysteriums. So erlebte der Myste einst bei seiner Initiation in die Geheimnisse der Demeter nicht nur seinen eigenen Tod, sondern er empfing auch die Gewißheit „aus dem Schoß der Erdmutter wiedergeboren zu sein und damit ihr leibliches

Kind zu werden" (M 16, Bd. 16, 1239) Da alle Eingeweihten unter Androhung der Todesstrafe zur Geheimhaltung dieses mystischen Erlebnisses verpflichtet wurden, waren die eigentlichen Erscheinungs- und Erfahrungsformen dieser Initiation in ein jahrhundertelanges Schweigen gehüllt. Es existiert jedoch der Bericht eines frühchristlichen Gelehrten, der einen Einblick ins Innerste der Mysterien gewährt. Ihm zufolge offenbarten sich „die großen und nicht auszusprechenden Geheimnisse" in der Vision einer Feuergeburt, in welcher die Todesgöttin Brimo – in ihr sind Demeter, Persephone und Hekate vereint – in den Flammen sterbend neues Leben gebar. (M 12, 98 f.) Die Erinnerung an dieses eleusinische Geheimnis bricht in den mystisch beeinflußten Werken der abend- und morgenländischen Literatur immer wieder durch. Am deutlichsten wohl in Goethes Gedicht „Selige Sehnsucht" aus dem *West-Östlichen Divan*:

Sagt es niemand, nur den Weisen / Weil die Menge gleich verhöhnet / Das Lebend'ge will ich preisen / Das nach Flammentod sich sehnet // In der Liebesnächte Kühlung / Die dich zeugte, wo du zeugtest / Überfällt dich fremde Fühlung / Wenn die stille Kerze leuchtet.

Und das Gedicht schließt mit den bekannten Versen:

Und so lang du das nicht hast / Dieses Stirb und Werde / Bist du nur ein trüber Gast / Auf der dunklen Erde.[54]

Diese „fremde Fühlung", in der Liebe und Tod, Zeugung und Zerstörung eine höhere Einheit bilden, ist das Geheimnis von Eleusis. Wer in seine Mysterien eingeweiht ist, hat den eleusinischen Segen empfangen, von dem es bei Pindar heißt: „Glückselig ist, wer, nachdem er dieses [das eleusinische Geheimnis] erblickt, den Weg unter die Erde betritt: er kennt das ‚Ende' des Lebens und dessen von Zeus gegebenen ‚Anfang'." (Nach M 12, 30)

Noch steht Faber ganz im Banne des Todes, der die eine Seite der Initiation darstellt. Dem Initiaten war jedoch bei seiner Einweihung verheißen worden, er werde mit Persephone ins Totenreich hinabsteigen, um dann in ein reicheres und besseres Leben wieder aufzuerstehen. (Vgl. M 5, 146) Und so kehrt Faber erneut zurück in den Dschungel Guatemalas, zum „weibischen Volk" (38) der Indios. Ihre Urwelt, das Reich der „Totenstille" (52), gibt sich nun endgültig auch als ein endlos gebärendes Mutterreich zu erkennen: „Die Mütter [...] sie kommen nicht aus dem Gebären heraus." (167)[55] Daß sich Herbert diese kreatürliche Ursprungswelt zwischen Tod und Geburt zur Bleibe gewählt hat, auch dies hat seine mythische Richtigkeit. Es war Hermes, dem das Naturgesetz des „ewigen Stirb und Werde" einst seine

Vergeistigung zur Mysterienweisheit verdankt. Er hatte mit Daeira, einer rätselhaften Erscheinungsform der Urgöttin den Eleusis, den Gründer des Mysterienortes gezeugt und war dadurch zum Stammvater des Geschlechts der Herolde, der Keryken, geworden, die in Athen zu einem Hauptträger des eleusinischen Mysterienkultes wurden. (M 11, 91)

Somit geben sich die drei wichtigsten Bezugspersonen Fabers, nämlich Herbert, Sabeth und Hanna, als die zentralen Schlüsselfiguren der antiken Mysterienreligion zu erkennen.[56] Welch geheimnisvolle Anziehungskraft diese Dreieinigkeit auf den Initiaten ausübt, verrät bereits die Tatsache, daß er, der eingefleischte Junggeselle, ihnen gegenüber ohne Ausnahme Heiratsvorstellungen bzw. Heiratsabsichten entwickelt. Daß zwischen den Initiationsfiguren des Romans selbst eine Zusammengehörigkeit besteht, wird schon rein äußerlich erkennbar durch die Blutsverwandtschaft zwischen Mutter und Tochter und die Seelenverwandtschaft zwischen Erdmutter und Totenführer. Sowohl Hannas als auch Herberts Erscheinung erinnern Faber an das Aussehen der Indios (126, 168), in anderen Worten, sie sind gezeichnet von der muttermythischen Unterwelt, dem „indianische[n] Seele[nreich]" (Marcel, 50; überhaupt „unser Ruinen-Freund" (39): sein Maya-Interesse assoziiert sowohl die Mutter-Kultur der Indios, als auch die Mutter-Göttin Indiens, auch so eine „Madre Oriental").

Kehren wir mit Faber aus der Urwelt Guatemalas zurück in die Schlußphase des Initiationsgeschehens. Den Verheißungen entsprechend, daß der Myste nach seinem Hinabstieg in ein reicheres und besseres Leben zurückkehre, erlebt nun auch Faber eine geistige Wandlung, die seinen Aufenthalt auf Cuba entscheidend prägt. Sein so unvermittelt anmutender Umschlag von der Todesmelancholie zur Lebenseuphorie ist immer wieder erstaunt zur Kenntnis genommen worden, aber in seiner eigentlichen Bedeutung nie ganz erfaßt worden.[57] Sieht man allerdings Fabers Wandlung im Lichte seiner geheimen Initiation, so gewinnt sein Verhalten zunehmend an Transparenz und innerer Konsistenz. Er, der den Tod als eine mögliche Wiedergeburt zu erahnen gelernt hat, erfährt jetzt seine Existenz als ein berauschendes Mysterium. Die den ganzen Entwicklungsprozeß Fabers kennzeichnende wechselseitige Steigerung von Liebesverlangen und Todesbewußtsein erreicht auf dem cubanischen Inselreich ihren Höhepunkt. Fabers lustvolle All-Verliebtheit „Meine Wollust, zu schauen – meine Begierde" (178) und seine schmerzliche Todesgewißheit „ich ertrug es nicht länger als Leiche im Corso der Lebenden zu gehen" (178) bedingen und durchdringen sich gegenseitig und heben die scheinbaren Gegensätze von Liebe und Tod ineinander auf. Faber verleiht dieser, seiner Mysterienerfahrung Ausdruck in einer überaus symbolträchtigen Handlung: „Ich zeichne eine Frau in den heißen Sand und lege mich in diese Frau, die nichts als Sand ist, und spreche laut zu ihr – Wildlingin!" (177) Wildlingin, damit evoziert Faber die Wildnis des Dschungels, die wilderwachende Erinnye-Statue wie den „Wildfang" Sabeth-Persephone und modelliert sie zur sinnbildlichen Gestalt der Mutter Erde. In seiner rituellen Liebesvereinigung versöhnt er sich mit ihrer lebenserzeugenden, lebensverschlingenden Naturgewalt.[58]

An seinem letzten Abend auf Cuba macht Faber mit dem Freudenmädchen Juana, die er schon mehrmals neben der Gußeisen-Laterne an der Prado-Mauer stehen sah, nähere Bekanntschaft. Sie hatte ihm bei einer früheren Begegnung die Zunge herausgestreckt genauso wie ehemals Sabeth. Und auch die Unbefangenheit ihres Lachens erinnert an seine Tochter, nur erscheint sie „noch jünger als unser Kind." (179) Diesem Sabeth-Persephone ähnlichen Mädchen vertraut Faber seine „Hochzeitsreise mit meiner Tochter" (180) an und stellt ihr schließlich die „göttliche Mädchen"-Frage, ob „Schlangen (ganz allgemein) von Göttern gesteuert werden beziehungsweise von Dämonen" (180). Es ist das erste Mal, daß Faber explizit der Ahnung Ausdruck verleiht, in seinem tragischen Geschick könnte sich ein mythisches Gesetz verwirklichen. Doch die vertraut verführerische Liebesdienerin versagt ihm die Anwort, vielmehr kehrt sie die Frage um „What's your opinion, Sir?" (180), und noch ehe es zu einem Gedankenaustausch, geschweige Liebeshandel kommen kann, ist sie – auch das unmittelbares Echo auf den Raub der Persephone – „verschwunden" (180).

Die Antwort auf Fabers Frage liegt in ihm selbst. Er erahnt sie in jener Glückseligkeit, die seit alters denen verheißen ist, die in das eleusinische Geheimnis eingeweiht sind: „Ich hatte keinen besonderen Anlaß glücklich zu sein, ich war es aber. Ich wußte, daß ich alles, was ich sehe, verlassen werde, aber nicht vergessen." (180) In seiner letzten Nacht auf Cuba steigert sich sein Glückszustand zu einem ekstatischen Rausch, welcher sich mit dem stürmischen Aufruhr der Natur vermischt:

die Arkade in der Nacht, wo ich schaukle und schaue [...] dann wieder das Wellblech irgendwo, sein Hall durch Mark und Bein, [...] meine Wollust, Wind [...] Wind ohne Wolken, ich schaukle und schwitze, die grüne Palme [...] in ihren Blättern tönt es wie Messerwetzen, Staub, dann die Gußeisen-Laterne, die zu flöten beginnt, [...] ihr zuckendes und sterbendes Licht [...] das wiehernde Pferd [...] alles will fliehen [...] das unsichtbare Meer spritzt über die Mauern [...] Donner im Boden [...] Sturm ohne Regen [...] die letzten Mädchen in ihren fliehenden Röcken [...] hinaus zum Meer [...] ich schaukle und singe [...] das flötende Gußeisen, die Wirbel von Blüten. (180–181)

Was sich hier vor seinem äußeren und inneren Auge ereignet und all seine Sinne betört, ja seine Sprache rhythmisch erregt und zu Alliterationen steigert, hat alle Anzeichen eines mystischen Naturerlebnisses. Bei genauerer Betrachtung gibt es sich indes als eine mythische Epiphanie zu erkennen, in welcher die Welt des eleusinischen Initiationsfestes bruchstückhaft, doch facettenreich wieder in Erscheinung tritt. So erweckt der durch Mark und Bein dringende Lärm des Wellblechs die Erinnerung an jenen Gong von erschütternder Wirkung (M 12, 91), der einst während der Mysterienzeremonien ertönte. Das Messerwetzen evoziert das Schlachten der heiligen Opfertiere (M 12, 69), das Flötenspiel ist eine Anspielung an das Lieblingsinstrument Sabeth-Persephones, und der „Donner im Boden" gemahnt an den Donner aus der Unterwelt, welcher das Initiationszeremoniell begleitete (M 12, 91). Das Bild des fliehenden Pferdes beschwört die Erdmutter Demeter herauf sowie ihre Verwandlung in eine Stute, um dem aus dem Meer stürmenden Poseidon – „das unsichtbare Meer spritzt über die Mauern" – zu entrinnen. Im „Wirbel der Blüten" vermischt sich schließlich die Blumensymbolik Persephones mit der Fruchtbarkeitssymbolik Demeters. Der nüchterne Betrachter mag diese auffälligen Ähnlichkeiten als „zufällige" Erscheinungen abtun.[59] Der trunkene Faber erfährt in diesem Mythen-Mosaik das Erlebnismuster der Mysterien: der Bilder-Macher verwandelt zum Visionär, der Statistiker bekehrt zum Ek-Statiker. „Licht der Blitze; nachher ist man wie blind, einen Augenblick hat man gesehen." (175) Illumination des Initiaten, und daher seine emphatische Resolution: „Mein Entschluß, anders zu leben" (173, 175), das heißt „jetzt und hier zu sein." (174) Faber ist von seinem inneren Erlebnis so überwältigt, daß er sich zum euphorischen Gesang hinreißen läßt. Zweimal ruft er aus „Ich schaukle und singe", und er fügt hinzu, als könnte er es selbst nicht glauben: „Stundenlang. Ich singe!" (181) Am Ende bricht der Verzückte aus in den frohlockenden Ruf: „Ich preise das Leben!" (181)[60]

Fabers „Verfügung für Todesfall" ist ein Nachhall dieses Cuba-Erlebnisses und chiffriert dessen Mysteriencharakter noch einmal, prägt ihn zur Formel:

Auf der Welt sein; im Licht sein […] standhalten dem Licht, der Freude (wie unser Kind, als es sang) im Wissen, daß ich erlösche im Licht über Ginster, Asphalt und Meer, standhalten der Zeit beziehungsweise Ewigkeit im Augenblick. Ewigsein: gewesensein. (199)

Aus Fabers „Standhalten […] der Freude (wie unser Kind, als es sang)" spricht das Versprechen „daß wir in Freude leben", welches Persephone dem Eingeweihten gegeben.[61] Und auch Fabers Wider-Spruch

„Ewigsein: gewesensein" stellt eine verschlüsselte Mysterienweisheit des göttlichen Mädchens dar: „In Eleusis handelte es sich [..] um die Geburt als überindividuelles Geschehnis, wodurch in jedem Lebewesen das Sterbewesen immer wieder ausgeglichen, der Tod aufgehoben und die Fortdauer des Lebendigen erlangt wird." (M 9, 69)[62]

Mittel- und heimatlos, ein Wanderer zwischen den Welten, kehrt Faber nach Athen zurück: „Ich habe nur meine Mappe, meine Hermes-Baby, Mantel und Hut." (197) Am Ende seiner Lebensreise gehört die Schreibmaschine, sein unentbehrlicher Reisebegleiter und heimlicher Reiseführer, zu seinen letzten Habseligkeiten. Als er auch sie verliert – „Sie haben meine Hermes-Baby genommen" (198) – hat er nur noch sein Leben zu verlieren. Fabers äußere Reisestationen spiegeln mehr und mehr seinen inneren Reiseweg wider. Gegen Ende bewegt sich der Maschineningenieur tatsächlich auf den historischen Spuren der antiken Mysterieninitiaten. Dreimal kommt er, zuerst in Begleitung Sabeths, dann Hannas, am Ort Eleusis vorbei. In der genauen Beschreibung der Fahrt von Eleusis nach Athen heißt es: „Ich werde diese Strecke nie vergessen." (129) Es ist genau dieselbe Strecke, welche den Mysten einst als Heilige Straße galt, auf der sie in einer eintägigen Wallfahrt dem Mysterienort entgegenpilgerten. (M 12, 74 ff.)

Während Faber erst im Endstadium sein Leben, seinen hermetischen Lebens-Wandel, zu begreifen beginnt, hat Hanna – ihrer eleusinischen Natur entsprechend – seine Rückkehr längst als Erfüllung einer geheimen Vorsehung durchschaut: „Hanna hat es gewußt, als ich noch nichts habe ahnen können, seit zwanzig Jahren hat sie es gewußt." (159)[63] Fabers zweite Heimkehr zu Hanna stellt die letzte und entscheidende Entwicklungsstufe seiner Initiation dar. Seine erste Begegnung mit ihr stand im Zeichen der Verdammung und des Todes. Hanna trauerte um den Verlust ihrer Tochter, „verfluchte" (154) Faber und schlug ihn mit Fäusten auf die Stirn (160). Seine zweite Begegnung mit Hanna steht ganz im Zeichen der Versöhnung und der Liebe. Bei seiner Wiederankunft küßt sie ihn auf die Stirn (198) und vertauscht schließlich das Schwarz ihrer Trauerkleider mit dem Weiß eines Hochzeitskleides: „Wie eine Braut, Hanna in Weiß" (182). Beide Begegnungen, die durch eine geradezu ritualisierte Gegensätzlichkeit auffallen, sind begleitet von einer eigenartigen Verfremdung in Hannas Wesen: „Hanna mit ihren kleinen Fäusten vor mir, ich erkenne sie nicht mehr" (160) – „Hanna, die meine Hand küßt, dann kenne ich sie gar nicht." (202) Ihr widersprüchliches und scheinbar wesensfremdes Verhalten steht jedoch in vollem Einklang mit ihrer mythischen Natur. Ihre Doppelidentität als trauernde Mutter und liebende Braut entspricht ganz dem Doppelwesen der Demeter, welche als Magna Mater die Erde mit Unfruchtbarkeit zu strafen und mit Fruchtbarkeit zu segnen vermag, und die sich selbst im Mysterium zu Eleusis als Göttin offenbart, deren Sterben neues Leben gebiert.

Fabers Wunschvorstellung, sich mit der „Mutter meiner Geliebten" zu vermählen, zeichnet sich durch eine beziehungsreiche Symbolik aus. Rein biographisch betrachtet stellt Fabers Heiratsabsicht den Versuch dar, aus den versäumten Möglichkeiten der Vergangenheit eine bessere Zukunft zu gestalten. Aus psychoanalytischer Sicht läßt sich – wie Bauers Auslegung zeigte – sein Hochzeitswunsch deuten als Sehnsucht nach inzestuöser Vereinigung mit der Mutter und Regression in den pränatalen Zustand. Daß die Wiedervereinigung mit der Mutter einer Einführung in den Tod gleichkommt, bestätigt wiederum die matriarchale Gleichheit von Mutter- und Totenreich. Im eleusinischen Initiationskult vereinigen sich schließlich die Aspekte des Gewesenen und Zukünftigen mit den Motiven von Inzest, Tod und Wiedergeburt zu einem einzigen, großen Mysterium. Fabers tragische Liebe zu seiner Tochter und seine Hoffnung auf Wiedervereinigung mit ihrer Mutter entsprechen genau dem Handlungsrahmen der vom Mysten erlebten Geschehnisse, die Kerényi wie folgt zusammenfaßt: „Vereinigung der Kore mit dem Hades – Trauer und Suchen – heilige Hochzeit der trauernden und suchenden Göttin – Finden." (M 9, 66) Da die Göttin in Eleusis auch unter dem Namen Nemesis oder Erinys auftritt, wird diese heilige Hochzeit auch „Nemesis- oder Erinys-Hochzeit" (M 9, 66) genannt. So erreichen Fabers immer bedrohlicher werdende Begegnungen mit der „schlafenden Erinnye" („was sie wohl zusammenträumt", 111 – „ich lag wie gefoltert", 123) in seiner Begegnung mit Hanna schließlich ihren dramatischen Höhepunkt. Alle Zeichen sprechen dafür, daß seine Hochzeit mit ihr eine tödliche „Erinys-Hochzeit" sein wird. Sein einstiger Wachtraum, in Hannas Haus zum Tode verurteilt zu werden, scheint sich jetzt zu verwirklichen. Hanna tritt ihm jedoch nicht als moralische Instanz, sondern als mythische Nemesis entgegen, und so verwandelt sich denn auch sein Todesurteil – den Gesetzen der Mysterien folgend – in eine Todesweihe. Hanna ist in ihrer doppelten Eigenschaft als zerstörerische Schicksalsgöttin und schöpferische Urmutter Fabers Rächerin und Erlöserin in einem. Als mystische Braut Demeter-Erinys sucht und führt sie ihn heim. Die ersehnte Geborgenheit im Mutterschoß, von der die Psychoanalyse spricht, gibt sich nun als jene Glückseligkeit zu erkennen, welche das Mysterium den Sterbenden in Aussicht stellt.

„Schicksalsmystik" – biologisch gesehen – ist das Schicksal der Kreatur, aus der Natur geboren zu sein und wieder in sie zurückzukehren. Fabers „Hochzeitsreise" in den Tod bringt diesen zeitlosen Lebenszyklus im archetypischen Mysterium der Magna Mater zur Darstellung. Der Initiationscharakter des Handlungsrahmens wird dabei vervollständigt durch einen entsprechenden Zeitrahmen, und zwar strukturell durch die Zweiteilung des Berichts in „Stationen" und chronologisch durch bedeutungstragende Jahreszeiten. Traditionsgemäß wurden die „kleinen Mysterien" im Frühjahr begangen, wobei die Initiation „auf der Stufe der leiblichen Liebe beginnen" (M 12, 61) mußte: Fabers Liebesgeschichte mit Sabeth fällt in die Zeitspanne April – Juni. Die „großen Mysterien" fanden im Herbst statt, um den Initiaten schließlich in die Geheimnisse des „geistigen Lebens" (M 12, 61) einzuweihen.[64] Fabers hermetisch inspirierter und chiffrierter Initiationstext bestätigt auch dieses letzte Gesetz der „großen Mysterien". In seinen Schlußaufzeichnungen heißt es: „Ich hänge an diesem Leben wie noch nie, und wenn es nur noch ein Jahr ist, ein elendes, ein Vierteljahr, zwei Monate (das wäre September und Oktober), ich werde hoffen, obschon ich weiß, daß ich verloren bin" (198). Diese Eintragung im Athener Krankenhaus datiert vom 19. Juli. Zwei Monate später, auf den Tag genau, rüsteten sich alljährlich die Mysten in Athen zur Pilgerschaft. Kerényi berichtet: „Am 19. Boedromion, [d. h. September] brach die Prozession auf, um Eleusis in der Nacht zu erreichen." (M 9, 62 ff.) Die eigentlichen Zeremonien zum „schaudervollen Fest der Sterbensnacht" (M 14, 299) erstreckten sich bis in den Oktober. So reduziert die Lebenshoffnung des Todgeweihten die ersehnte Lebensfrist genau auf jene Monate, ja Tage, in denen einst die „großen Mysterien" der Demeter-Hochzeit begangen wurden. Ob Faber bei seiner letzten Initiation, der Heimkehr in den Schoß der Mutter Erde, eine „glückliche Ankunft" beschieden ist – denn nichts anderes bedeutet und verspricht das Wort Eleusis (M 16, 36) –, dieses Geheimnis freilich nimmt er mit sich ins Grab.[65]

*

Fassen wir zusammen. Es empfiehlt sich dabei, Martin Roda Bechers Definition der Moderne zu rekapitulieren:

Es gibt zweierlei Moderne, eine, die den Siegeszug der Naturwissenschaften seit dem 19. Jahrhundert und den damit verbundenen Fortschrittsglauben beschreibt und eine, die Umberto Eco definiert als Religiosität des Unbewußten, des Abgrunds, des Fehlens der Mitte, des Absolut Anderen.

Frischs *Homo faber* fügt beide Seiten dieser Moderne, „technische" Welt-Eroberung und „mystische" Welt-Erkenntnis, gleichsam wie Über- und Unterbau spannungsreich zu einem Ganzen zusammen.

Auf Grund seines phänotypischen Verweischarakters gewinnt Fabers Statur in beiden Bereichen mythische Konturen.[66] Als technischer „Beherrscher der Natur" (107) ist er die Personifikation zweier mythischer Heroen, die – quasi als antike Projektionsfiguren entworfen – erst im Zeitalter der Technik ihre ganze Größe entfalten. Das eine Mythen-Vorbild ist Ikarus. Zusammen mit seinem Vater Dädalus verwirklichte er zum ersten Mal den Menschheitstraum vom Fliegen. Im Übermut seiner Himmelseroberung kam Ikarus allerdings der Sonne zu nahe, das Wachs seiner Flügel schmolz und er stürzte ab. – Nichts symbolisiert mehr den Triumph der Technik über die Natur als das Flugzeug: Überwindung der Schwerkraft durch Denkkraft, Siegesflug der Vernunft. Faber, der Roboter-Prophet und Flug-Experte, ist ein moderner Nachfahr des mythischen Himmelsbezwingers. In diesem Licht gibt sich denn auch das technische Versagen der „Super-Constellation" als Mythencollage, als Ikaridensturz zu erkennen. – Das andere Heroen-Vorbild ist Prometheus. Er ging in die Mythengeschichte ein als berühmtester Herausforderer der natürlichen Gottesordnung – sprich: erster Zivilisator der Urzeit –, weil er Menschen aus Lehm nach göttlichem Ebenbild schuf. Zeus schmiedete ihn zur Strafe an die Felsen des Kaukasus, wo ihm ein Adler unter endlosen Qualen die Leber aushackte. Fabers Übelegungen zur Geburtenkontrolle („Wir müssen [Gott] die Fortpflanzung aus der Hand nehmen", 106) und seine Spekulationen auf den Retorten-Menschen („den Tod zu annullieren [...] indem wir den Menschenleib ersetzen", 77) stehen ganz in prometheischer Tradition. Faber, der „Mensch als Ingenieur" (107), folgt Prometheus in seinem Griff nach der göttlichen Schöpfungsmacht – dem *ingenium divinum* – und teilt mit ihm Scheitern und Untergang. Hermes versuchte mehrfach vergeblich zwischen Zeus und dem im Kaukasus gemarterten Prometheus zu vermitteln. Auch Herbert-Hermes stößt bei Faber mit bestimmten Erzählungen wiederholt auf Desinteresse, nämlich mit seinen Geschichten aus dem Kaukasus (9, 32, 41). Faber stirbt schließlich, „mehr als ein Zufall" (22) auch das, an einer Prometheus-Wunde – *mutatis mutandis* – an Magenkrebs, der Zivilisationskrankheit schlechthin.[67]

Damit ist Fabers mythische Personalunion mit Ikarus und Prometheus noch nicht erschöpft. Beide Heroen sind Protagonisten einer archaischen Revolution, die sich vom weiblichen Prinzip zu befreien suchte. Prometheus schuf sich eine reine Männerwelt, was den Zorn des Zeus erregte. Ikarus floh mit seinem Vater aus dem Labyrinth des Minoischen Kreta, dem mutterrechtlichen Machtzentrum mittelmeerischer Frühkultur. (Wie Ikarus kreist auch Faber vor seinem Absturz über muttermythischem Territorium, nämlich über dem Ivy-Sumpf-

Land von Tampico.) Das legendäre Scheitern von Prometheus und Ikarus, für Faber, den Phänotyp der Moderne, ist es doppeltes Menetekel. Erst im Zeitalter der Gen- und Maschinentechnik wird das kreative wie destruktive Potential der mythischen Menschenbildner und Maschinenbauer ganz erkennbar. Ihre rein maskuline, rational technische Welt- und Himmelseroberung ist die eine Seite der Moderne, das Reich des ‚homo faber'.

Die andere Seite der Moderne, der „Abgrund", das „Absolut Andere" ist das mythische Labyrinth des „Großen Weiblichen", dem Prometheus, Ikarus – und Faber vergeblich zu entfliehen suchten. In anderen Worten, es ist die Welt der Mystik, der „Religiosität des Unbewußten", das Reich des ‚homo religiosus'. Henze hatte diesen Begriff zu Beginn der Faber-Forschung eingeführt, er geriet jedoch aufgrund sich wandelnder Erkenntnisinteressen in Vergessenheit. Im Kontext von Ecos Konzeption der Moderne und deren „Mythos plus Psychologie"-Modell gewinnt jedoch dieser Begriff neue Aussagekraft. „Religio" bedeutet „Rückbindung", und somit wäre der ‚homo religiosus' der Mensch, der seine Beziehung zum Unbewußt-Ursprünglichen noch nicht verloren hat. (Bei Bachofen figuriert das Sinnlich-Übersinnliche als ureigenster Erfahrungsbereich der Frau, M 1, 45; sie ist das Ur-Bild des ‚homo religiosus'.) In Fabers eleusinischer Re-Orientierung kehrt sein psychischer Verdrängungskomplex in archetypischen Figurationen wieder und belehrt den Fach-Mann eines „anderen", bekehrt ihn zum weiblichen Prinzip – zum Partner, dem „anderen" Teil seiner selbst.[68] – Der in der Mythenwelt erklärtermaßen unbewanderte Techniker folgt in seiner Reorientierung am „Andern" einem traditionsreichen Mythenmuster. Er findet sich nicht nur in der Nachfolge von Ödipus und Agamemnon, was ihm bruchstückweise bewußt wird, er folgt auch blind den Spuren des Odysseus. Was dieses Heroen-Triumvirat verbindet, ist vor allem folgendes: Sie kehren nach langem Krieg (Männer-Sache), erfolgreichem Kampf (um die Frau: Helena von Troja, die Königin von Theben) und Irrfahrt in der Fremde wieder in die Heimat zurück. Odysseus zur liebenden Penelope, Agamemnon zur rächenden Klytemnästra und Ödipus zur leiblichen Mutter Iokaste. Alle drei Frauenfiguren sind Figurationen des fruchtbarfurchtbaren Magna-Mater-Archetyps.[69] Auch Fabers Montage-Touren sind eine Odyssee rund um die Welt; wie der homerische Held ist er für zwei volle Jahrzehnte von der früh Verlassenen getrennt. Und er teilt mit Odysseus nicht nur die Nostos, die Heimkehr zur Geliebten, sondern auch die Nekyia, die Hadesfahrt (in welcher Odysseus dem toten Freund Achill und Faber dem toten Freund Joachim – fast ein Anagramm zu Achill – wiederbegegnet.)[70]

So ist Fabers Lebens-Wandel und Heimkehr nicht nur Fallstudie einer psychologischen Regression, sondern auch Musterbeispiel einer mythologischen Reproduktion im Sinne der Formel Thomas Manns:

... die Urgründe der Menschenseele sind zugleich auch Urzeit, jene Urtiefe der Zeiten, wo der Mythos zu Hause ist und die Urnormen, Urformen des Lebens gründet. Denn Mythos ist Lebensgründung; er ist das zeitlose Schema, die fromme Formel, in die das Leben eingeht, indem es aus dem Unbewußten seine Züge reproduziert. (Nach L 139, 54)

Diese berühmte Formel liegt der Mannschen Josephs-Tetralogie zu Grunde und sie ist von keinem anderen Werk mehr inspiriert als vom *Mutterrecht* Bachofens.[71] Manns Interesse galt der Spuren-Sicherung, Frischs gilt der Spuren-Verwischung. Doch auch der in Mythen beschlagene Autor des *Faber* hat dem Begründer der Mutterrechts-Forschung Anerkennung gezollt, allerdings hermetisch verschlagener, eleusinisch chiffrierter. Das von Mysterien-Assoziationen schillernde Gefühlserlebnis Fabers auf Cuba vollzieht sich in einer klaren Sternennacht, von der es flunkernd heißt: „nichts als der heiße und trockene Staub in der Luft, Backofenluft." (181) Wie immer man diese atmosphärische Chiffre deutet: die Roman-Tektonik an sich, ihre „chaotische Vielfalt der Symbolik" (Meurer L 133, 42) und ihre „prototypische Tiefenstruktur" (Bauer L 109, 326) sind auf vielschichtige Weise in der matriarchalen Vorstellungswelt verankert.[72]

Der Mythen-Diskurs der Moderne, seine „Religiosität des Unbewußten", des „Abgrunds [... und ..] Absolut Anderen", seine Sehnsucht nach dem Ursprünglich-Kreatürlichen, also all jene Tendenzen, die Gottfried Benn die „Transzendenz nach unten" genannt hatte: In der mutterrechtlichen Geschlechts- und Geschichtsmetaphysik Bachofens finden sie ihr kongeniales Reflexionsmedium.[73] Die mythische „Heimkehr zur Mutter", sie charakterisiert die regressive wie die progressive Orientierung der Moderne gleichermaßen: Ihr Fortschritt ist – im zyklischen Geschichtsverständnis Bachofens – geradezu das Implikat ihres Rückschritts. In diesem Sinne repräsentiert „Hanna als Mutter" nicht einen insignifikanten „Überrest der Magna Mater" (Kranzbühler, L 125, 219), sondern vielmehr eine symbolische *Wiederkehr der Magna Mater*. Die Wiederkehr des moralisch Verdrängten und gesellschaftlich Unterdrückten. (Vgl. dazu auch die conclusio zu I, 6) Fabers Jugendliebe, das ist die Rehabilitation des Lustprinzips „Mit Hanna ist es nie absurd gewesen" (100) und – aus dem gleichen matriarchalen Grund – die Emanzipation der Frau. Oder in Fabers immer noch sachlicher, aber endlich auch richtiger Einschätzung Hannas, der lang Verlorenen, lang Verkannten: „... durchaus modern [...] ja fortschrittlich [...] wie gesagt, durchaus modern." (133 f.)[74]

III. MEIN NAME SEI GANTENBEIN

1. Handlungstruktur und Erzählperspektive

Im Jahr 1964 erscheint Frischs letzter Roman *Mein Name sei Gantenbein*. Die bereits für die beiden vorausgegangenen Romane charakteristische Aufspaltung der Erzählperspektive (Stiller/White, Techniker/Mystiker) ist hier ins Multi-Perspektivische vorangetrieben. Der namenlose Ich-Erzähler löst sich in verschiedenen Identifikationsfiguren auf, die ihrerseits eigene Sinnbilder und Lebensgeschichten entwerfen, sodaß schließlich das Ich des Erzählers vielfach gespiegelt und gebrochen in Erscheinung tritt. In Frischs eigenen Worten: Der Ich-Erzähler figuriert als „weißer Fleck [...] umrissen durch die Summe der Fiktionen, die dieser Person möglich sind". – „... ich schreibe keine Geschichten, sondern ein Erlebnismuster, das sich in Fiktionen (,Geschichten') demonstriert."[1] Inwieweit dieses Erlebnismuster erlebbar ist, wird sich zeigen. Zunächst jedoch zu den Roman-Realien.

Das Erzählgeschehen beginnt mit einem Unbekannten, der eine Zürcher Abendgesellschaft verläßt und – noch ehe er in seinem Wagen wegfahren kann – vom Tod ereilt wird: „Ich stelle mir vor: So könnte das Ende von Enderlin sein. Oder von Gantenbein? Eher von Enderlin." (8) Damit ist sowohl das zentrale Leitmotiv des Romans „Ich stelle mir vor" angeschlagen, als auch das für den Ich-Erzähler wichtigste Identifikationspaar Felix Enderlin und Theo Gantenbein eingeführt. Vor allem durch die Lebensläufe dieser beiden Figuren wird der Ich-Erzähler versuchen, seinem „Erlebnismuster" auf die Spur zu kommen. Die folgende Bar-Szene bringt die Erzähl-Intention zur Sprache: „Ein Mann hat eine Erfahrung gemacht, jetzt sucht er die Geschichte seiner Erfahrung." (8) Die Figur zu dieser Geschichte montiert der Ich-Erzähler aus zwei fremden Gestalten, die ihm im Großstadttrubel von Paris und New York begegnen (8–11). Es folgt eine enigmatische Sinnbild-Sequenz, deren Teile sich im Roman wiederholen werden und dadurch strukturbildende Bedeutung gewinnen (ausführlich dazu III, 3). Zur wesentlichen Standortbestimmung des Ich-Erzählers wird die wiederkehrende Beschreibung seiner verlassenen Wohnung: „Von den Personen, die hier dereinst gelebt haben, steht fest: eine männlich, eine weiblich." (17 f.) Es folgt die Kleiderkauf-Szene, die mit der resignativen Beobachtung endet: „Ob billig oder teuer [...] immer entstehen die gleichen Falten am gleichen Ort." (19) Dieser Szene erwächst die hintergründige Fragestellung „Ein anderes Leben –?" (20) und unmittelbar mit ihr korrespondiert die programmatische Feststellung: „Ich probiere Geschichten an wie Kleider!" (20)

Die Geschichte, die den Durchbruch durch die vielschichtige Metaphern-Exposition markiert, und einen ausbaufähigen Handlungsraum eröffnet, ist folgende: Ein Mann hatte einen Verkehrsunfall. Als ihm nach langer Rekonvaleszenz der Gesichtsverband gelöst wird, gibt er – obgleich er sieht – vor, blind zu sein: „... sein Umgang mit Menschen [...] seine gesellschaftlichen Möglichkeiten dadurch, daß er nie sagt, was er sieht, ein Leben als Spiel [...] Sein Name sei Gantenbein." (20) In dieser Blindengestalt entfaltet sich nun die Wirkungsdynamik der „Vorstellungen" in ihrer ganzen Doppeldeutigkeit, nämlich als Einbildungen des Ich-Erzählers und als Darbietungen der Erzähl-Figur. Und so stürzt sich der Ich-Erzähler – im Namen Gantenbeins – in ein vielversprechendes Lebens- und Blindenschauspiel.

Versehen mit einer dunklen Brille, welche die ganze Welt in lila Farben taucht, wagt sich Gantenbein zum ersten Mal auf die Straße und wird – Blindenspiel-Premiere – fast vom Sportwagen der Kokotte Camilla Huber überfahren. Vom Schock erholt, finden der Blinden-Gaukler und die Amüsier-Dame zusehends Gefallen aneinander. Gantenbeins erster Nachmittag in ihrer Wohnung bei Cognac und Kuchen geht – bruchlos – über in eine Abendgesellschaft, die den „besondere[n] Erfolg" (36) des Kunsthistorikers Enderlin feiert: seinen „Ruf nach Harvard". (36) Weitere Szenenwechsel folgen und führen schließlich zum Auftauchen Enderlins in einer Bar. Zunächst stellt er sich – namenlos – dem Barmann als einen vor, der ein „Erlebnismuster" hat – „aber keine Geschichte." (45) Bald „zu betrunken, um meinen eigenen Gedanken wirklich folgen zu können" (45), beginnt Enderlin eine Reihe von Geschichten zu erzählen. Die Geschichte vom Milchmann: „Sein Ich hatte sich verbraucht" (46), die Geschichte vom Pechvogel: „Ein anderes Ich [...] er müßte die ganze Geschichte seines Lebens aufgeben", (47) und die Geschichte vom Piz Kesch: „Eine Tat nicht vergessen zu können, die man nicht getan hat ..." (55) Diese Geschichten sind Bausteine und Spiegelbilder in einem wachsenden Erzähl-Labyrinth, in welchem der Ich-Erzähler sein „Erlebnismuster" zu begreifen und zu veranschaulichen sucht. Der Aufenthaltsort Enderlins wird schließlich zum Ausgangspunkt seiner eigenen Liebesgeschichte. Der Ich-Erzähler macht nun durch ihn, der jetzt als „fremder Herr" auftritt, die Bekanntschaft von Svobodas Frau. Und damit beginnt jener Reigen von Ehebrüchen, welcher das Spannungsverhältnis zwischen den Projektions- und Identifikationsfiguren des Romans wesentlich konstituiert. Von Anfang an erscheint dabei das Ratespiel des

‚Wer mit Wem' assoziiert mit der Selbstsuche des Ich-Erzählers: „Ob ich es war oder der fremde Herr, der jetzt [...] über ihre Stirne strich [...] weiß ich nicht." (60) In diesem tête-a-tête erweist sich der Ich-Erzähler zunehmend als der störende Dritte. Seine wachsenden Vorbehalte gegen die – von ihm selbst arrangierte – Begegnung geraten mehr und mehr in Widerspruch zu Enderlins erwachendem Liebesbedürfnis: „Gelegentlich blickte ich auf die Uhr, um den fremden Herrn zu warnen, doch vergeblich." (59); diese spielerische Reflexion der Entstehung und Verselbständigung von Figuren und Situationen, ihre eigenwillige Emanzipation aus der Hand ihres Entwerfers und Verwerfers, ist typisch für die Gestaltungstechnik dieses Romans. Zu einem gemeinsamen Opernabend zwischen dem „fremden Herrn" und seiner Dame kommt es nicht mehr. Stattdessen ereignet sich: „eine Nacht mit einer Frau, die eingehen wird in jene seltsame Zahl, die man niemals nennt. Mille e tre!" (63). Das ist die legendäre Zahl der Liebschaften Don Juans (vgl. L 150, 129), und es war, wie sich später herausstellt, die Oper „Don Giovanni", welche beide an diesem Abend versäumten. Der Ich-Erzähler hat diese Nacht kommen sehen, ja längst durchschaut als die ewige Wiederkehr des Gleichen: „Ich drehte mich auf dem Absatz, um mich zu trennen, so flink wie möglich, von dem fremden Herrn." (61)

Als weitaus tragfähiger, wenn auch problematisch, erweist sich das Identifikationsverhältnis des Ich-Erzählers mit der Gantenbein-Figur: „Ich stelle mir vor: mein Leben mit einer großen Schauspielerin, die ich liebe und daher glauben lasse, ich sei blind; unser Glück infolgedessen. Ihr Name sei Lila." (74) Mit ihr inszeniert Gantenbein jene verliebtverlogene Musterehe, vor deren Alltäglichwerden es Enderlin schon immer graute. Voraussetzung für das häusliche „Pascha" (198)-Glück des Scheinblinden: „Ich lasse mich von Lila aushalten." (80) Er zahlt für dieses Privileg allerdings – allem Anschein nach – einen hohen Preis; er akzeptiert die Seitensprünge Lilas, indem er sie nicht zu sehen vorgibt. Es stellt sich nämlich heraus: Lila ist die Frau, die nicht nur ihren ersten Mann Svoboda mit Enderlin betrog, sondern nun auch Gantenbein mit jenem Herrn betrügt, in dessen Begleitung der Scheinblinde sie immer wieder am Flughafen erwartet. Dieses Blindenspiel um eine glückliche Ehe geht so lange gut, bis Gantenbein seiner Rolle überdrüssig wird und Lila seinen eigenen Betrug gesteht (150). Damit beginnt das Drama der Eifersucht, welches das orientalische Märchen von Ali und Alil („Eine Geschichte für Camilla", 145 f.) bereits präludiert hatte.[2] Im Verlauf der zahlreichen Eifersuchtsszenen verwandeln sich Lila und Gantenbein in die Gestalten von Philemon und Baucis (157), des glücklich altgewordenen Ehepaars der

Ovidschen Legende. Doch diese sagenhafte Verkleidung entpuppt sich als Travestie, denn auch als Philemon wittert Gantenbein weiterhin überall Nebenbuhler. Lila verläßt ihn schließlich, und er bleibt allein in der leeren Wohnung zurück: „Von den Personen, die hier gelebt haben, steht fest: eine männlich, eine weiblich." (179; spätestens nach dieser Ehe-„Vorstellung", in der Gantenbein statt seiner Blindheit seine Eifersucht zum besten gibt, blickt man verwundert auf sein scheinblindes Eheglück zurück ... weiter dazu unten III, 3)

Enderlin und Gantenbein, das sind für den Ich-Erzähler experimentelle Modellfiguren für seine „Entwürfe zu einem Ich." (109) Während Gantenbein v. a. den Beziehungskonflikt Vertrauen und Eifersucht inszeniert, illustriert Enderlin den Verdrängungskomplex Alter und Tod. Letzterer gewinnt Konturen, als der 41-jährige Enderlin nach einem Krankenhaus-Aufenthalt dem Mißverständnis erliegt, er hätte nach „ärztlichem Ermessen noch ein Jahr zu leben". (126) Als vermeintlich „Todgeweihter" (134) entwickelt er eine verzweifelte Lebens- und ungezügelte Liebessehnsucht: „Elke, die Nachtschwester [...] Frauen – Alle Frauen [...] alle, die er versäumt hat." (134 f.) Im Rückblick gibt sich nun Enderlins Barbekanntschaft mit Svobodas Frau als Flucht vor dem Tod und Zuflucht in die Liebe zu erkennen. Was seine Liebesnacht mit Lila charakterisiert, ist die Sehnsucht nach dem absoluten Jetzt: „Sie wollten, was nur einmal möglich ist: das Jetzt." (66) Dieser Wunsch entspringt sowohl der Sehnsucht nach dem erfüllten Augenblick, als auch der Furcht vor der Zukunft als Wiederholung der Vergangenheit: „Denn die Zukunft, das wußte er, das bin ich, ihr Gatte, ich bin die Wiederholung, die Geschichte, die Endlichkeit und der Fluch in allem, ich bin das Altern von Minute zu Minute." (66 f.) Nach Verjährung der vermeintlich einjährigen Lebensfrist feiert Enderlin ein „ausgelassenes Fest" (142), wohler ist ihm dennoch nicht: „Sein Kater darüber, daß er derselbe geblieben ist – Also altern!" (142) Der Ich-Erzähler ist enttäuscht über Enderlins gescheitertes Experiment, anders aus seiner Erfahrung hervorzugehen „als ich, der ich mich selbst nicht aufgeben kann". (145) Vorläufiges Fazit: „Ich habe Enderlin aufgegeben." (145)

In der Gestalt Gantenbeins kehrt der Ich-Erzähler ins frühere Blindenspiel zurück: „Ich bleibe Gantenbein" (182), versucht nun allerdings, sich Lila in anderen Rollen vorzustellen: „Lila ist [...] Wissenschaftlerin, Medizinerin" (189) und „Lila ist eine Contessa, katholisch, eine venezianische Contessa, Morphinistin, [...] die Szenerie ist ein Palazzo." (190) Und: „Ich ändere nochmals [... Lila] ist immer noch zum ersten Mal verheiratet [...] Sie ist eine Frau, aber kein Untertan, also durchaus eine Frau von heute, eine großartige Frau, finde ich." (198 f.)

Das heißt, sie ist die Frau Svobodas, und der sie begehrt ist – Enderlin. (Ein Liebhaber läßt sich offensichtlich weder von Ehemännern noch von Ich-Erzählern so ohne weiteres ausschalten). Zeit: „Es ist genau ein Monat nach unserer ersten Nacht." (200) Ort: geselliger Abend bei Svobodas. Man spricht über jene Mozart-Oper, die Lila und Enderlin damals versäumt hatten. Um davon abzulenken, bringt Enderlin das Gespräch auf eine moderne Vertonung des Don-Juan-Stoffes; „Svoboda ist seltsam, geradezu gereizt, als habe meine Ansicht ihn persönlich beleidigt; er legt eine Platte auf, um meine Ansicht zu widerlegen, vor allen Gästen: ‚Don Giovanni'." (200) Ob hier die Ehebruch-Kunst Don Giovannis das Ehebruch-Tarnspiel Enderlins parodiert oder umgekehrt, ist nicht auszumachen.[3] Enderlin entwirft schließlich für den gehörnten Ehemann „mehrere Möglichkeiten" (213), auf die Untreue seiner Frau zu reagieren, vom Selbstmord bis zur Fluchtreise ans Mittelmeer. In jedem Fall: „Ich möchte nicht Svoboda sein." (217) – Es folgt ein Intermezzo: „Wieder einmal" (252) eine lange Schiffsreise, ausgehend von Neapel, vorbei an Palermo und Gibraltar und über den Atlantik nach Amerika. An Bord eine junge Frau: „So könnte Lila sein." (255) Die letzten Impressionen von dieser Frau kurz vor der Ankunft in New York: Sie schminkt sich, um „auf dem Pier empfangen zu werden mit ahnungslosen Händen und Augen und Küssen – Ist es so? Wer es so sieht, ist Svoboda. [...] Bin ich Svoboda?" (261)

Und dann noch einmal die Rückkehr in Gantenbeins Blindenexistenz, diesmal in der Rolle des Vaters: „family style." (277) Auch diese Probe-Ehe, welche die Entwicklungsphasen einer Tochter miteinbezieht, funktioniert nach dem Gantenbeinschen *modus operandi* von Blindheit gegen Eifersucht. Als Lila eines Tages ohne Herrenbegleitung am Flughafen erscheint – („Muß ich auch noch Siebenhagen erfinden?", 280) – bricht Gantenbeins seltsam verkehrtes Eheglück endgültig zusammen. „Lila betrügt ihn nicht" (281) – „Wozu jetzt noch die Blindenehe?" (280) Ein letztes Mal spielt er sein Geständnis durch, nicht blind zu sein. Lila empfindet es als jahrelangen Betrug bzw. als Beweis, daß er sie „nie geliebt" (282) habe, und fordert ihn auf, sie zu verlassen.

Es folgt ein Verhör, in welchem der Mord an Camilla Huber verhandelt wird, mit Gantenbein als blindem Zeugen. Als einzig unerschütterliche Tatsache stellt sich dabei heraus, „daß es eine Person namens Camilla Huber beispielsweise nicht gibt und nie gegeben hat, ebenso wenig wie einen Herrn namens Gantenbein". (282) Das Gericht und der anwesende Zeuge Gantenbein – den es nicht gibt – finden gemeinsam zu der Wahrheit letztem Schluß: „,Sie erzählen lauter Erfindungen.' ,Ich erlebe lauter Erfindungen.'" (283) Mit zwei überaus symbolischen Kontrastbildern, auf die ausführlich einzugehen sein wird (III, 3), schließt der Roman.

2. *Interpretationsaspekte und Rezeptionskontexte*

Dieses Erzähl-Labyrinth, dessen Anfang und Ende mit vieldeutigen Metaphern-Gebilden versiegelt ist, steht wie ein erratischer Block in der Literatur-Landschaft der Restaurationsepoche. Die komplexe Verästelung und Verrätselung seines Fabelgefüges stieß bei den ersten Kritikern fast ausschließlich auf Skepsis und Ablehnung. Allgemein war die Rede von einer „exemplarischen Sackgasse" (Vormweg, nach L 150, 8), vom „schwindelerregenden Schwindel" (Baumgart L 147, 193 f.) und vom „Scheitern des Erzählers Max Frisch" (Hans Mayer, nach L 150, 7). Grund zum Ärgernis war immer wieder der „Mangel an Integration aller erzählerischen Elemente" (Holthusen L 151, 125). Bestenfalls glaubte man sagen zu können: „Wir werden zu Wanderungen eingeladen, die sich als faszinierend erweisen, jedoch zu Gemeinplätzen führen." (Ranicki L 161, 81 f.) und schlimmstenfalls: „Der moderne Intellektuelle am Ende seines Lateins" (Holthusen L 151, 124; vgl. auch L 148, 111).[4] Die anscheinende Ausweglosigkeit der verzweigten Lebensläufe und Handlungsvorgänge führte schon früh zu einer Vielzahl an Meinungen bezüglich der eigentlichen Hauptthematik des Romans: „Unglück der Erblindung" (Ihlenfeld, nach L 150, 11), Problem des Alterns (Holthusen L 151, 125), „Leben als Wiederholung" (Hans Mayer L 156, 323) und Identitätsfindung und Eifersucht (Vormweg, nach L 150, 12). Kategorien wie „unbehaustes Ich" (Jurgensen L 13, 182), „Bankrott der Schöpfungsästhetik" (Schmitz L 25, 158) und „Ende der Metaphysik" (Petersen L 158, 134) werden zu wesentlichen Signaturen, die dem Roman seine akute Modernität verbürgen.

Einen kritischen wie informativen Einblick in den Figuren- und Strukturenreichtum des Erzählwerks bietet der Aufsatz „Mosaik eines Statikers" von Reinhold Grimm und Carolyn Wellauer. Die Autoren deuten den *Gantenbein*-Roman quasi als prismatisches Zentrum, in dem sich die für das Gesamtwerk Frischs symptomatischen Aspekte vielfach brechen und spiegeln. Bauprinzip dieses Romans ist eine „mosaikhaft-kaleidoskopische Grundstruktur" (L 40, 198), Wirkungsprinzip ein „Reigen der Bilder" im „kaleidoskopischen Wechsel ohne Wandel" (L 40, 199).[5] Aus der Perspektive der Zeit- und Gesellschaftskritik erscheinen die Romanfiguren als „synthetische Zeitgenossen" und „nonkonformistische Konformist[en]." (L 40, 201); anstelle expliziter Gesellschaftskritik bietet ihre Romanwelt, so der Ich-Erzähler selbst, ein artistisches „Gesellschaftsspiel" (109) – mit dem Drang zur „Flucht aus der Zeit." (L 40, 201) Was in der Zeitgeschichte passiert, dringt nur noch peripher ins Bewußtsein der Gantenbeinfiguren (vgl. etwa 64: Algerienkrieg).

Das Defizit an unzweideutiger Gesellschaftskritik – „Ein Blinder richtet nicht" (27) – kompensiert der Roman durch eine schillernde Gesellschaftssatire. Was der Ich-Erzähler immer wieder vor Augen führt, ist ein Jahrmarkt der Eitelkeiten, genauer, ein Jahrmarkt aus Wirtschaftswunder und Wohlstandsrummel. Denn so gut wie in dieser Nachkriegszeit ging es der modernen Gesellschaft noch nie. Eine neue Triebökonomie prägt das Bewußtsein: Schlemmerlust, Reisefieber, Karriererausch: Consumer Paradise Now.[6] Das Bildungsbürgertum changiert ins bohemehaft Mondäne und erobert unaufhaltsam Jet-Set-Domäne. Der Flughafen wird für die Romanfiguren zum topischen Schauplatz ihrer glänzenden Karrieren und weltweiten Konnektionen. Architekt Svoboda: ‚*destination*' London, Kunsthistoriker Enderlin: ‚*destination*' Harvard, Schauspielerin Lila: ‚*destination*' München, Hamburg. Gantenbein ist der einzige Aussteiger in einer Gesellschaft von Aufsteigern. Inmitten der Ankunft- und Abflug-Hektik steht er und wartet auf Lila, sichtlich unbeeindruckt von ihren Amouren, und ungehetzt von gesellschaftlichen Terminen. Er stellt sich blind für Glanz und Elend dieser auf Leistung und Lustgewinn programmierten Erfolgsgesellschaft. Als stiller Beobachter ihrer Feste und Frivolitäten vergnügt er sich auf seine Weise, und jede Geselligkeit ist mit seinem Mummenschanz um eine Belustigung reicher: „Er legt seine Zigarette in die Zuckerdose und was der Kniffe mehr sind." (44) Kein Cocktailgeklimper ohne Kulturgeplänkel: „… ob Ernst Jünger eine Wandlung durchgemacht habe […] Jemand wechselt auf Joyce […] Jemand wechselt auf Benn […] Kafka ist schon an der Reihe gewesen […] Jemand wechselt auf Musil." (78–80; vgl. auch 243). Ansonsten wohlverdientes Amüsement. Bei besonderer Ausgelassenheit wird auch mal eine junge Dame in den swimming pool geworfen: „ihre Schreie, weil's kalt ist, ein kolossaler Spaß […] Plattenmusik […] non, je ne regrette rien." (142) Das gesellschaftliche Engagement dieser Wohlstandsgesellschaft: Liebesaffairen und Bildungsallüren. Davon bleibt Gantenbein verschont. Seine Blindheit schützt ihn sowohl vor der Eifersucht – wie, bleibt vorerst noch sein Geheimnis – als auch vor der „Heuchelei, daß auch ich Finnegans Wake gelesen habe". (78) Er selbst erhofft sich von seiner Scharade:

die Menschen etwas freier zu machen, frei von der Angst, daß man ihre Lügen sehe. Vor allem aber, so hofft Gantenbein, werden sich die Leute vor einem Blinden weniger tarnen, so daß man sie besser kennenlernt, und es entsteht ein wirkliches Verhältnis, indem man auch ihre Lügen gelten läßt. (40)

Gantenbein bewegt sich in einer Gesellschaft von Charaktermasken, – und immer wieder entdeckt er hinter der zur Schau gestellten Schweizer Wohlanständigkeit die geschickt verdrängte deutsche Vergangenheit. Zwei Beispiele müssen genügen: „Der unerbittliche Herr, der jetzt in jedem Gespräch mit dem großen Vorbild von Brecht aufkreuzt [trägt] das gleiche Gesicht [...] wie ein Herr, der bis zuletzt in der Reichsschrifttumskammer gewesen ist." (78) Sowie die Paraderolle eines „Botschafter[s] einer Großmacht": „Ein Schreiben an seine Regierung, daß er einem falschen Mann gedient hat [...] ein Gesuch um Rücktritt... Aber er tritt nicht zurück. Er wählt das Größere: die Rolle [...] die Rolle eines Hochstaplers [...] ein Scharlatan." (108 f.) Der Dunkelmann als Ehrenmann, Vergangenheitsbewältigung als „Gesellschaftsspiel" (109, zu weiteren Beispielen vgl. 32). Einzig Enderlin macht in dieser Gesellschaftskomödie, ihrem Charakter-Schwindel und Karriere-Karussell, nicht mit: „Enderlin kann keine Rolle spielen." (107) Bleibt der sehende Blinde, den schließlich die Frage des Ich-Erzählers trifft: „Ist Gantenbein ein Narr?" (263) Indem er sich – maskiert zur Demaskierung – unter diese korrupte Gesellschaft mischt, wird er *nolens volens* ihr Hofnarr, eine komische Reflexionsfigur, in der sich Gesellschaftskritik und Gesellschaftskonformität ironisch brechen und gegenseitig aufheben.[7]

Sinnbildliche Veranschaulichung findet diese schillernde Wirtschafts-Wunder-Welt zwischen Sein und Schein in den vielfach auftauchenden Spiegeln (17, 19, 24, 25, 64 etc.) Insgesamt gesehen bilden sie ein labyrinthisches Spiegelkabinett, und so trägt denn auch die englische Übersetzung des Romans den treffenden Titel: „A Wilderness of Mirrors". Die facettenreichste Kristallisation der Spiegel-Symbolik bietet das folgende Szenarium:

Im Spiegel, ja ich sehe gerade noch, daß es keine Tür ins Freie ist, sondern ein Spiegel, sehe ich einen Mann von meiner Gestalt, ohne zu wissen, ob der Mann im Spiegel, dessen Augen nicht zu sehen sind, mich gleichfalls erkennt. Als ich näher trete, um seine Augen zu sehen, kommt der Andere auf mich zu wie ein Blinder, der nicht ausweicht, so als wolle er durch mich hindurchgehen. (25)

Der Ich-Erzähler steht vor dem versphinxten Spiegelbild seiner vielfach gebrochenen Vorstellungen von Ich und Welt. Dieses vielzitierte „Spiegelspiel" (Kieser, L 15, 124) repräsentiert und reflektiert, je nach Blickwinkel, immer wieder anderes: die glänzende Oberfläche einer substanzlosen Scheinwelt. Die Selbstsucht und Eitelkeit einer narzißtischen Vergnügungsgesellschaft. Die Spiegelung der eigenen Entwurfsfigur, die beim Nähertreten wieder in den Betrachter übergeht. Die Weltfremdheit und Ichbezogenheit der Blindheit und Introspektion. Das Spiegelprinzip als Strukturprinzip des gesamten Romans: „Auf der Ebene der Darstellung trägt das Spiel der variablen Standpunkte das Merkmal der Spiegelungen" (L 150, 142) ... und nicht zuletzt: das Spiegelbild als Sinnbild der eigenen Todesverfallenheit.[8] Diese multiperspektivische Spiegelwelt reflektiert diverse Aspekte ein und desselben Problemkomplexes: Selbsterkenntnis und Selbstentwurf. Mehr noch als im *Stiller* dreht sich im *Gantenbein* die gesamte Fabelmontage um dieses thematische Zentrum. Programmatisch heißt es dazu:

(Manchmal scheint auch mir, daß jedes Buch, so es sich nicht befaßt mit der Verhinderung des Kriegs, mit der Schaffung einer besseren Gesellschaft [...] sinnlos ist, müßig, unverantwortlich [...] Es ist nicht die Zeit für Ich- Geschichten. Und doch vollzieht sich das menschliche Leben oder verfehlt sich am einzelnen Ich, nirgends sonst.) (62)

Diese parenthetische Erklärung besitzt Schlüsselfunktion für die gesamte Romaninterpretation. In signifikanter Ausklammerung des gesellschaftlich politischen Bereichs rückt sie das Interesse am individuell psychologischen Bereich in den Mittelpunkt. Dieser Rückzug des Ich-Erzählers in die Introspektive zieht eine insgeheime Inversion der Wirklichkeit nach sich: Außenwelt verwandelt sich in Innenwelt.[9]

Bahnbrechend in der eigentlichen Topographierung dieser verkehrten Welt war die auch heute noch aufschlußreiche Romananalyse von Wolf Marchand. Anstatt auf das Sinngefüge des Erzählten richtet Marchand sein Augenmerk auf die Schwierigkeiten des Erzählens selbst. Er unterscheidet „Vier Probleme beim Darstellen der Wirklichkeit" (L 155, 295 f.), die für Frischs Werk im allgemeinen und für den *Gantenbein*-Roman im besonderen kennzeichnend sind. Es handelt sich dabei um produktionsästhetische Fragestellungen aus dem ersten *Tagebuch*, die, so auch Hans Mayer, „immer stärker als Keimzellen des späteren Werkes" (L 156, 317) Präsenz gewinnen. Marchands Problem-Kategorien sollen durch ihre relevanten Tagebuch-Texte dokumentiert und mit einer entsprechenden Romanfigur korreliert werden. Erstens, die „Darstellbarkeit des Unsagbaren" (L 155, 296):

Was wichtig ist: das Unsagbare, das Weiße zwischen den Worten [...] die Sprache ist wie ein Meißel, der alles weghaut, was nicht Geheimnis ist, und alles Sagen bedeutet ein Entfernen [...] Wie der Bildhauer, wenn er den Meißel führt, arbeitet die Sprache, indem sie die Leere, das Sagbare, vortreibt gegen das Geheimnis. (GW II, 378 f.)

(Das ist der Tagebuch-Klartext zu Stillers artikulierter Sprach- Skepsis und Fabers negierter Mystik-Faszination.) Bezeichnete Holthusen den *Gantenbein*-Roman als ein „Werkstattgespräch des Erzählers mit sich selbst über die Möglichkeit des Erzählens" (L 151, 121), so charakterisiert nun Marchand das Werk des Ich-Erzählers als „konsequenteste[n] und zugleich spielerische[n] Ausdruck von Frischs Mißtrauen gegen die Sprache." (L 155, 295). Das „Weiße", die „Leere" zwischen den Worten ist die Problematik des Ich-Erzählers, des „weißen Flecks" im Fiktionen-Spektrum. Zweitens, die „Frage nach dem Wesen des menschlichen Daseins" (L 155, 296): „... alles Fertige hört auf, Behausung unseres Geistes zu sein, aber das Werden ist köstlich, was es auch sei." (GW II, 634) Für die Romanfiguren, besonders für Gantenbein heißt das: „... das Wirkliche als Spannung zwischen Entwurf und Verwirklichtem und die Erfahrung als Spannung zwischen Erinnerung und Ahnung." (L 155, 299) Drittens, die „Art unseres Erlebens" (L 155, 296):

[Es ist zu] unterscheiden zwischen Zeit und Vergängnis: die Zeit, was die Uhren zeigen, und Vergängnis als unser Erlebnis davon, daß unserem Dasein stets ein anderes gegenübersteht, ein Nichtsein, das wir als Tod bezeichnen. (GW II, 499)

Und an anderer Stelle: „Was wir erleben können: Erwartung oder Erinnerung. Ihr Schnittpunkt, die Gegenwart, ist als solche kaum erlebbar." (GW II, 710) Exponent dieses Lebensgefühls ist Enderlin, der vermeintlich „Todgeweihte", der in der Liebe das absolute Jetzt zu erleben hofft. Viertens, das Problem des Bildnis-Verbotes (L 155, 296 f.), wozu es im *Tagebuch* heißt: „Die Liebe befreit aus jeglichem Bildnis [...] So wie das All, wie Gottes unerschöpfliche Geräumigkeit, schrankenlos, alles Möglichen voll, aller Geheimnisse voll, unfaßbar ist der Mensch, den man liebt." (GW II, 369) Lila, durch Gantenbeins blinde Liebe befreit aus jeglichem Bildnis und als Schauspielerin zur Verwandlung berufen, scheint die perfekte Erfüllung, die paradoxe Versinnbildlichung des Gesetzes: „Du sollst dir kein Bildnis machen." (Zu Gantenbeins Lila-Imago vgl. III, 3)

Die Verwandlung der Wirklichkeitswelt in eine Welt der „Vorstellung" und die damit zusammenhängende Problematik der Darstellung finden ihr ideales Repräsentationsmedium in der Kunst-Welt des Theaters. Jutta Birmele deutet wesentliche Romanaspekte wie „Zersplitterung der Realität", Schwanken zwischen „Schein und Sein", „Unsicherheit über die Realität" und nicht zuletzt das „Theater im Theater" im Licht der experimentellen Bühnen-Tradition. (L 148, 109) Sie läßt eine lange Reihe von Vorläufern und Vorbildern Revue passieren, die mit Tieck und Büchner beginnt und über Wedekind und Brecht bis zu den Zeitgenossen Dürrenmatt, Weiss und Grass führt. (L 148, 109) Das Paradebeispiel für den Topos des „Theaters im Theater" im 20.

Jahrhundert ist Pirandellos *Sechs Personen suchen einen Autor*. Darin heißt es, dem Ich-Erzähler et al. aus der Seele sprechend: „Mir ist bewußt, daß jeder von uns sich für ‚Eines' hält, aber das stimmt nicht. Er ist ‚Vieles', entsprechend all den Möglichkeiten des Seins, die in uns liegen." (Nach L 148, 109) Die für die romantische wie moderne Theatertradition charakteristische Thematisierung von Illusionsbildung und Illusionszerstörung ist integraler und essentieller Bestandteil von Frischs Romanstruktur. Das Erzählen von Geschichten als Kleiderproben, der vielfache Rollentausch des Ichs („Jedes Ich, das sich ausspricht, ist eine Rolle." 44), Lilas Schauspiel-Talente und Gantenbeins Blinden-Tricks („wie ein Schauspieler hinter den Kulissen" 43), sowie die Maskierung und Demaskierung der Mitspieler: All dies inszeniert der Ich-Erzähler immer wieder im Assoziationsraum „Theater".[10] Die offenkundigsten Sinnbilder der Theater-Wirklichkeit sind die Expositions-Metapher: Flucht eines Nackten auf die Schauspielbühne (15 f.) und die Eifersuchts-Szene der Lila-Svoboda-Ehe; „leider fällt kein Vorhang" (206, im folgenden dreifach variiert gewinnt diese Wendung leitmotivische Bedeutung, 209 f.). Und nicht nur entwirft, identifiziert und verwirft sich der Ich-Erzähler mit seinen Projektionsfiguren, er betritt auch – quasi als seine eigene Spielfigur – deren Spiel-Raum: So besucht er etwa Enderlin im Krankenhaus und unterhält sich angeregt mit ihm über dessen Zukunft, wobei er die Rolle des Außenstehenden spielt, selbstredend ahnungslos: „Ich kann ja nicht wissen, daß Enderlin sich seit heute vormittag für einen Todgeweihten hält." (137) Später erwartet der wohlhabend gewordene Ich-Erzähler in seiner matissegeschmückten Villa den Besuch eines früheren Freundes: „Ein Herr namens Gantenbein." (183) Es entspinnt sich ein langes Gespräch über Geld, Politik und Kultur, wobei man sich gegenseitig alter Gesinnungstreue versichert: „Links sind wir beide, aber ich bin der Ernstere geworden; Gantenbein macht Witze über die Linke, die ich mir nicht leisten kann." (185) Dieser politische Gesinnungsstreit des Ich-Erzählers mit seinem *alter ego* ist ein parodistisches Spiegelgefecht mit sich selbst; ein ironischer Schlagabtausch mit der linken Hand, während die rechte bereits eine Burgunder-Flasche schwingt: „Ich entkorke, frei für das Absurde." (186) Eine verschlagene Verbeugung des Wohlstandsautors vor dem zeitgenössisch erfolgreichen Absurden Theater?[11]

Aufs Ganze gesehen blieb die Resonanz auf Frischs provokativstes Erzähl-Experiment relativ verhalten. „Das vertrackteste und faszinierendste Buch, das [der Autor] je geschrieben hatte" (Hage L 8, 76) verlockte weitaus weniger zur Erforschung als die eingängigeren Romane *Stiller* und *Homo faber*.[12] Charakteristisch für die Gantenbein-Rezeption wurde eine gewisse Gewichtsverlagerung von der eigentlichen Werkdeutung zur Einflußforschung. Eine umfassende Kontextualisierung der gesamten Roman-Trilogie in ihren „geistesgeschichtlichen Bezügen" bietet Hans Jürg Lüthi. Ausgehend vom Modell des klassischen Bildungsromans und seinen romantisch verinnerlichten Erscheinungsformen zieht Lüthi zahlreiche Parallelen zu Novalis (*Heinrich von Ofterdingen*, Parade-Roman zum „Weg nach Innen") sowie dessen neo-romantischen Nachfolgern Hesse (die „Seelenbiographien" *Demian*, *Siddhartha* und *Steppenwolf*) und Hofmannsthal („Der Tor und der Tod", „Ad me ipsum", L 18, 138–155; zu Frischs Hochschätzung von Novalis vgl. auch L 25, 158) Die Welt des *Gantenbein*-Romans wird v. a. interpretiert aus der Perspektive einer Kierkegaardschen Romantik-Kritik. Der Ich-Erzähler und sein Blinden-Spieler erscheinen in diesem Licht als „ästhetische Existenz[en]" und „autonome Künstler" und ihre Welt als eine „Kunstwelt, in der sie abgeschlossen von der wirklichen Welt leben". (L 18, 187 f.)[13] – Andere Kritiker schreiben v. a. folgenden Klassikern der Moderne Vorbild- und Verweischarakter zu: Musils *Mann ohne Eigenschaften* (L 158, 32; L 25, 43), Rilkes *Malte Laurids Brigge* und seine Konzeption: „Wir enthalten den Entwurf zu vielen Personen in uns" (nach L 148, 109) und nicht zuletzt Brecht und die Verfremdungslehre seines Epischen Theaters (L 148, 108, vgl. dazu auch unten L 150).

Aufmerksamkeit erregten auch immer wieder gewisse – von Frisch seinerseits abgestrittene (GW V, 329) – Analogien zum damals einflußreichen französischen ‚nouveau roman', insbesondere zum Werk Robbe-Grillets: etwa die Preisgabe kausal verknüpften Erzählens, der Verzicht auf eindeutige Romangestalten und Erzählhandlung und deren Ersatz durch „ein Bündel von Situationen oder Sequenzen".[14] Ebenso glaubte man die eigenartige Erzähltechnik des *Gantenbein*-Romans von der Hermeneutik-Debatte beeinflußt, die durch Hans Georg Gadamers Werk *Wahrheit und Methode* (1960) sowie durch Ludwig Wittgensteins Sprachspiel-Konzeptionen ausgelöst worden war. (L 159, 165) Vor allem ist jedoch die zeitgenössische Bedeutung der Existentialphilosophie nicht zu übersehen; mehr noch als in *Stiller* muß in *Gantenbein* mit dem Einfluß Heideggers gerechnet werden: „Dasein ist nicht ein Vorhandenes, das als Zugabe noch besitzt, etwas zu können, sondern es ist primär möglich sein." (*Sein und Zeit*, nach L 21, 145)[15]

Das bis heute nicht überholte Standardwerk zu *Gantenbein* ist die Monographie von Heinz Gockel (L 150). Auf die Irritation der ersten *Gantenbein*-Kritiker zurückblickend folgert Gockel über die systematische Unwegsamkeit des Erzählwerkes: „Die Holzwege sind geplant, das Scheitern ist kalkuliert." (L 150, 12) Gockel erklärt nun die Brechtsche Dramaturgie des Offen-Artistischen, welche Frisch in seinem ersten *Tagebuch* propagiert und in *Stiller* bis zu einem gewissen Punkt praktiziert hatte, zum umfassenden Struktur- und Interpretationsmuster des Romans: „Das Artistische im Erzählvorgang wird dominant, denn es muß die Aufgabe der story übernehmen, Zusammenhänge herzustellen und als notwendige darzustellen." (L 150, 30) Zum Tragen kommt dieses Gestaltungsprinzip des „Offen-Artistischen" etwa in der immer wieder assoziierten Motivkette von Hermes-Mythos und Jerusalem-Reise: „Erst das artistische Moment des Zitierens ermöglicht angesichts einer Situation, in der antiker Mythos und christliche Heilsgeschichte der Unmittelbarkeit entbehren, ihre artifizielle Wiederaufnahme." (L 150, 82) Auch in Gockels Interpretationsverfahren tauchen, wie bereits bei Geulens *Faber*-Studie, die Mythen als bloße Spielelemente auf und schwimmen ohne strukturelle Verankerung – leer und leicht – auf der Oberfläche des Textes.[16] Abgesehen von der Mythen-Exegese – seit jeher die Achilles-Ferse der Frisch-Forschung – bietet Gockels Studie immer noch die aufschlußreichsten Detail- und Gesamtdeutungen des Romans.

In seiner artistischen und labyrinthischen Verlockung und Verwirrung des Lesers ist der *Gantenbein*-Roman ideales Demonstrationsobjekt wirkungs- und rezeptionsästhetischer Interpretationsansätze. *Der Leser im Dilemma*, so lautet denn auch programmatisch Richard Eggers Studie, welche die Leserolle in Frischs drei Hauptromanen einer umfassenden Analyse unterzieht und sich dabei systematisch an Wolfgang Isers Interpretationsmodell *Der Akt des Lesens* orientiert. Egger expliziert zentrale Theoreme der Wirkungsästhetik wie „Leerstelle", „Unbestimmtheit" und „Appellstruktur des Textes" sowie dessen „Rezeption" und „Konkretisation" durch den „impliziten Leser" und instrumentalisiert sodann dieses Begriffs-Inventar in seinen eigentlichen Werk-Analysen. Wesentliche Strukturelemente des *Gantenbein*-Romans werden auf die folgenden Nenner gebracht. Zur Irritation des Rezipienten: „Fortwährend bietet der implizite Autor dem Leser Beziehungsmöglichkeiten auf der Handlungsebene an, und fortwährend relativiert, erschüttert, zerstört er die hergestellten Zusammenhänge wieder." (L 7, 164) Zur Themen-Korrelation des Romans: „Die Themen Ehe und Eifersucht, Rolle und Geschichte, Fiktion und Erfahrung erweisen sich als Verästelungen der immer gleichen Problematik: der Kluft zwischen der Wirklichkeit und dem Wahn." (L 7, 207) Zur Orientierungsstrategie in der „Unbestimmtheit" des Textes, welche für den Roman schlechthin symptomatisch ist: „Insgesamt wirken [...] vier Typen von Orientierungspunkten – die Fabeln der Haupterzählstränge, die Nebengeschichten, die Symbole und die Reflexionen – zusammen, bauen sich aufeinander auf, beleuchten und kommentieren sich gegenseitig. Sie eröffnen dem Leser ein Netz von Beziehungsnotwendigkeiten und -möglichkeiten, die ins Unendliche gehen." (L 7, 208) Zur Lösung des Leserdilemmas:

> Der Fiktionsfigur [Gantenbein] gelingt es nicht, das Dilemma zu lösen, vielleicht aber dem Leser [...] Der Leser muß seine Subjektivität in die Konkretisation einbringen und die Lösung des Problems, das heißt die ‚Bedeutung' des Romans, selbst suchen, für sich selbst das ‚andere Leben' entwerfen. (L 7, 209)

Der „Kluft zwischen der Wirklichkeit und dem Wahn", den „Beziehungsmöglichkeiten [...] ins Unendliche" und der Konkretisation des „anderen Lebens" wird weiter nachzuforschen sein (III, 3).

Mit der experimentellen Auf-Lösung von Bedeutung, Geschichte und Realität steht Frischs *Gantenbein* in der Vorfront einer literarästhetischen und -theoretischen Entwicklung, deren prononcierteste Vertreter schließlich nicht nur Subjekt und Autor, sondern Literatur überhaupt in Frage stellen sollten.[17] Der radikalen Demontage der Erzählkonventionen entspricht in Frischs Roman die systematische Dekonstruktion der Erzählinstanz. Der Ich-Erzähler konturiert sich, wie deutlich wurde, lediglich im Entwerfen und Verwerfen seiner Selbst. Das heißt, eine eigentliche Identität, konkreter eine personale Existenz hat er nicht. Daraus folgt jedoch, und dies ist von der Forschung bislang noch kaum erkannt, geschweige näher untersucht worden: Es handelt sich bei dem Ich-Erzähler um den in der Romanliteratur äußerst seltenen Fall einer bis zur Unkenntlichkeit verschleierten Totenfigur. Im folgenden wird sich das „andere Leben" – „Konkretisation" der „Appellstruktur", wenn man so will – als absolute „Leerstelle" und „Abgrund", als das „Absolut Andere" offenbaren: nämlich als Totenreich.[18]

3. Todeserfahrung und Lebensentwurf im hermetischen Zwischenreich

Der Zutritt zum Totenreich ist in Frischs Romanwelt – mythischen Grundmustern entsprechend – immer auch Rückkehr ins Mutterreich. (Vgl. oben I, 6 und II, 5) Die ersten beiden Romane der Trilogie zeichnen sich bereits aus durch von Werk zu Werk raumgreifendere Einbrüche in die mythische Unterwelt des „ewigen Stirb und Werde."[19] Stiller offenbart sich das texanische Kavernen-Labyrinth, Faber das guatemaltekische Dschungelreich als eine alles verschlingende, alles gebärende Ur-Welt. Sowohl Stillers dreitägiges Verirren im „Dschungel aus Marmor" (165) als auch Fabers zweimaliges Versumpfen im Tropenwald sind begleitet von der Todeserfahrung am andern (Jim White, Joachim Hencke) und der Erfahrung einer Wiedergeburt ihrer selbst (Stiller kehrt als White zurück, Faber mit dem Gefühl, „ein neues Leben zu beginnen"). In zunehmendem Maße übertragen dabei die Protagonisten ihre Unterwelt-Erfahrung auf weibliche Bezugs- bzw. Projektionsfiguren. Im Verlauf dieser Übertragung entpuppen sich die vom Bildnis-Verbot mystifizierten Frauengestalten mehr und mehr als vom Inzest-Verbot konturierte Muttergestalten. Sprechende Begleiterscheinung dieser Verwandlung ist die progressive Erblindung der Protagonisten: Blendung als verschobener Impotenz- und Kastrationskomplex in der ödipalen Regression. Julika, Hanna und Lila ihrerseits illustrieren die fortschreitende Metamorphose der Frau ins imaginär „Andere": „Lila ist überhaupt keine Figur", so der Autor Frisch über seine Romangestalt, „Lila ist eine Chiffre für das Weibische, das andere Geschlecht [...] Lila ist ein Phantom, also nicht zu fassen." (GW V, 333 f.) Lila, das „Erzweib" (160) ist nichts anderes als der Archetyp des „Großen Weiblichen" („Erz"- wurzelt im griechischen „archi" und bedeutet: das erste, das oberste).[20] Als Film-Star chiffriert sie das Wesen des Archetyps auf ideale Weise, nämlich sowohl als moderne *„Silver Screen"*-Projektion, wie auch als mythische Astral-Projektion. In Lila ist das „Ewig Weibliche" der Faustischen Imagination bzw. die „regressiv utopische Einheitssehnsucht" des Mannes (vgl. Bovenschen, II, 3) urbildlich aufgehoben. Enderlin wie Gantenbein wird sie zum Sinnbild und Inbegriff ihres Glücks. Die Phantasien Enderlins, des „Todgeweihten" und „Ohnmächtigen" (134): „Alle Frauen! Und er denkt an ihren Schoß nur, in ihren Schoß" (135, insgesamt sieben Mal findet dieses Schlüsselwort hier Erwähnung), diese Phantasien finden ihre unmittelbare Verkörperung in der Gestalt Lilas.[21] Für Gantenbein, den „Blinden", repräsentiert seine Ehe mit Lila – seine „parasitäre Existenz" (L 156, 323) – vor allem folgendes: symbiotische Einheit von Mutter und Kind. "Ich lebe ganz und gar, vom Scheitel bis zur Sohle, von Lila [...] Ich lasse mich aushalten." (82) An Logik gewinnt die Bedeutungskonstellation von Blindheit und Eifersuchtslosigkeit erst, wenn man sie als Sinnbild versteht für die psychische Regression in die vor-ödipale Phase. Diese Entwicklungsstufe kennt noch nicht (bzw. nicht mehr) jene Affekte von „Eifersucht und mörderischer Wut gegen den Elternteil des gleichen Geschlechts" (Brenner, vgl. unten Anm. 22), die für den eigentlichen Ödipuskomplex symptomatisch sind. Anders gewendet: Gantenbein scheint zurückgekehrt ins blinde Urvertrauen des hilflosen Kleinkindes gegenüber seiner allmächtigen – „Großen" – Mutter.²² Sein leitmotivisches Warten auf Lila im Flughafen – „zeitlebens" (279, dreifach erwähnt) – ist Ausdruck einer totalen Abhängigkeit von der mütterlichen Bezugsperson.

Sicherer und versorgter als an der Mutterbrust ist das Kind nur noch im Mutterschoß. Diesen romantischen „Weg nach Innen" (der wahre Novalis), der Ich-Erzähler hat ihn längst hinter sich. Eingangs hieß es noch sibyllinisch: „Ein Blinder kommt nicht von außen, eins mit seinem Traum" (96 f.). Jetzt nimmt diese Einheit des Blinden mit seinem Traum Gestalt an, wenn auch eine unsichtbare: „einzige Gewißheit über Lila: So wie ich sie mir vorstelle, gibt es sie nicht. Später einmal werde auch ich sie sehen, mag sein, Lila von außen –" (252). (Auch diese wesentliche Charakterisierung „Lila von außen" findet dreifache Erwähnung 252, 255, 260). So verschleiert das Traumbild Lila bleibt, so offenkundig wird nun die Perspektive des Träumers. Das Erzähl-Labyrinth – ein liladunkler Mutterschoß: mythisch-utopisches Mutterreich des Ursprungs und der Heimkehr allen Lebens, Anfang und Ende sämtlicher „Entwürfe zu einem Ich". Dieser maternale Schöpfungs-Ab-Grund ist der eigentliche „Grund" für die von Marchand umrissene Problematik „beim Darstellen der Wirklichkeit" („Unsagbares [...] Geheimnis" – „Spannung zwischen Entwurf und Verwirklichtem [...] zwischen Erinnerung und Ahnung" – „zwischen Dasein [... und ...] Nichtsein" – „Gottes unerschöpfliche Geräumigkeit").²³ Hier bleibt die Zeit stehen „die Zeit ist weg" (18) bzw. dreht sich im Kreise „Zukunft entpuppt sich als Vergangenheit" (115), in ewiger Wiederholung „wie immer" (280 f.; der Ausdruck erscheint hier neunfach wiederholt). In diesem Reich herrscht ausschließlich die Ur-Zeit des „Großen Weiblichen". Aus feministischer Perspektive heißt das: „In der Auseinandersetzung mit dem patriarchalen Diskurs erscheinen *Simultaneität, Zirkularität* und *Repetition* als ausgleichend narrativ-temporale Tendenzen. In ihrem Artikel ,Le temps des femmes' kennzeichnete Julia Kristeva diese Zeitmodalitäten als charakteristisch für die weibliche Subjektivität." (meine Hervorhebung)²⁴ Lila in der Gestalt einer morphinsüchtigen Grande Dame ist die Inkarnation von „Le temps des femmes": „Sie ist wirklich eine Contessa, seit Jahrhunderten nicht gewöhnt, daß man sie anschreit [...] sie hat eine andere Zeit [...] Uhren kränken sie..." (190 f.; Hannas Sinnbild einer „archaischen Wanduhr mit zersprungenem Zifferblatt" (134) ist Lilas mythische Wirklichkeit geworden: Zeit-Raum der Magna Mater.)²⁵

„Ein Mann hat eine Erfahrung gemacht, jetzt sucht er die Geschichte seiner Erfahrung." (8) Im folgenden wird sich herausstellen, daß das immer wieder beschworene „Erlebnismuster" (45) eine Chiffre darstellt für ein „anderes Leben", das nicht mehr erlebbar ist: die Erfahrung von Tod und Wiedergeburt; eleusinisch gewendet, die Heimkehr zur Großen Mutter. Im *Gantenbein*-Roman ist der Initiationsprozeß Fabers über den Tod hinaus ins Jenseits vorangetrieben – in die esoterisch „Andere Welt" –, wo er umschlägt in eine Sehnsucht nach Leben und Diesseits („esoteros", grch. d. h. der Innere.) Es wird zu zeigen sein, daß die „Vorstellungen" dieses Ich-Erzählers – sämtlichen Erzählkonventionen und Werkinterpretationen zum Trotz – einer durch und durch postmortalen Blickrichtung entspringen. Zwar hat die Literaturkritik mehrfach auf die todesschwangere Atmosphäre des Romans und seine verschiedenen Sinnbilder des Todes hingewiesen.[26] Doch fehlt es bislang an einer systematischen Durchleuchtung dieser Schattenwelt und ihrer Erörterung als mythisches Toten- *und* Mutterreich bzw. im Licht der eleusinischen Initiation als Mysterienreich des „ewigen Stirb und Werde." (Das Meta-Erlebnis par excellence)[27]

Die Roman-Exposition besteht, wie bereits angedeutet, aus einer enigmatischen und anscheinend unzusammenhängenden Bilder-Sequenz. Betrachtet man sie jedoch aus der Perspektive des Todes, so konfiguriert sie sich zu einem symbolreichen *„Tableau vivant"* zwischen Diesseits und Jenseits. Dessen ersten Teilaspekt bildet eine Alptraum-Vision des Ich-Erzählers im Krankenhaus:

Das Morgengrauen vor dem offenen Fenster kurz nach sechs Uhr erschien wie eine Felswand, grau und rißlos, Granit: – aus diesem Granit stößt wie ein Schrei, jedoch lautlos, plötzlich ein Pferdekopf mit weitaufgerissenen Augen, Schaum im Gebiß, aufwiehernd, aber lautlos, ein Lebewesen, es hat aus dem Granit herauszuspringen versucht, was im ersten Anlauf nicht gelungen ist und nie, ich seh's, nie gelingen wird, nur der Kopf mit fliegender Mähne ist aus dem Granit heraus, wild, ein Kopf voll Todesangst, der Leib bleibt drin, hoffnungslos, die weißen Augen, irr, blicken mich an, Gnade suchend –. (11)

Diese Phantasmagorie, die der Ich-Erzähler mit der Fiebervision des kranken Enderlin gemeinsam hat (139), stellt nicht nur ein mythisches Erscheinungsbild des Todes dar (vgl. L 150, 102 f.). Sie versinnbildlicht auch gleichzeitig die psychischen Widerstände des Sterbenden. Todesangst und Lebenssehnsucht finden in diesem Aufbäumen der kreatürlichen Lebenskräfte gegen die Erstarrung im Tode ihre symbolische Vergegenständlichung. So wie vom Leben einst nur noch die Totenmaske übrigbleibt, hinter der sich das Leben verflüchtigt hat, so erstarrt vor den Augen des Halluzinierenden der Pferdekopf zu einer „Mähne aus roter Terrakotta, leblos [...] lautlos zieht sich der Pferdekopf langsam in den Fels zurück, der sich lautlos schließt, rißlos wie das Morgengrauen vor dem Fenster, grau, Granit" (11). Das symbolische Aufbäumen und Erstarren des Pferdes repräsentieren die Agonie und den Tod des Kranken.[28]

Die folgende Episode veranschaulicht das geisterhafte Zwischenstadium, in welchem sich die Realität des Todes mit den Illusionen des Lebens vermischt. Ein dem Krankenhaus entronnener Nackter, der wiederum identisch ist mit dem vor dem Tod fliehenden Enderlin (134–39), flüchtet sich auf eine Theaterbühne, wo er vor leerem Orchestergraben und leerem Parkett kleider- und rollenlos dasteht, bis ihn die Polizei schließlich als „Geisteskranken" (16) abführt. Dieses Schauspiel eines zwischen die Kulissen von Schein und Sein geratenen Verrückten ist die Wahn-„Vorstellung" eines Verstorbenen, der glaubt, auf der Bühne des Lebens nochmals eine Rolle spielen zu können. Dieses doppeldeutige Theaterspiel mit Illusionen ist eine parabolische Verdichtung der gesamten Romanwelt. Es symbolisiert einerseits die zahlreichen Lebensentwürfe des Ich-Erzählers und demaskiert sie andererseits als Selbsttäuschungen eines Toten. Kurzum, was geboten wird, ist das „Möglichkeitentheater", Variante Nekrospektive, eine Vorstellung „out of this world".[29] Der Eintritt in diese Welt, das ist der Exitus:

Es ist wie ein Sturz durch den Spiegel, mehr weiß einer nicht, wenn er wieder erwacht, ein Sturz wie durch alle Spiegel, und nachher, kurz darauf, setzt die Welt sich wieder zusammen, als wäre nichts geschehen. Es ist auch nichts geschehen. (17)[30]

Vergleicht man diesen Spiegelsturz mit Stillers Suizid-Erfahrung „es bleibt Sturz" (I, 6) und Fabers „Sturz vornüber in die Bewußtlosigkeit" (II, 5), so ergeben sich sinnfällige Gemeinsamkeiten und eindeutige Schlußfolgerungen. So wie Faber vor dem „Totenreich" die Augen verschließt und von „Jenseits" und „Ewigkeit" nichts sehen und hören will, so redet sich auch hier der Ich-Erzähler ein, es „wäre nichts geschehen." Im Gegensatz zu Faber gelangt jedoch der Nackte gleich unmittelbar nach seinem Ausbruch zu der Erkenntnis: „Es gibt kein Erwachen wie aus einem Traum" (15, vgl. auch 282). Es handelt sich bei diesem Spiegelsturz somit nicht nur um ein „probeweise[s] Betreten des Todeslandes" (Gockel, L 150, 102), sondern vielmehr um einen endgültigen Durchbruch. Da der Ich-Erzähler aber diese Tatsache nicht wahrhaben will, stürzt er sich in immer neue Lebensentwürfe. Diese sind jedoch genau besehen nichts anderes als zerstreute Fragmente und gebrochene Reflexionen seines alten, zersprungenen Lebensspiegels.[31]

Alptraum-Vision und die Theater-Illusion illustrieren stufenweise den Abtritt des Ich-Erzählers von der Bühne des Lebens. Der Spiegelsturz stellt den Durchbruch in ein Schattenreich dar, in dem er sich nun zu bewegen beginnt „wie ein Schauspieler hinter den Kulissen" (43). In den Roman eingeflochtene Beobachtungen wie „Noch war die Welt außen" (67) und „Ihr lebt, Ihr auf der Erde" (121) lassen die Rückkehr des Ich-Erzählers in eine postmortal-pränatale „Innenwelt" immer wieder aufscheinen. Am eindeutigsten verrät dieser Scheinlebende sein wahres Wesen gleich zu Beginn des Romans, als der Leser noch völlig arglos ist. Es heißt da über den plötzlichen Tod des nicht näher ausgewiesenen Mannes: „So könnte das Ende von Enderlin sein. Oder von Gantenbein?" (8) Da der Ich-Erzähler sich im Verlauf seines Erzählens mit beiden Figuren abwechselnd identifiziert, stellt er seiner Existenz von vornherein – wenngleich im Konjunktiv – den Totenschein aus. Der Ich-Erzähler incognito – auf dem Weg in die „Terra incognita".[32]

Dem Schein-Dasein des Ich-Erzählers entspricht die Schein-Wirklichkeit seiner Welt, die sich dem aufmerksamen, d. h. todesbewußten Leser nun zunehmend als Totenreich zu erkennen gibt. So heißt es gleich zu Beginn des eigentlichen Handlungsverlaufes:

Ich sitze in einer Wohnung: – meiner Wohnung ... Lang kann's nicht her sein, seit hier gelebt worden ist; ich sehe Reste von Burgunder in einer Flasche, Inselchen von Schimmel auf dem samtroten Wein, ferner Reste von Brot, aber ziegelhart [...] Wegzehrung für eine Mumie? [...] alle Polstermöbel sind mit weißen Tüchern bedeckt. Komisch anzusehen: als spielten sie Feme. Oder wie eine Totenfeier in einem Land mit fremden Bräuchen [...] hier ist es wie in Pompeji, alles noch vorhanden, bloß die Zeit ist weg. Wie in Pompeji. (17–18)

Immer wieder sahen Kritiker in diesem spukhaften Ort lediglich die Wohnung eines von seiner Frau verlassenen Mannes.[33] Durch die assoziative Verkettung der Vorstellungen von „Mumie", „Totenfeier", „Pompeji" und „die Zeit ist weg" hinterläßt dieser verlassene Ort jedoch den nachhaltigen Eindruck eines grabes- und todesdüsteren Schattenreiches. Da man auf diese Beschreibung bzw. auf Teile davon insgesamt dreimal im Roman stößt – am Anfang (17 f.) ungefähr in der Mitte (179) und am Ende (283) – gewinnt sie für den Verlauf des Erzählgeschehens strukturbildende Bedeutung. Diese Katakomben-Behausung ist für den Ich-Erzähler – *ghost writer in residence* – das geistige Zentrum, die Werkstatt seiner esoterischen Lebens- bzw. Todesbeschreibungen. In diesem Licht figuriert die Diesseits-Welt als Projektion seiner Jenseits- Erfahrungen. So erscheint etwa der im Spiegelsturz verbildlichte Tod des Ich-Erzählers – spiegelverkehrt – als das Überleben Gantenbeins in einem imaginären Verkehrsunfall: „Schnittwunden im Gesicht, es besteht keine Lebensgefahr, nur die Gefahr, daß er sein Augenlicht verliert [...] Sein Leben fortan, indem er den Blinden spielt." (20) Erneut drängt sich ein Vergleich auf zu Fabers Sturzlandung und ihrem „blinden Schlag". Das Leitmotiv von der geistigen (abgestrittenen) Blindheit des todgeweihten Faber erscheint hier verwandelt in die körperliche (vorgetäuschte) Blindheit des lebenshungrigen Gantenbein. So wie ein Blinder unter den Sehenden bewegt sich nun der Tote unter den Lebenden. Dieses Blinden-Schauspiel bedeutet sowohl Täuschung seiner Mitmenschen als auch Enthüllung des eigenen Schattendaseins. Nichts gemahnt mehr an den Tod als das gebrochene Augenlicht und das Verlorensein in ewiger Finsternis.[34] Gantenbein inszeniert die Blindheit als physisches Gebrechen, tatsächlich erfährt er sie als metaphysisches Verhängnis: „... das Fleisch, das stirbt, und der Geist, der blind ist in Ewigkeit". (65) Der Spiegelsturz erweist sich als Lichtsturz, als Verlöschen des göttlichen *fiat lux* und Rückkehr ins dunkle Schöpfungschaos. Durch seine Blindenbrille offenbart sich Gantenbein die Welt *sub specie aeternitatis* als ein geisterhaftes Schattenreich: „grau wie Asche, lila-grau [...] plötzlich ist es Abend geworden, Dämmerung, Zwielicht." (25) Die Farbenpracht des Lebens erscheint reduziert auf die Schattenfarben des Todes.[35] Lila: Mutterschoß – Schoß der Erde. Gantenbein versinkt in ein uterin-tellurisches Dämmerreich, in welchem nun auch die anderen als Gestalten aus einer archaischen Unterwelt in Erscheinung treten. So verwandelt sich die Kokotte Camilla, die ihn in seiner Blinden-„Vorstellung" fast überfahren hätte, als „Undine mit grünlichem Haar [...] Farbe von fauligem Tang". (27) Undinen sind mythische Fabelwesen, welche die Sterblichen in die Tiefen der Gewässer locken, Gewässer, die alle dem Meer zuströmen, dem in matriarchaler Vorstellung „gremium matris terrae" (M 1, 116). Doch so schnell läßt sich Gantenbein nicht abtreiben in den tödlichen Meeresschlund – und Quellgrund allen Lebens.[36]

Gantenbeins Fast-Unfall mit seiner „grünliche[n] Undine" (27) verursacht einen Auflauf von Schaulustigen, von schaurigen Schattenfiguren: „Lemuren, einige kamen heran, blau vor Neugierde [...] die Lemuren stritten untereinander [...] Während man ihm schilderte, daß er ebenso gut tot[!] sein könnte." (27) Und Gantenbein ist schon längst im Wagen seiner „mütterlich"[!] (28) verführerischen Undine: „Ihre lila Handschuhe am Steuer, wartend, während wieder ein Rudel von bläulichen Lemuren über die Straße ging." (29) Lemuren sind Geister unerlöster Verstorbener, weniger bekannt sind sie unter dem Namen „Larven". In ihrer geistigen Unsterblichkeit sind sie das genaue Spiegelbild von Gantenbeins Blinden-Maskerade und Blinden-Metaphysik. Im amüsantesten Party-Treiben kann ihr lemurisches *memento mori* unvermittelt aufscheinen: „Gespräche meiner Freunde [...] Ich bin überzeugt, gewisse Menschen verbergen ihren Witz vor mir [...] eine Gesellschaft von *Larven* [...] Gelächter [...] plötzliches Schweigen [...] *Grabesstille*." (240–242, meine Hervorhebung)

Die Kreise, in denen Gantenbein verkehrt, sind ausschließlich die zwielichtigen Kreise von Huren und Lemuren. So wie sich ihm die Menschen als Schimären präsentieren, so imaginiert er die Frauen, Camilla wie Lila, vor allem als Hetären. Camilla-Undine lebt, der „Blinde" sieht es auf den ersten Blick, vom ältesten Gewerbe der Welt, und zwar als „moderne Frau. Berufstätig" (35): comeback der Nymphe als geschäftstüchtige Nymphomanin. Gantenbein sucht sie vor allem auf, um ihr morbide Geschichten zu erzählen: ein männlicher Scheherazad – *mutatis mutandis* – um sein Leben fabulierend.[37] Auch Lilas Schauspielberuf ist dem Hetärengewerbe verwandt, jedoch entfaltet sich die Kunst ihrer Verführung allein im Bereich der „Vorstellung". Als Theater- und Filmidol ist sie für fremde Männer die Verkörperung ihrer Schaulust – „Lila ist schön" (77) – für den sehenden Ehemann die gestaltgewordene Eifersucht: „Vielleicht haben alle schon mit ihr geschlafen." (277) In ihrer Rolle als weibliche Hauptfigur des Romans repräsentiert sie auch das Frauenbild des *Tagebuch*-Autors Frisch:

Das scheinbar Uneigene des Weibes, das sich formen läßt von jedem der da kommt, das Widerstandslose, Uferlose, Weiche und Willige, das die Formen, die der Mann ihm gibt, im Grunde niemals ernst nimmt und immer fähig ist, sich anders formen zu lassen: das ist es, was der Mann als das Hurenhafte bezeichnet, ein Grundzug weiblichen Wesens, das Weiblich-Eigene, dem er niemals beikommt. Man könnte es auch das Schauspielerische nennen." (GW II, 622)

Diese (arche-)typische Männerphantasie entspricht sowohl Bovenschens Paradigma der „imaginierten Weiblichkeit": „Knetmasse in männlicher Hand" (vgl. I, 3), als auch Bachofens Ur-Mythologem der Magna Mater: die Große Mutter als Große Hure, als Hetärensumpf, ufer- und grenzenlos.[38] (Psychologisch gesehen reflektiert diese Elementarsymbolik des Weiblichen die primärprozeßhafte Auflösung der Ichgrenzen durch die psychotische Regression in die prä-ödipale Phase)[39] Das Empfangend-Gebärende schlägt – archaischer Zusammenfall der Gegensätze – um ins Verschlingend-Tötende: die „hurenhafte" Camilla als meeresabgründige „Undine", die „schauspielerische" Lila als mordsüchtige „Lady Macbeth" (198).[40] Beide Frauengestalten repräsentieren – die Assonanz von Lila/Camilla unterstreicht ihre Affinität – eine Figuration, in welcher die *Entmannungs-, Verkindlichungs-* und *Vernichtungsphantasien* Frischscher Romanhelden ihre psychomythische Veranschaulichung finden. Dieser Reduktionsprozeß erklärt vor allem zwei entscheidende Verhaltensweisen des geblendeten Gantenbein: einerseits seine auffallend asexuelle Beziehung zu den ausgesprochen hetärischen Frauen Lila und Camilla. Er hat nicht nur das Realitätsprinzip hinter sich gelassen, er ist auch – weiter als Faber – jenseits des Lustprinzips. Andererseits seine seltsame Eifersuchtslosigkeit als sehender Blinder: Gantenbein der Verliebte ist Gantenbein der Einverleibte; er ‚besitzt' Lila, wie kein anderer Mann, von innen.[41]

Der ins mythische Mutterreich Heimgekehrte, ein romantischer Liebestoter mit der nekromantischen Sehnsucht nach Leben. Seine todesschwangere Welt der Huren und Lemuren ist – von außen gesehen – eine durch und durch verkehrte Welt, in der die Toten zu leben und die Lebenden tot zu sein scheinen. Diesseits und Jenseits gehen zwielichtig ineinander über und spalten des Ich-Erzählers gesamtes Bewußtsein. So sehnt er sich auf der einen Seite, der Seite des Todes, nach Leben, Liebe und menschlicher Zugehörigkeit: „Ich möchte aus meiner Einbildung heraus, ich möchte in der Welt sein." (244) Auf der anderen Seite, der Seite des Lebens, verlangt es ihn, kaum daß sich Beziehungen herzustellen scheinen, nach der Schicksalslosigkeit im Tod: „... er wollte ins Museum gehen, um nicht in der Welt zu sein. Allein und jenseits der Zeit wollte er sein." (66) Das ist der innere Widerspruch eines Blinden, der sowohl vom Tod als auch vom Leben zu viel gesehen hat. Ihn schaudert vor der ewigen Blindheit des Geistes ebenso wie vor der unabänderlichen Schicksalshaftigkeit des Lebens: „Die Zukunft, das wußte er, das bin ich [...] die Wiederholung." (66 f.) (Selbstentfremdung, Selbstsuche und Selbstwiederholung, die großen Leitmotive der Frischschen Protagonisten, in den Meta-Erlebnissen dieses weltfremden Wiedergängers finden sie ihre metaphysische Vollendung.)

Auf seiner Atlantik-Überfahrt scheint sich der Ich-Erzähler für einen zeitlosen Augenblick mit seiner Ruhelosigkeit zwischen Diesseits und Jenseits zu versöhnen: „Langeweile mit Blick aufs Meer, eine wonnige Langeweile: nicht tot sein und nicht leben müssen." (253) Auf dieser Überfahrt durch das Wiegen der Wogen – „gremium matris terrae" – gewinnt Lila sinnbildliche Konturen: „Lila von außen [...] ihr offenes Haar, zuviel wie ein Wasserfall [...] Perlmutterweiß ihrer Zähne [...] dann rollt sie die Lippen zusammen." (260) Lila als „Undina rediviva", als endlose Wasser-Wellen-Welt. („unda", lat. d. h. Welle)[42] In dieser Meeresfahrt-Beschreibung – eine *navigatio vitae et mortis* – verdichten sich noch einmal jene zentralen Assoziationsbereiche, die für die gesamte Roman-Trilogie von grundlegender Bedeutung sind: „Ein Schiff ist ein Labyrinth." (259) Seit Stillers und Fabers Atlantik-Überquerungen repräsentiert das Schiff Refugium. Es ist der esoterische Schauplatz, auf dem die Flucht des Mannes vor der (sinnlichen) Frau umschlägt in seine Zuflucht in ihren (sinnbildlichen) Schoß. (Vgl. die Uterus-Symbolik des Schiffsbauches in II, 2) Und dieser topische

Schoß offenbart sich als mythisches Labyrinth, als jenes Toten- und Mutterreich, welches bereits die Wirklichkeitsebene der beiden ersten Romane so vielschichtig unterminierte. Darüber hinaus veranschaulicht die eigentliche „Schiffspassage" (*Faber*, 61) die mystisch-eleusinische „rite de passage" zwischen Tod und Wiedergeburt. Denn die Reise von Kontinent zu Kontinent ist eine Reise zwischen Grund/Leben und Abgrund/Tod, auf der das Land, mythisch gesprochen die Mutter Erde, zur bloßen Vorstellung, zur Erinnerung und Ahnung verschwimmt. (Diese „rite de passage" ist seit alters von Wunsch- und Wahnvorstellungen begleitet. Ihr mythisches Muster ist die homerische Odyssee mit ihren Figurationen des „Großen Weiblichen" Circe, Calypso, sowie Scylla und Charybdis, dem männerverschlingenden Meeresschlund.)[43]

Als blinder Passagier im Zwischenreich zwischen Diesseits und Jenseits bewegt sich der Ich-Erzähler in den Bahnen Lebender und Verstorbener gleichermaßen:

Es gibt [...] Leute, die ich nicht aufgeben kann. [...] Ich will nicht sagen, sie verfolgen mich in meiner Vorstellung, sondern ich verfolge sie [...] Das können übrigens auch Tote sein. Sie fesseln mich lebenslänglich durch meine Vorstellung, daß sie, einmal in meine Lage versetzt, anders empfänden und anders handelten und anders daraus hervorgingen als ich. (145)

Während er sich in seinen Lebensentwürfen mit den menschlichen Figuren Gantenbein, Enderlin und Svoboda identifiziert, imitiert er in seinen Todeserfahrungen die mythischen Figuren Teiresias, Christus und Hermes. Damit tritt er, wie der Illuminat Faber vor ihm, in die Spuren eines archaischen Erfahrungsmusters, er wird, seinen mythischen Vorbildern entsprechend, Medium zwischen dieser und der anderen Welt. Gantenbein in der Nachfolge Teiresias: Die Betrüger-Rolle des sehenden Blinden entpuppt sich – im Wahrzeichen der verkehrten Welt – als die Weissager-Rolle des blinden Sehers.[44] Teiresias war den Gesängen Homers zufolge der einzige, der in der Unterwelt sein Bewußtsein bewahrte. Umgekehrt ist nun Gantenbein der einzige, der durch die Optik der Blindenbrille die Oberwelt als ein Reich der Schatten durchschaut. Hier fallen die Charaktermasken der zahlreichen Abendgesellschaften, und das Schauspiel der Dunkelmänner wird transparent: Episches Theater – im V-Effekt der Vierten Dimension – Absurdes Theater. Und da der Blindgänger in seinen Geschichtsentwürfen immer wieder die eigene Vergangenheit erkennt (66, 115, 167) wird er zwangsweise zum Hellseher. In einer verkehrten Welt, in der das Künftige das Gewesene darstellt, ist freilich die blinde Prophetenkunst ein Kinder- und Narrenspiel.

Weitaus beziehungsreicher als die Nachfolge Teiresias' ist Gantenbeins „imitatio Christi".[45] Gleich zu Beginn des Romans erscheint der auf die Bühne geflüchtete Nackte in einen „Königsmantel mit goldenen Quasten" (16) gehüllt. Als er sich die Hände wäscht, „die von Teer und Blut verschmiert waren [...], sah er sich im Spiegel; er erschrak über das Kostüm, es fehlte nur noch die Krone." (17). Der Betrachtende erkennt sich in jenem Ecce-Homo-Bildnis wieder, in welchem das Martyrium und Mysterium von Tod und Wiederauferstehung ihren sinnbildlichsten Ausdruck gefunden haben. Unmittelbar nach dieser Selbsterkenntnis ereignet sich der „Sturz durch den Spiegel" (17), in welchem der Nackte eins wird mit seinem mythischen Vorbild. In diesem Nackten und seiner Nachfolge Christi durch Höllenfahrt und Wiederauferstehung sieht Gantenbein sich und sein Schicksal widergespiegelt.[46] Die Passion Christi wird Gantenbein erneut zur Parabel, als er eine Entsprechung sucht für seine Sehnsucht nach Verrat:

Ich lechze nach Verrat. Ich möchte wissen, daß ich bin. Was mich nicht verrät, verfällt dem Verdacht, daß es nur in meiner Einbildung lebt [...] Beim Lesen der Jesus-Geschichte hatte ich oft das Gefühl, daß es dem Jesus, wenn er beim Abendmahl vom kommenden Verrat spricht, nicht nur daran gelegen ist, den Verräter zu beschämen, sondern daß er einen seiner Jünger zum Verrat bestellt, um in der Welt zu sein, um seine Wirklichkeit in der Welt zu bezeugen. (244)

Christus wie Gantenbein steigen hinab in die Unterwelt. So wie der Gekreuzigte zwischen Karfreitag und Ostersonntag in lila Tücher gehüllt wird – in die liturgischen Farben der Trauer –, so erscheint auch der Geblendete „vom Scheitel bis zur Sohle" in Lila verschleiert. Seine Liebesgeschichte mit Lila reflektiert denn auch – als Mythen-Palimpsest – die Leidensgeschichte Christi. Signifikant dafür ist die Jerusalem-Golgatha-Perspektive, welche den gesamten Roman durchzieht (12, 43, 139 ff., 233 f.).[47] Genau im Zentrum des Romans heißt es:

Einmal bin ich in Jerusalem [...] Ich bin bang auf Golgatha [...] Golgatha als Interieur [...] die Stelle, wo das Kreuz gestanden hat, der Marmor ist aufgeschlitzt wie ein Kleidungsstück, der nackte Fels wie Fleisch, das Loch im Fels ... (139–141).

Diese suggestive Erotisierung der Golgatha-Stätte assoziiert die sakrale Initiation ins Mysterium zu Eleusis: Opfertod des Sohnes, Rückkehr in den Mutterschoß – Schoß der Erde – und Wiedergeburt in ein besseres Leben.[48] (Das ist das matriarchale Ur-Muster: Die christlich patriarchale Religion ersetzt lediglich die Rückkehr des Sohnes zur göttlichen Mutter durch eine Rückkehr des Sohnes zum göttlichen Vater. Letztes Relikt der maternalen Schöpfungsmacht über Tod und Wiedergeburt ist die christliche Konfiguration der Pieta: der tote Sohn auf dem Schoß – anstatt im Schoß – der trauernden Mutter.) Wie Christus verkörpert auch Gantenbein – „Weltenschöpfer-Theo" (L 25, 54) – die Botschaft vom Leben nach dem Tod, allerdings seitenverkehrt – die Erfüllung im Diesseits, nicht im Jenseits suchend: „Lila von außen." Zum Schluß des Romans verdichten sich die diversen Christus-Aspekte noch einmal zu einem komplexen, nun allerdings eindeutig zur Kontrafaktur gebrochenen Gesamtbild:

Alles ist wie nicht geschehen [...] und wenn man aus den finstern und gar nicht kühlen Gräbern wieder ans Licht kommt, blinzeln wir, so grell ist der Tag [...] wir sitzen an einem Tisch im Schatten und essen Brot, bis der Fisch geröstet ist, ich greife mit der Hand um die Flasche, prüfend ob der Wein (Verdicchio) auch kalt sei. (188)

Gantenbein feiert seine Auferstehung aus dem Grab, als hätte er das ewige Leben errungen. Doch Brot und Wein, die Gaben der Eucharistie, evozieren in ihm ein anderes Abendmahl: „Reste von Burgunder in einer Flasche, ich kenne das [...] Schimmel auf rotem Wein, ferner Reste von Brot [...] Wegzehrung für eine Mumie." (283, vgl. auch 17 f.) So genießt der ‚Auferstandene' den lebendigen Augenblick – mit einem bitteren Nachgeschmack im Mund, ahnend, daß der trügerische Schein des Vergänglichen letztendlich das wahre Sein ist. – Was Gantenbein mit seinen mythischen Vorbildern Teiresias und Christus gemeinsam hat, ist die Erfahrung der sagenumwobenen Unterwelt. Jedoch enttäuscht von dem Reich, das ‚nicht von dieser Welt' ist, sehnt er sich zurück ins Reich der Lebenden, seiner „imitatio Christi" die Krone der Paradoxie aufsetzend: Er macht sich – Verkehrung aller Räume und Träume – metaphysische Illusionen von physischen Wirklichkeiten. Im Banne beider Welten und geblendet von ihrem Trugspiel zwischen Sein und Schein verliert Gantenbein schließlich die Herrschaft über seine eigene Maskerade: Ich bin blind. Ich weiß es nicht immer, aber manchmal. (283)[49]

„Transzendentale Obdachlosigkeit", „Fehlen der Mitte", „Abgrund" – das sind die Gemeinplätze, mit denen der wachsende Orientierungsverlust der Moderne charakterisiert wurde. In diesem Sinne steht die literarische Figur Gantenbeins, exemplarisch verloren zwischen Diesseits und Jenseits, auf vorgeschobenstem Posten. Sein Autor überläßt sie allerdings in dieser Welt der absoluten Orientierungslosigkeit nicht ganz ihrem schicksalslosen Schicksal. In der mythischen Gestalt des Hermes, dem Urboten zwischen den Welten, findet Gantenbein einen in der Unwegsamkeit überaus bewanderten Führer. Während Hermes auf Fabers Reise in den Tod noch in fremder Gestalt auftrat, gibt er sich jetzt durch den Mythenforscher Enderlin in seinen mannigfaltigen Eigenschaften schillernd zu erkennen:

Hermes ist eine vieldeutige Gestalt [...] ein Schelm [...] berühmt für seine [...] heitere und listenreiche Behendigkeit, womit er die Sterblichen gern zum Narren hält, ist er überall im Spiel, sein ganzes Wesen und Auftreten stehen im Zeichen der Zauberei [...] Er ist ein Helfer, ein Glücksbringer, aber auch ein Irreführer [...] Er liebt es [...] unsichtbar zu sein, wenn er den Sterblichen naht [...] das Unwahrscheinliche, das Unberechenbare und Unverhoffte [...] gehört zu Hermes, [...] das Unheimliche in aller Heimlichkeit, denn Hermes ist ja auch der Gott, der die Scheidenden holt, lautlos wie immer, unversehens, allgegenwärtig, der Bote des Todes, der uns in den Hades führt. (131 f.)

Enderlins Schulweisheiten bewahrheiten sich auf vielfache Weise in Gantenbeins Todeserfahrung. Von den hermetisch verschlagenen Führungs- und Verführungskünsten des Todesboten wird gleich ausführlicher die Rede sein. Enderlin hat allerdings jenen Aspekt hermetischer Verwandlungskunst unterschlagen, der in Kerényis Hermes-Studie von zentraler Bedeutung ist. Dort heißt es über den Mittler im „Zwischenreich zwischen Nichtsein und Sein": „Aus einer Welt der Wegelosigkeit, des Ungebundenen, Fließenden und Gespensterhaften zaubert er die Neugeburt hervor." (M 11, 90 f.) Es ist Hermes, der Gott der geheimen Initiation, der den blinden Toten die Augen öffnet für die Wiedergeburt. Ihm verdankt das Naturgesetz des „ewigen Stirb und Werde" – erinnert sei hier noch einmal an Fabers Reisebegleiter in den Dschungel (II, 5) – ursprünglich seine Vergeistigung zur Mysterienweisheit. Das Niemandsland zwischen Lebensende und Lebensanfang, in dem die Erfahrungen des Lebens und des Todes undurchschaubar ineinander übergehen, ist der Wirkungsbereich des Hermes und seines hermetischen Lebens-Wandels. Hier entfaltet er sein Gaukelspiel der Illusionen, mit welchen er die Sterblichen zum Narren hält, sodaß ihnen das Heitere unheimlich – und das Tragische komisch erscheint. Im Lichte dieser hermetisch verkehrten Welt gewinnt denn auch die traurige Figur Gantenbeins immer wieder komische Konturen. Er, der sich unter den Lebenden nicht tot, sondern nur blind stellen kann, hält mit diesem Trugspiel sowohl seine Zuschauer als auch sich selbst zum Narren. Indem er etwa die Steifheit der Blinden imitiert, parodiert er auch gleichzeitig die Körperstarre der Toten.[50] Auch die komischen Situationen, in die er häufig durch seine vorgetäuschten Ungeschicklichkeiten und verräterischen Unbedachtsamkeiten gerät, sind letztendlich hermetisches Narrenspiel. Wie sehr jedoch Gantenbein das Unheimliche in aller Heimlichkeit verkörpert, zeigt sich bereits in seinem weltfremden Auftreten. Seine klöppelnde Gestalt weist ihn nicht nur als behinderten Blinden aus, sie beschwört auch das Klappergespenst des Knochenmannes herauf.

Genau besehen handelt es sich bei dieser heiter-unheimlichen Gantenbein-Gestalt um eine Spielfigur des Hermes. (Vgl. dazu auch L 25, 57) Was sie beide vereint, ist das hermetische Prinzip, welches aus dem Schattenreich Figuren entwirft – nur um sie wieder hinters Licht zu führen. In diesem hintergründigen Spiel mit Illusionen gibt sich das Blindenstöckchen Gantenbeins im Handumdrehen als „das hermetische Requisit des zauberkräftigen Stabes" (L 25, 58) zu erkennen.[51] Von den Berufsmöglichkeiten, die Gantenbein als Blindem zu Gebote stehen, wählt er aus innerster Berufung die Rolle des Reiseführers: „Reisen Sie mit einem Blinden! Ihr größtes Erlebnis! Ich öffne Ihnen die Augen! Reisen nach Spanien, Marokko, Griechenland, Ägypten usw." (182) Seine Selbstvorstellung als Reiseführer durch die Ruinen der Akropolis ist ein Meisterstück schelmisch-hermetischer Verschlagenheit. Als Reiseführer führt er seine Reiselustigen – vor allem an der Nase herum, und das gleich zweimal: Denn wer einem blinden Reiseführer folgt, ist ein Tor, und wer einem hermetischen Reiseführer folgt, ist des Todes – und im Nu wird es todernst mit dem Spaß. Gantenbein spielt den Sterblichen jedoch nicht nur wohl oder übel mit, mehr noch bringt er sie zur Besinnung:

Es genügt, daß Gantenbein sich immer wieder in die verkehrte Richtung stellt, um ihnen die Sehenswürdigkeiten nahezubringen. Einzelne empfinden ein solches Erbarmen mit ihm, daß sie, um Worte zu finden, die ihm eine Vorstellung geben von der Weihe des Ortes, selber zu sehen anfangen [...] seine Trauer, daß er sterben wird, ohne je diese Akropolis gesehen zu haben, macht die anderen erst dankbar für ihre Reise. (181)

In diesem lustig-traurigen Schau- und Versteckspiel ist Gantenbein-Hermes in seinem ureigensten Element. Nicht nur öffnet er als sehender Blinder den blinden Sehenden die Augen; sein Beispiel führt sie auch zur Erkenntnis, daß es gilt, die unbewußte Furcht vor dem Tod in eine bewußte Ehrfurcht vor dem Leben zu verwandeln. So offenkundig tritt der Hermes-Bote mit seiner Botschaft allerdings selten in Erscheinung. Er liebt es, wie Enderlin zu berichten weiß, „unsichtbar zu sein, wenn er den Sterblichen naht". (132) Gegen Ende des Romans muß sich Gantenbein alias Hermes denn auch von den Ordnungsbehörden seiner Heimatstadt bestätigen lassen, daß es „einen Herrn namens Gantenbein [...] nicht gibt und nie gegeben hat." (282) Sein hermetischer Wandel zwischen Tod und Wiedergeburt bleibt, seiner Natur entsprechend, befangen in einer Welt der Täuschungen.[52]

Existenz, das bedeutet Augen-Blick im zweifachen Sinne des Wortes. Die Doppelgänger des Ich-Erzählers führen das Versagen an dieser Existenz exemplarisch vor. Enderlin scheitert am Augenblick als zeitlicher Kategorie: am Erleben eines absoluten Jetzt. Gantenbein scheitert am Augenblick als räumlicher Kategorie: am Erblicken einer Welt von außen. In beiden Gestalten verstrickt sich der Ich-Erzähler lediglich in eine Vielzahl menschlicher und mythischer Projektionen. Zur Ruhe – sei es im Leben oder im Tod – gelangen beide Figuren nicht.[53]

Die letzten zwei Bildsequenzen des Romans sind überaus evokative Sinnbilder dieser ziellosen Lebens- bzw. Totenreise. Bei der vorletzten Bildsequenz handelt es sich um eine Schluß-„Geschichte für Camilla" (283). Sie wiederholt, spiegelt und vervollständigt die Situation und Signifikanz von Gantenbeins erster Begegnung mit ihr. Schon damals entpuppte sich die Milieu-Dame als eine Dame aus mythischem Milieu. Der imaginierte „Zwischenfall" (27) im Stoßverkehr der „Mittagspause" (27) – auch diese Tageszeit wird leitmotivisch wiederkehren – war ein variierter Todesfall: Er öffnete Gantenbein die Augen für das Reich der Lemuren. „Blau vor Neugierde" (27) näherten sie sich ihm und wurden bald „aufsässig" (27) und „erbittert" (28) – in ähnlicher Gemütsverfassung werden sie nun zum Schluß wiederkehren. Gantenbein, der ausgezogen war, die Welt zu täuschen, wollte alsbald nur noch „Nachhaus!" (28) Und die „entsetzlich verfärbte Blondine" (27) nahm ihn mit zu sich ins Reich der Undine: ins romantische Liebes- bzw. Todesnest, in die feuchtkühlen Kavernen der Mutter Erde. Im Rückblick gewinnen folgende Wassermotive für Gantenbeins letzte Geschichte symbolische Bedeutung. Die Polizei, welche den am Roman-Eingang auf die Theaterbühne Geflüchteten abführt: „ausgerüstet wie Tiefseetaucher." (15) Enderlin im Museum: „Seine Gegenwart [...] kam ihm wie ein Traum vor [...] und fernher die Stadt [...] wie eine Brandung, dumpf, monoton, wellenhaft, das waren die grünen Wellen." (71) Svoboda am Meer: „Brandung [...] mannshoch [...] Woge um Woge bierflaschengrün – Stille, Mittag, Sonne [...] wie aus einem violetten Nachthimmel [...] plötzlich kein Boden, sondern ein Klumpen von braunem und schwarzem Tang [...] kämpfend mit allen Leibeskräften [...] Bewußtsein, daß es jetzt aus ist [...] jetzt ersoffen sein?" (223 f.) Und schließlich des Ich-Erzählers „Ausfahrt aufs offene Meer" (252) und seine sinnbildreiche Überquerung des Atlantik (252–261).[54] All diese das Erzählwerk durchziehenden Wassermotive verdichten sich zum Roman-Ausgang zu dem makabren Ereignis einer in der Zürcher Limmat auftauchenden Wasserleiche. Aus ihrer „jahrelangen Verklemmung" (285) unter Wasser befreit – erlöst aus der Umarmung der Undine – treibt diese Leiche den Fluß hinunter „als hätte sie noch einen Willen, sogar einen sehr entschiedenen Willen: zu entkommen." (285) – „Inzwischen war's Mittag geworden, Stoßverkehr" (285). Erneut bilden sich, wie bei Gantenbeins erster fataler Begegnung mit seiner Undine, Gruppen von „Neugierigen, einige schon gereizt" (286), die gespannt das Bergungsmanöver der Stadtpolizei verfolgen. Bei der „Unterwasser-Einsargung" (286) geht schließlich ein Mann über Bord, während es der Leiche gelingt, mit dem Sarg abzutreiben, „die grüne Limmat hinunter". (286) Es scheint gerade so „als wollte er heute noch das Meer erreichen" (287), getragen von der Hoffnung, „abzuschwimmen ohne Geschichte". (288): Meeressehnsucht – Muttersehnsucht.[55]

Die letzte Bildsequenz zeigt einen Reisenden bei der Rast, das – trügerische – Leben in vollen Zügen genießend:

Alles ist wie nicht geschehen [...] wenn man aus den finstern und gar nicht kühlen Gräbern wieder ans Licht kommt [...] Ich sehe die roten Schollen der Äcker über den Gräbern, fernhin und dunkel das Herbstmeer, Mittag, alles ist Gegenwart [...] ich höre Flötentöne [...] Schlangenhitze trotz Wind, schon wieder September: aber Gegenwart, und wir sitzen an einem Tisch im Schatten [...] [...] Brot [...] Fisch [...] Wein [...] Durst, dann Hunger, Leben gefällt mir – (288)[56]

In diesen beiden Kontrastbildern, die sich wie ein Diptychon ergänzen, finden sich die Grundaspekte des Werkes noch einmal mosaikartig veranschaulicht. Beides sind Reisebilder, welche die Todes- bzw. Lebenserfahrung in dingsymbolischer Übersteigerung zum Ausdruck bringen. Einerseits Fahrt in die Unterwelt im verschlingend tödlichen Wasser, welches sich versinnbildlicht zum stygischen Fluß, der die Verstorbenen ins Totenreich trägt. Andrerseits Rückkehr aus den Gräbern, dem gebärend nährenden Boden, welcher sich versinnbildlicht zur arkadischen Landschaft, deren Fruchtbarkeit „Brot", „Fisch", „Wein" die Lebenden speist. Die Aufhebung der Zeit in einem abgründigen Jenseits „ohne Geschichte" und die Verdichtung der Zeit, „alles ist Gegenwart" in einem festgegründeten Diesseits vervollständigen die Symmetrie der Gegensätze. Tod und Wiedergeburt, „rite de passage", das ist die Mysterienwelt der eleusinisch Großen Mutter – und sie findet sich in diesem Sinnbild-Diptychon noch einmal allegorisch repräsentiert.[57] Der rast- und ruhelose Geist des Ich-Erzählers wandelt in seiner Sehnsucht nach wirklichem Leben *und* wirklichem Tod in beiden Welten ... ohne in ihnen zu Hause zu sein. Er treibt sein Unwesen im hermetischen Dämmerreich, im Schoß der Magna Mater und ihres „ewigen Stirb und Werde". Sie ist die Absolute Matrix seines „Erlebnismusters": Die Welt von innen – ein Labyrinth „lauter Erfindungen." (283)

* * *

Fassen wir zusammen: Stillers lebenslanges „Nie-Ankommen", Fabers eleusinische „Heimkehr" und Gantenbeins hermetischer „Lebens-Wandel", das sind die esoterischen Reisestationen der Roman-Trilogie, chiffrierte Seelenwanderungen ins muttermythische Niemandsland. Lila-Welt, Dame von Welt, Dame mit Unterleib, Unterleib als Unterwelt. Endstation der „Transzendenz nach unten" – und immer noch die Sehnsucht ... immer und ewig ... die Sehnsucht nach dem „Andern", der „Anderen Welt" – „Lila von außen". In ihr hat der Archetyp des „Großen Weiblichen" – das vielfach verdrängte Urbild männlicher Ohnmachts- und Erlösungsphantasien – seine umfassendsten Konturen gewonnen.

ANMERKUNGEN

Vorbemerkung

[1] Hans Mayer (L 156, 317) und Eduard Stäuble (*Max Frisch. Gesamtdarstellung seines Werkes*, St. Gallen: Erker 1967, S. 219–222) weisen auf den Trilogie-Charakter dieser Romane hin, ohne dies jedoch thematisch-systematisch nachzuweisen. Volker Hage will lediglich den Begriff der Trias gelten lassen. (L 8, 66).

[2] In Larry McCafferys Kompendium *Postmodern Fiction. A Bio-Biographical Guide*. Connecticut, Greenwood Press, 1986 figuriert Frisch bereits als postmoderner Autor – allerdings ohne weitere theoretisch textuelle Erörterung. Vgl. dazu unten I, 5.

I. Stiller

[1] Laut Naumann ist *Stiller* „das erfolgreichste Buch des Suhrkamp Verlages" (L 89, 5). *Stiller* ist nach *Jürg Reinhart. Eine sommerliche Schicksalsfahrt* (1934) und *J'adore ce qui me brûle oder Die Schwierigen* (1943) Frischs dritter Roman. Zur Zitierweise siehe unten IV, Literaturverzeichnis, S. 139.

[2] Ausführlich stichwortartige Inhaltstabellen zum Erzählgeschehen liefern Jurgensen L 13, 94–99, Wünsch L 108, 541–547 und Naumann L 89, 110–123, letztere die immer noch umfangreich informativste Studie über *Stiller*. Zu einer gründlichen empirischen Analyse der Roman-Rezeption bei Kritikern und Lesern vgl. Karmasin L 77.

[3] Dieses narratologische Leitmotiv/Leidwesen zieht sich durch den gesamten Roman. Vgl. dazu auch 84, 330, 355. Mit der Stillerschen Sprachproblematik ist die Literatur und Kritik der Moderne spätestens seit Hofmannsthals „Chandos-Brief" ausführlich vertraut. Vgl. Braun L 62, Stauffacher L 102, Naumann L 89, 147–151 und Tabah L 56.

[4] Nach L 59, 18. Zum Roman als Tagebuch vgl. Braun L 61, Steinmetz L 103, Kieser L 15 und L 78 und Poser L 95, 41 f. Zum autobiographischen Aspekt des Werkes vgl. Henningsen L 41, Naumann L 89, 178 und Lusser-Mertelsmann L 84, 607.

[5] Zu den Widersprüchen der „perspektivisch gebrochenen Berichte Rolfs und Sibylles" sowie zum Strukturprinzip des Widerspruchs insgesamt vgl. Naumann L 89, 8 und 139 ff. Zu Frischs Vorliebe für die Skizze, die Ästhetik von Fragment und Mosaik vgl. *Tagebuch* GW II, 448 et passim.

[6] Zu detaillierten Einzelanalysen dieser diversen Geschichten vgl. Butler L 66, Gontrum L 72, Lusser-Mertelsmann L 83. Zum Märchencharakter der Erzählungen vgl. Stine L 105. Zu den Geschichten allgemein Frühwald L 71.

[7] Zur Erzähltechnik und -perspektivik vgl. u. a. Braun L 63 und L 64, Pickar L 94 und Naumann L 89, 107–138. Eine umfassende Strukturanalyse bietet Wünsch L 108.
[8] Zu Einfluß und Anverwandlung der Brechtschen Dramaturgie in Frischs Werk vgl. Gontrum L 39, Kieser L 45 und 46 und Naumann L 89, 74–82.
[9] Erste Deutungsansätze dazu finden sich in White L 107, 368. Ausführlicher dazu jetzt die wirkungs- und rezeptionsästhetisch orientierte Studie von Egger L 7. Mehr darüber unten III, 2.
[10] Frisch bringt die (In-)Fragestellung des Autors auf die berühmte Ibsenformel: „Zu fragen bin ich da, nicht zu antworten" (GWII, 467); vgl. auch III, 2 S. 94.
[11] Allgemein zur Frischschen Problemkonstante Identität vgl. Weisstein L 106, die umfassende Darstellung von Wintsch-Spiess L 31 sowie die literaturpsychologisch aufschlußreiche Studie von Lusser-Mertelsmann L 17. Zur Identität im Schweizer Kontext vgl. Pender L 20. Zu einer gründlichen Gesamtdarstellung der Leitthemen Rolle und Permutation in Frischs Werk vgl. Hanhart L 9.
[12] Vgl. Böschenstein, in L 99, 173–179, Marti L 86 und Baden L 2.
[13] Vgl. Naumann L 89, 40–49 und v. a. Lusser-Mertelsmann L 17, L 83, L 84 sowie ihre werkumfassende Studie L 49. (Siehe dazu auch unten I 3 und I 6).
[14] Vgl. Harris L 73, Manger L 85, Cunliffe L 35 u. L 36, Holmgren L 74, Brummack L 33 und L 65, Schuchmann L 27, 70–80 und v. a. Kiernan L 14.
[15] Zu einer kritischen Kommentierung der diversen existentialphilosophischen Interpretationen vgl. L 26, 373 ff.
[16] Zu ihrer umfangreichen Sekundärliteratur bis 1977 vgl. L 89, 188. Im Mittelpunkt von Schuchmanns Erkenntnisinteresse am Bild steht die Dialektik „Private Bildnisse, gesellschaftliche Schablonen" (L 27, 190 ff.). Ausführlich und zusammenfassend über die Bildnisproblematik Lüthi L 18. Zur jüngsten Auseinandersetzung mit dem „Bildnis-Verbot", seiner literar-historischen Herkunft sowie seiner Umsetzung in eine Poetik des Vorurteils vgl. Elm L 37.
[17] Die Angst, eine zentrale Kategorie der Existentialphilosophie, prägt das Verhalten der Romanfiguren in solch mannigfaltiger Weise, daß Reich-Ranicki schreiben konnte: „Max Frisch ist ein Dichter der Angst" (L 96, 308 f.). Ausführlicher zu diesem Thema vgl. Jurgensen L 13, 85–92 und Heidenreich L 10, 60 f.
[18] Differenzierter als Jurgensens Behauptung, daß „jede Selbstverwirklichung im Geschlechtlichen wurzelt" (L 13, 67) formuliert Lusser-Mertelsmann: „Das Problem der Identität und Ichfindung ist mit dem der Geschlechter vielfältig verknüpft" (L 49, 194).
[19] Lusser-Mertelsmann hat in mehreren Werken Frischs und ihren angstbesetzten Geschlechtsbeziehungen des Mannes zur Frau einen „unbewußte[n] Drang zur Mutter" (L 49, 189) beobachtet. Mit diesem Hinweis eröffnet sie die für den psychomythischen Kontext der Roman-Trilogie überaus bedeutungsvolle Perspektive der Magna Mater (vgl. unten I, 6; II, 5; III, 3).
[20] Vgl. dazu auch H. Mayer: „Das Thema der Frigidität und der Impotenz [bildet] ein geheimes Leitmotiv des Romans." (L 88, 249).
[21] Siehe auch Stillers späte Resignation: „Warum habe ich diese Frau nie gefun-

den?" (421). Mit Julika beginnt der Reigen jener zunehmend imaginärer werdenden Frauenfiguren, der für die Regressions- und Projektionsdynamik in der gesamten Roman-Trilogie zentrale Bedeutung gewinnt.

[22] Zum Jugendstil-Aspekt vgl. Pickar L 94, 96–98 und ausführlicher Saalmann L 97, der die zahlreichen Jugendstil-Aspekte des Romans umfassend herausgearbeitet hat. Er deutet Julikas Jugendstil-Veranda als „Sinnbild der Isolation der Protagonisten" (579) und ihre Kunst-Welt als „Flucht ins Interieur" (579). Es gilt jedoch, den Verweischarakter, den die überaus erotisierte Jugendstil-Kunst für die Stillersche Eheproblematik besitzt, noch klarer zu konturieren.

[23] Zur neueren Theorie der Blick-Ästhetik im Film: Opposition sehen/gesehen werden, männlich/weiblich etc. vgl. v. a. Laura Mulvey: „Visuelle Lust und narratives Kino" In: Gislind Nabakowski, Helke Sander, Peter Gorsen (Hg.): *Frauen in der Kunst* Bd. 1 Frankfurt 1980, S. 30–46.

[24] Thorstein Veblen, *The Theory of the Leisure Class* (1912) New York: Penguin 1979).

[25] Zum weiteren Frauenlob in der Stiller-Forschung vgl. Korn in L 99, 387, Merrifield L 19, 64 f. und Pickar L 94, 90. Speziell zu Julika L 104. Schon früh wurde auch das Spannungsverhältnis Mann-Frau als Weiterschreibung der Gattung Eheroman gedeutet. Vgl. etwa Hermann Hesse in L 99, 395 und Hans Mayer L 88, 239.

[26] Die bislang ausführlichste Studie über die Rolle und Funktion der Frau in Frischs Werk stellt Merrifields 1971 erschienene Studie L 19 dar. Feststellungen wie „Was die moderne Frau schmerzlich entbehrt, ist die geistige Führung und moralische Stärke des Mannes" und „Ihr Verlangen, zu ihm aufschauen zu können" (L 19, 141) machen allerdings die noch ausgesprochen konservativen Wertmaßstäbe dieser Arbeit überdeutlich. (Vgl. dazu L 124, 206, Anm. 30).

[27] Ironischerweise war es zuerst der männliche Literaturhistoriker Zoran Konstantinovic, der bedingungslos Partei für die Frau ergriff, indem er ein vielfaches Versagen und Vergehen des Mannes an der Frau feststellt und schließlich zu dem Urteil gelangt: „Wie kein anderer Schriftsteller unserer Zeit hat Max Frisch den Gesamtkomplex der möglichen Schuld des Mannes gegenüber der Frau zum Ausdruck gebracht [...] als ein in allen Varianten Schuldiger." (L 81, 154) Obgleich das Thema der Schuld im Werk Frischs von zentraler Bedeutung ist, kann man wohl kaum so weit gehen. War einst das Weib Gefäß aller Sünde, so erscheint nun der Mann als alleiniger Sündenbock, und damit ist wiederum keinem gedient.

[28] Wie fragwürdig die Repräsentation der emanzipierten Frau im einzelnen sein mag, die systematische Demontage des Manns-Bildes, seine ironische Demaskierung ist unbestreitbar. Rolf: „... tat, als käme er nicht von London, sondern von der Front, ein Held mit Anrecht auf häusliche Pflege." (273) Vgl. auch „Feig wie Männer ja sind ..." (28). Wie der Mann im Geschlechterkampf weiter ins Hintertreffen gerät, siehe unten I, 3 und I, 6.

[29] Jurgensen hat auf die Sexualsymbolik dieser Vase hingewiesen, ohne allerdings näher auf sie einzugehen (L 13, 65). Genau besehen ist jedoch dieser Kunstgegenstand ein genaues Spiegel- und Kontrastbild von Julika als einem

durch die Kunst sich exponierenden Sexualobjekt. Offensichtlich ist die weibliche Genitalsymbolik der Vasenöffnung, weniger offenkundig die archaische Fruchtbarkeitssymbolik des Hohl- und Rundkörpers dieser Vase. (Vgl. M 14, 51–64). Gemeinsam ist Vase und Tänzerin ihr Kunst-Charakter. Im Gegensatz zur frigiden und daher sterilen lebendigen Julika beschwört jedoch diese ‚tote Vase' – einer animistischen Totemfigur gleich – Offenheit zur Sexualität und Mutterschaft. (Zu dieser leitmotivischen Vasen-Symbolik vgl. auch II, 5, Anm. 53).

[30] „Matrimonium", der lateinische Begriff für Ehe impliziert noch ganz diesen „unbewußten Drang zur Mutter": ad matrem.

[31] Allgemein zum Einfluß von Bibel-Motiven auf die Roman- Konzeption vgl. Naumann, der in diesem Kontext v. a. die drei Aspekte Bildnis-Verbot, Petruswunder und Passion Christi anführt. (L 89, 11–18)

[32] Erich Fromm ist, soweit ich sehe, der letzte namhafte Gesellschaftstheoretiker in der Diskursgeschichte des Matriarchats. (Vgl. I, 6, Anm. 49)

[33] Ausführlicher zu diesem Kontrast in Tanz und Temperament vgl. Pickar L 94, 91–95. Allgemein zur Figur und Funktion des Negers in Frischs Werk vgl. Musgrave L 53.

[34] Zu Stillers Schweiz-Kritik siehe Marti L 87, Demetz L 68, Schimanski L 98, Hage L 8, 92–95 und allgemein Bänziger L 3, Ingold L 44 und Pender L 20.

[35] Vgl. Wilfried Malsch: „Max Frischs Romane, Tagebücher und Stellungnahmen [enthalten] die bisher wohl komplexeste Amerikaerfahrung eines zeitgenössischen Schriftstellers in deutscher Sprache." (Nach L 52, 205) Zu Detail-Analysen der Amerika-Komponente vgl. Hinderer L 43, Mauranges L 51, S. Mayer L 52, Fickert L 70. Zum Wandel des Amerika-Bildes im Schaffen Frischs siehe Poser L 95, 33.

[36] Diesem Erlebnismuster des „American Dream" am nächsten kommt bislang das Jungsche Erklärungsmodell, in welchem Neulandentdeckung, Traumerfahrung und Selbstwerdung eine psychosymbolische Einheit bilden. Vgl. L 89, 47.

[37] Dieser amerikanische „rugged individualism" ist die markanteste Erscheinungsform jener historischen Bewußtseinsrevolution, von der Schuchmann schreibt: „Die Einzigartigkeit und Unverwechselbarkeit jedes Individuums, die Unantastbarkeit seiner natürlichen Rechte und Freiheiten, seine Entfaltung – das war die bürgerliche Kampfparole in der Emanzipation von absolutistischer Bevormundung." (L 27, 201)

[38] Thomas Elsaesser, „American Graffiti und Neuer Deutscher Film – Filmemacher zwischen Avantgarde und Postmoderne." In Andreas Huyssen/Klaus Scherpe (Hrsg.): *Postmoderne – Zeichen eines kulturellen Wandels*. Reinbek: Rowohlt, 1986, S. 302–328, dort 320.

[39] Vgl. dazu auch Luce Irigaray: „Zu einem Teil ist das Unbewußte das von der Geschichte zensurierte Weibliche." (nach F. Grafe. „Ein anderer Eindruck vom Begriff meines Körpers" In: *Filmkritik*, März 1976, S. 125. Vgl. auch Göttner-Abendroth (M 7, 39) Den Hinweis auf die Arbeiten Göttner-Abendroths verdanke ich Andreas Huyssen.

[40] Elsaesser (Anm. 38) S. 318 f. und 324.

⁴¹ Zu einer ausführlichen Darstellung dieser Roman-Imitationen und -Parodien vgl. Emmel L 38, Frühwald L 71 und Koepke L 79. Und auch das klassische Theater verfolgt die Romanprotagonisten und verwandelt ihre Psychodramen in Melodramen und ihre Eheszenen in Tragikomödien, vgl. 124 und 132, bzw. 224 und 405.

⁴² Einen Vorgeschmack davon bekommt Stiller durch das amerikanische Radio: „Diese immer zuversichtlichen Reklame-Sprecher mit ihren Hinweisen auf die beste Seife, die beste Whisky-Marke, das beste Hundefutter, dazwischen Sinfonien oder doch wenigstens die Nußknacker-Suite von Tschaikowsky: damit ich nicht so allein war." (339) Das ist die Surrogatwelt des „consumer paradise", in welcher scheinbar alles, vielfach und gleichzeitig zu haben ist: high culture, low culture, mass culture, von Bach zu Bugs Bunny ... „anything goes". Diese amerikanische Kultursubversion hat denn auch ihre eigentlichen Ursprünge in der Medienrevolution der 50er Jahre.

⁴³ Zum überaus komplexen und konträren Diskurs der Postmoderne vgl. den Sammelband von Huyssen/Scherpe (Anm. 38), insbesondere Huyssens Beitrag „Postmoderne – eine amerikanische Internationale?" (13–44). Im folgenden sollen lediglich jene Aspekte dieses Theoriespektrums zur Sprache kommen, die für die Amerika-Komponente des Romans unmittelbare Aussagekraft besitzen. Es handelt sich dabei v. a. um den Stillerschen Problemkomplex von Imagination und Reproduktion, deren Implikationen in der Massenmediengesellschaft Amerikas am weitesten fortgeschritten sind.

⁴⁴ Voss in Huyssen/Scherpe (Anm. 38), S. 219–250, dort 233 f.

⁴⁵ Voss (Anm. 38) S. 233.

⁴⁶ Huyssen (Anm. 38) S. 8.

⁴⁷ Goethes Faust II hat dieses „Reich der Mütter" zum ersten Mal ins Bildungsbewußtsein gehoben. Zu Stillers Faust-Parallelen, v. a. zu seinem „faustischen" Streben, vgl. Pfanner L 93. Hier wird schon relativ früh (1969) – wenn auch nur mehr am Rande – auf Stillers Gang zu den mythischen „Müttern" (53) aufmerksam gemacht.

⁴⁸ Bachofens Rekonstruktion matriarchaler Entwicklungsstufen beruht zwangsweise auf zahlreichen philologischen Konjekturen und Spekulationen. Die moderne Archeologie und Ethnographie spricht heute weniger von matriarchalen, sondern differenzierter von matrifokalen und matrilinearen Frühkulturen. Vgl. dazu Uwe Wesel; *Der Mythos vom Matriarchat. Über Bachofens Mutterrecht und die Stellung der Frau in frühen Gesellschaften.* Frankfurt: Suhrkamp, 1980.

⁴⁹ So fasziniert Bachofen als Altertumswissenschaftler von den kulturellen Errungenschaften des Mutterrechts war, so skeptisch war er als konservativer Moralist gegenüber ihren vermeintlich sittlich demokratischen Zersetzungskräften. Entsprechend konträr und kontrovers ist auch die Rezeptionsgeschichte seines bahnbrechenden Werkes. Zu Beginn des 20sten Jahrhunderts waren es vor allem die konservativen Kulturphilosophen aus dem Umkreis Stefan Georges, wie Ludwig Klages und Alfred Schuler, die Bachofen für ihr kosmogonisches Weltbild entdeckten. Im Gegensatz dazu steht der Rezeptionsstrang marxistisch orientierter Gesellschaftskritiker, die sich von Fried-

rich Engels über August Bebel, Walter Benjamin, Max Horkheimer bis zu Erich Fromm immer wieder vom gynaikokratischen Urkommunismus und seinem Gleichheitsethos inspirieren ließen. (Die wichtigsten Aufsätze der Bachofenschen Wirkungsgeschichte sind nachgedruckt in Heinrichs M 8.)

[50] Vgl. dazu Bovenschens *Die imaginierte Weiblichkeit* (M 4) und Göttner-Abendroths *Die tanzende Göttin. Prinzipien einer matriarchalen Ästhetik* (M 7), die Bachofen kein bzw. ein einziges Mal (289) erwähnen. Sowie Janssen-Jurreits polemische Abrechnung mit dem Mutterrechts-Gelehrten. (M 10, 97–111). Im Gegensatz zum deutschen Feminismus entwickeln französische Theoretikerinnen der „écriture féminine" wie Cixous, Irigaray und Kristeva eine Literaturpoetik, die von ausgesprochen archaisch maternalen Metaphern gekennzeichnet ist (vgl. unten III 3).

[51] Vgl. u. a. Jungs Abhandlung „Die psychologischen Aspekte des Mutterarchetyps" in C. G. Jung. *Gesammelte Werke* (Olten und Freiburg: Walter, 1976, Bd. 9 Erster Halbband S. 89–124. (Ausführlicher über Jungs Einfluß auf Frisch weiter unten, sowie II, 4 und II, 5) Selbstredend repräsentieren auch die Bachofenschen Matriarchatsmythen keine Ur-Wahrheiten, reflektieren wohl vielmehr archaische Wunsch- und Wahnvorstellungen. Ihre Kenntnisse ermöglichen jedoch ein tieferes Verständnis abendländischer Religionsgeschichte, deren eigentliches prä-patriarchales Grundmuster sie bilden. Dieser Mythen-Palimpsest wird in den folgenden Textauslegungen immer wieder zutage treten.

[52] Zu dieser matriarchalen Einheit der Gegensätze bzw. dem positiven und negativen Elementarcharakter des Weiblichen vgl. die ausführlichen Darstellungen in Neumanns *Die Große Mutter – Der Archetyp des Großen Weiblichen* (M 14, 99–122 und 123–200). Dieses Werk, auf Anregung Jungs entstanden, verbindet in expliziter und exemplarischer Weise die mythologischen Forschungsergebnisse Bachofens mit den Erkenntnissen der Jungschen Archetypenlehre und wird daher noch vielfach zu zitieren sein.

[53] Im Klartext der Stillerschen Erinnerung heißt das: „Meine Mutter und ich hielten zusammen [...] wie die Kletten." (327)

[54] Frisch selbst deutete das Kompositionsprinzip des Romans als eine „Dialektik zwischen Tat und Traum" (Frisch, „Konfrontation mit Julika" (1954) nach L 99, 35–36, dort 35. Zur Traum-Thematik vgl. auch *Tagebuch* GW II, 361 f. Zu ersten Interpretationsansätzen im Sinne der Jungschen Deutung von Traum und Unterbewußtsein vgl. Pfanner L 93, 52 ff., Frühwald L 71, 264 f. und Naumann L 89, 154 f.

[55] Zu Julika als übermächtiger Mutterfigur vgl. auch Stiller: „Wie eine Siegerin [...] eher noch wie eine Mutter, die ihren etwas unverbesserlichen Buben trotz allem so lieb hat." (377)

[56] Vgl. Neumann: „Die Projektion der eigenen männlichen Begierde und, noch tiefer, der eigenen Tendenz zum Uroboros-Inzest, zur lustvollen Selbstauflösung im Ur-Weiblich-Mütterlichen, verstärkt den Grauencharakter des Weiblichen." (M 14, 168)

[57] Vgl. Bachofen M 1, passim; dieses archaische Symbol lebt bezeichnenderweise weiter im Osterfest, in der Trauer und Feier von Christi Tod und Wiederauferstehung.

⁵⁸ Klein über die Bedeutung des Selbstmords: „At bottom we perceive in such a step his reaction to his own sadistic attacks on his mother's body, which to a little child is the first representative of the outside world." (M 13, 131)

⁵⁹ Dieser Engel stiftete in der Sekundärliteratur eine beachtliche Meinungsvielfalt. Im Lichte von Fabers und Gantenbeins hermetisch vermittelter und verschlüsselter Todeserfahrung – dies sei hier vorweggenommen – gibt sich dieser Engel jedoch eindeutig als der christliche Todesengel, und dieser wiederum als der heidnische Totenführer Hermes-Psychopompos zu erkennen.

⁶⁰ Zum psychoanalytischen Aspekt dieser Selbstflucht und Selbstsuche vgl. Lusser-Mertelsmann: „Der Roman ist die Darstellung eines Ich- Zerfalls und zugleich der Versuch der Wiederherstellung, der Heilung, durch Selbstsuche." (L 84, 609)

⁶¹ Wovon Stiller seinem Freund White vorschwärmt, ist allerdings nicht die Entdeckung von einem „Märchen", vielmehr die Begegnung mit einem „freien Mädchen" (158). Wünsch zog daraus den Schluß, daß die Grotte als „Ersatz einer Frau" fungiert und folgerte insgesamt aus der subterranen Symbolwelt: „Der Ort ist u. a. ein überdimensionales Sexualorgan." (L 108, 586)

⁶² Freud: „Träumen, die das Passieren von engen Räumen oder den Aufenthalt im Wasser zum Inhalt haben, liegen Phantasien über das Intrauterinleben, das Verweilen im Mutterleib und den Geburtsakt zugrunde." (Nach L 83, 167) Jung: „Der Abstieg ins Erdinnere ist ‚Mutterleib' Symbolik und war als Höhlenkult weitverbreitet." (Nach L 83, 169)

⁶³ Neumann M 14, 172 f. Ausführlich zum Labyrinth-Charakter des Weiblichen vgl. auch Göttner-Abendroth M 7, 52 f. In diesem Kontext gibt sich nun auch der Grotteneingang, der dem „Maul eines Hais" (157) ähnelt, als Urschreckbild des furchtbar Weiblichen, als entmannende „Venus dentata" zu erkennen.

⁶⁴ Das Gefühl der Zeitauflösung, welches Stiller bereits bei seinem Selbstmordversuch erlebt hatte, stellt sich hier erneut ein: „als hätte die Zeit plötzlich aufgehört." (164) Zur Zeit-Thematik vgl. Dahms L 6. Ihre Kriterien „Zeiteinbruch", „Entfremdung von der Zeit" und „Zeitüberwindung" werden sich aus matriarchaler Perspektive als „temps de femmes" zu erkennen geben (Kristeva, vgl. unten III, 3).

⁶⁵ „Zu den zentralen Weisheiten der Großen Göttin gehört", so Neumann, das „Stirb- und Werde-Gesetz." (M 14, 240) Die labyrinthisch matriarchale Unterwelt der Carlsbad-Kavernen reflektiert – quasi ‚in ovo' – das Kompositionsprinzip des *Stiller*-Romans (zu seiner Labyrinth-Struktur vgl. L 107), antizipiert die eleusinische Initiation des *Faber*-Romans und präfiguriert die Gesamt-Tektonik des *Gantenbein*-Romans: seine Sepulkral-Architektur – die Welt einer identitätslosen Mutterschoßfigur.

⁶⁶ Zu den mutterrechtlichen Indianerkulturen Südamerikas vgl. Neumann: „Die matriarchale Welt in Amerika" (M 14, 174–202). Das Indianische wird im Assoziationsraum der Roman-Trilogie mehr und mehr als Motivgeflecht des Matriarchalen in Erscheinung treten.

⁶⁷ Zur Stierkampf-Symbolik, der Kunst der Tauromachie allgemein vgl. die ethnographische Studie von Michel Leiris: *Miroir de la tauromachie*. Paris,

GLM, 1964. Lusser-Mertelsmann schrieb in diesem Stierkampf-Szenarium Sibylle die Repräsentanz des Geistes zu (L 49, 196 f.) – womit sie den tradierten Geschlechtsgegensatz von logozentrisch-männlich versus biozentrisch-weiblich vertauscht. Stimmig wird dieser Paradigmenwechsel erst im Mythenmodell matriarchaler Blut- und Opferrituale.

[68] Über den in der matriarchalen Frühkultur Kretas besonders ausgeprägten Stierkult schreibt Neumann: „In Kreta spielt das Weibliche selber siegreich mit dem Stier, und die Jünglingsgeliebten und Epheben sind seine priesterlichen Epheben und Trabanten. Die Große Göttin, die Tauropolos, ist die Stierherrin, und als Pheraia ebenso wie als Europa auf dem Stier zähmt sie das Männlich-Triebhafte." (M 14, 265) Als Symboltier des „Großen Weiblichen" wird der Stier im *Homo faber* wiederauftauchen (36) und dem Techniker auf seiner Zugfahrt in die nächtliche Urwaldwelt (auch sie repräsentiert Toten- und Mutterreich) den Weg verstellen.

[69] Den matriarchalen Zusammenhang zwischen Stierkampf und Höhlenerlebnis stellt die Taurophorie des Mithras dar, von der Jung schreibt, daß er „seinen Stier ... das heißt die Liebe zu seiner Mater Natura als schwerste Last auf den Rücken nimmt und damit den schmerzvollen Gang, den ‚transitus' antritt [...]. Dieser Passionsweg führt zur Höhle, in welcher der Stier geopfert wird." Zitiert nach Lusser-Mertelsmann (L 83, 170), die allerdings den matriarchalen Nexus zwischen Stierkampf und Höhlenerlebnis nicht herstellt. *Missing link* dieser beiden Symbolsphären ist die Stiller-Stier-Bezwingerin Sibylle, deren berühmteste Namensahnin, die Sibylle von Cumae, einst Äneas in die Unterwelt führte. – All diese matriarchale Höhlentopik und Stierkampfsymbolik sind archetypische Ur-Szenen einer Angst, von der Klein schreibt: „... the fear of being imprisoned (and especially of the penis being attacked) inside the mother is an important factor in later disturbances of male potency (impotence) ..." (M 13, 186).

[70] Schon Naumann entdeckte in Florences ekstatischem Triumphtanz einen „matriarchale[n] Grundcharakter" (L 89, 54). Er deutet ihn allerdings im Sinne Ludwig Klages', dessen Denksystem laut Naumann auf *Stiller* einen wesentlichen Einfluß ausübte. (L 89, 49–61) Naumanns Spurensicherung hat ihre guten Gründe. Mehr noch als Jungs Symbolpsychologie wurzelt Klages' Kulturphilosophie in mutterrechtlichen Welt- und Wertvorstellungen. Vgl. M 8, 111–130.

[71] Die seit der Symboldeutung Freuds und der Symbolkunst des Jugendstils hinlänglich bekannte Bedeutung der Blüte und des Blühens als Versinnbildlichung des weiblichen Genitals findet in „Florence" ihre sprechendste Verkörperung.

[72] Zum matriarchalen Zusammenhang zwischen der Orgie des weiblichen Tanzes und dem Opfertod des männlichen Tänzers vgl. auch M 8, 12 et passim.

[73] Die subterrane „Stirb-und-Werde"-Topographie des „Großen Weiblichen" wird ergänzt durch eine subaquatische: Stillers Atlantik-Überquerung als blinder Passagier im Bauch eines Schiffes. Als Chiffre der ‚rite de passage' wird diese Reise zwischen Alter und Neuer Welt für die gesamte Roman-Trilogie leitmotivische Bedeutung gewinnen.

[74] So die Einleitung zu einer Schopenhauer-Broschüre aus dem Jahre 1903 (nach M 10, 91). Daß Gynaikokratie identisch ist mit Demokratie, konnte jeder Monarchist, der vor der Frau wie vor der Zukunft zurückschreckte, bei Bachofen nachlesen. (Vgl. unten S. 39) Nichts weniger als Vaterland und Vaterrecht standen auf dem Spiel. Zu weiteren Zeitzeugen patriarchaler Untergangsphantasien vgl. M 10, 92.

[75] Dies der amerikanische Utopie-Entwurf des einflußreichen Essays „The New Mutants" von Leslie Fiedler (vgl. Huyssen, Anm. 43, S. 21).

[76] Diese Entwicklung verlängert jene matriarchale Perspektive, welche August Bebel und Erich Fromm, beide Nach-Denker Bachofens, ihrer Zeit gemäß, formulierten. Bebel: „Die Frau der neuen Gesellschaft ist sozial und ökonomisch vollkommen unabhängig, sie ist keinem Schein von Herrschaft und Ausbeutung mehr unterworfen, sie steht dem Mann als Freie, Gleiche gegenüber und ist Herrin ihrer Geschicke." („Die Frau und der Sozialismus", 1879, nach M 8, 347). Erich Fromm sah als einziger namhafter Zeitgenosse der Spätmoderne im „Versagen des patriarchalisch autoritären Systems", der „demokratischen Revolution", der „Emanzipation der Frau" und der Lockerung sexueller Moral- und Verhaltenskonventionen markante Wesensmerkmale eines „Neomatriarchalismus". („Die Bedeutung der Mutterrechtstheorie für die Gegenwart", 1971, nach M 8, 425–427)

[77] Zum Zitat „Back to the Future" vgl. Huyssen/Scherpe (Anm. 38) S. 10, zur Favorisierung des Mythos vgl. Huyssen (Anm. 43) S. 13 f.

[78] Heinrichs: „Frankfurter Rundschau" vom 28.11.1987. Diesen Hinweis verdanke ich Ulrich Schönherr und Christine Meyer.

II. Homo faber

[1] Martin Roda Becher: „Eine andere Moderne. Anmerkungen zu Mircea Eliade". In: *Merkur*, 40. Jahrgang, Heft 5, 1986, S. 443.

[2] Zu einem detaillierten Aufriß der Geschichte vgl. Geulen L 116, 20–25; zur Entstehung des Romans Schmitz L 142, zu Frischs Selbst- Kommentaren Petersen L 21, 133–138.

[3] Vgl. Geulen: „Es ist ein Gegen-die-Zeit-Schreiben, ein Nachholen und Wiederholen, der Griff nach sich selbst in der Vergangenheit." (L 116, 61)

[4] Eine konzise Zeit-Tabelle der Ereignisse bietet Schmitz L 139, 20 f., detaillierter noch Geulen L 116, 26–32. Zur veränderten Chronologie der verschiedenen Werkausgaben Lehn L 129, zur Einteilung in drei Handlungsphasen vgl. Petersen L 21, 131 und Bradley L 113, 281; zur Tagebuch- Form vgl. Bibliographie in Kranzbühler L 125, 221 Anm. 4.

[5] Diskutiert und degoutiert werden die „Sprache eines Pfuschers" (nach L 120, 66), „niedere Umgangssprache [und] verkrüppelte Gliedersätze" (L 120, 66), „undisziplinierter und alogischer" Wortgebrauch (L 13, 112), die zahlreichen „Anglizismen" (L 139, 98), sowie technische Fachausdrücke, kurzum ein „mitunter kaum erträglicher Jargon", dessen „aufdringliche Nonchalance den Leser distanziert". (L 21, 138 f.) Ein Großteil dieser negativen Beurteilungen

entstammt noch, laut Beutin, der „moralisierenden Sprachkritik nach 1945." (Nach L 139, 98) Nur vom schlechten Englisch des Berichterstatters – Berichterstatterers für die Sprachpfleger alter Schule – schwiegen die deutschen Philologen. (Vgl. 94, 96, 98, d. h., der Wahl-Amerikaner ist heimatlos in beiden Sprachen)

[6] Weiterführende Literatur zur Sprachverfremdung, Verfremdungsbegriff (u. a. Grimm) und zur Einordnung des Romanciers und Dramatikers Frisch in den Problemzusammenhang der Moderne (Szondi) vgl. L 139, 105.

[7] Dieses „semiotische Universum" erscheint in einer solch vielfältig symbolischen Chiffrierung, daß Meurer zu dem Schluß kam: „In der deutschen Literatur gibt es nur wenig Romane und Novellen, die ein derart dichtes Symbolgeflecht aufweisen wie der ‚Homo faber'." (L 133, 32) Zu einer methodologischen Ausdifferenzierung der umfangreichen Symbol-Exegese vgl. Latta L 127.

[8] Eine lange, wohl vollständige Auflistung der oppositionellen Welt-Vorstellungen Fabers findet sich in Latta L 126.

[9] Dem spannungsreichen Perspektivenwechsel liegt noch eine weitere Dimension zu Grunde. Schmitz: „Frisch läßt Faber, um die technologische Position zu verteidigen, die Argumente der damals wuchernden Technikkritik affirmativ gewendet vorbringen, sodaß Fabers tapfere Apologetik geradezu mit dem Stempel des Infamen geprägt ist." (L 143, 211) Vgl. dazu auch Knapp L 123.

[10] Dieses Plädoyer hat Kritiker verschiedenster Observanz auf den Plan gerufen. Prinzipiell ablehnend van Ingen L 121, 79 und Jurgensen L 13, 139. Differenziert zustimmend Roisch L 138, 100.

[11] Faber-Faustus/homo-homunculus; die Selbstbesinnung des Möchtegern-Roboters erfolgt schließlich als Selbstparodie: „Ich stand, ohne mich auszuziehen. Wie ein Apparat, der die Information bekommt: Wasch dich! – aber nicht funktioniert." (122)

[12] Zur genaueren Beschreibung des Maxwellschen Dämons von Norbert Wiener, dessen Buch Faber mehrfach zitiert, vgl. L 143, 228.

[13] Zur mythologischen wie feministischen Gleichsetzung von Unterbewußtsein und Weiblichem vgl. oben I, 6 Anm. 39 und II, 5. Zum Schiffsbauch als Uterus-Topos vgl. III, 3.

[14] Während Fabers Technik-Obsession zahlreiche Interpretationen zeitigte, wurde seine Mystik-Phobie – und Phobie ist ja die Umkehrung der Faszination – systematisch ignoriert. Mit Faber bemühte man sich um „Sachlichkeit": „Keinerlei Mystik" (22), „ich weigere mich [...] fanatisch zu werden [...] geradezu mystisch" (25), „Ich brauche [...] keine Mystik" (30), „keinerlei Grund zur Mystifikation" (31) ... Diesen eindringlichen Beteuerungen schenkte man bedenkenlos Vertrauen, und so wurde „Schicksalsmystik [...] von vornherein ausgeschlossen." (L 116, 97) Erst die psychoanalytisch und tiefenpsychologisch orientierten Studien seit Mitte der 70er Jahre beginnen neues Licht in die „geradezu mystischen" Zusammenhänge des Romans zu werfen. (Zur psychischen Regression vgl. unten II, 3; zur mystischen Initiation vgl. unten II, 5)

[15] Stillers Amerika-Utopie: „Inbegriff des Mütterlichen" (vgl. oben I, 6); Fabers Amerika-Aggression: ‚Unter der Gürtellinie' (vgl. unten II, 5). Zu Fabers

Amerika-Bild vgl. auch Müller L 134, Hinderer L 43, 360–364 und S. Mayer L 52, 217–228.

[16] Rückblickend auf mutterrechtliche Frühkulturen heißt es bei Beauvoir: „Die Religion der Frau war an die Herrschaft der Landwirtschaft, des langsamen Reifens, des Zufalls, der Erwartung, des Mysteriums gebunden: die des homo faber bedeutet den Beginn einer Zeit, die man wie den Raum überwinden kann, der Notwendigkeit, des Entwurfes, der Tätigkeit, der Vernunft. – Der Geist hat über das Leben gesiegt, Transzendenz über Immanenz, Technik über Magie, Vernunft über Aberglauben. Die Wertminderung der Frau stellt eine notwendige Etappe in der Geschichte der Menschheit dar [...] in ihr verkörperten sich die beunruhigenden Geheimnisse der Natur: Der Mann entzieht sich ihrer Bevormundung, indem er sich von der Natur befreit." (Nach L 139, 63 f.) Diese Umbruchssynopse von mutterrechtlichen zu vaterrechtlichen Kulturepochen bietet einen erstaunlich vollständigen Überblick über die Oppositionspaare, die den Faber-Text strukturieren und die Faber-Kritik zu immer neuen Deutungen inspirieren. Was im Interpretations-Spektrum noch fehlt, ist eine Textexegese der eigentlichen Beauvoirschen Paradigmen-Polarität Matriarchat – Patriarchat. Zum Geschlechterproblem allgemein vgl. Merrifield L 19, Roisch L 138, Friedrich L 115, Lenzen L 130. Zur fundiert feministischen Auseinandersetzung mit Frischs Darstellung des „Anderen Geschlechts" vgl. Knapp L 124.

[17] Jenseits des Frischschen Bild-Verbotes wird dieses „Andere" eine Wucherwelt der Ein-Bildungen hervortreiben, welche schließlich durch den Gantenbeinschen Blindenblick zur einzigen Roman-Wirklichkeit werden wird.

[18] Die Mondfinsternis verbildlicht nach Otto Rank das „ewige Spiel des Sich-Suchens ohne sich jemals finden zu können [und] ist Ausdruck der Sehnsucht nach dem verlorenen Ideal der inzestuösen Vereinigung." (Nach L 193)

[19] Seine erste Schachpartie verlor Faber, als Herbert den Namen Hanna erwähnte: „Vielleicht ist alles zu spät", (32) hieß es zweideutig über Spiel und Schicksal des Protagonisten.

[20] Faber wird den Widerruf seines Weltbildes in seinem Testament bestätigen: „... alle Zeugnisse von mir wie Berichte, Briefe, Ringhefte, sollen vernichtet werden, es stimmt nichts." (199) Dieser entschlossene Gesinnungswandel wird von der Forschung noch immer unterschätzt. (L 139, 82; L 124, 203)

[21] Holthusen glaubte z. B. wegen der Inzest-Thematik, einem „wahrhaft monströsen Kolportage-Motiv", den gesamten Roman für einen „künstlerischen Fehlschlag" halten zu müssen. (L 151, 123) Weitere Schuld-Interpretationen bei Kaiser L 122, 210 ff.; Geulen L 116, 77; Schürer L 144, 340–342, Merrifield L 19, 71–79, 82–83; Butler L 5, 100 f., 106, 118; Blair L 111, 158 f. et al.

[22] Die Stimmen einer tonangebend deutschen Nachkriegs-Generation, die ihre kollektiv verdrängten Schuldgefühle nun in Schweizer Literatur zu bewältigen sucht? Die Verschiebung der Scham ins Ausland – und ihre Verwandlung in Empörung über die Blutschande [!] einer Schweizer Romanfigur?

[23] Folgende Aspekte der Freudschen Theorie sind laut Schmitz für Faber besonders charakteristisch: Sexualablehnung, Wiederholungszwang, die psychischen Mechanismen der Projektion, Assoziation und Obsession und v. a. –

was in neueren Deutungen noch immer nicht hinreichend Beachtung findet – die Verwandlung der „Affektbesetzungen zu Personen." (L 139, 102 f., vgl. auch S. 27)

24 Für Bauer bleibt der Charakter dieser Regression ambivalent. Angesichts der emotional-sexuellen Entkrampfung, welche sie in Faber bewirkt, wäre ihr jedoch geradezu eine positive, therapeutische Funktion zuzuschreiben. Indem sich Faber, der verlorene Vater, gegenüber Hanna zum verlorenen Sohn verwandelt, öffnet sich jene muttermythische Perspektive, die es unter II, 5 genau zu untersuchen gilt.

25 Emblematisch für diese Verschränkung der Perspektiven ist auch die überaus vielschichtige Traum-Sequenz vor der eigentlichen Bruchlandung, in welcher zentrale Aspekte kommender Ereignisse symbolisch präfiguriert erscheinen. (15 f.) Die weiteren zahlreichen Aufzeichnungen von Träumen bzw. die Kennzeichnung von Erlebnissen als Einbildungen verleihen der Perspektivenverkehrung dieser Romanwelt weitere Substanz. Vgl. etwa Fabers Guatemala- und Cuba-Erfahrungen: „Wie eine Halluzination" (165), „Alles wie ein Traum" (172). Siehe auch S. 94, 125, 132, 173.

26 Die Mutter-Tochter-Beziehung dieses Romans – das nur am Rande – ersetzt das literarhistorische Spannungsverhältnis zwischen Vater und Sohn. Aus psychologischem Blickwinkel ist es jene weibliche Dyade, der die psychoanalytische Theoriebildung in jüngerer Zeit wachsende Aufmerksamkeit schenkt. Auf der mythologischen Ebene wird sich diese Dyade zur muttermythischen Konfiguration verdichten.

27 Eine Interpretationsmöglichkeit ist noch nicht umfassend in Erwägung gezogen worden: Fabers Aufzeichnungen als reine Halluzinationsprodukte eines Traumatisierten, Phantasie-Reisen und Wunsch-Begegnungen eines Flugzeugverunglückten? In jedem Fall: die Unterwelt der Psyche, in der Urwelt des Mythos – so Freud und Jung – spiegelt sie sich wider. Dieses Spiegelbild gilt es zu suchen.

28 Das Gegenteil hatte er schon vorher bewiesen, als er erschöpft in Hannas Wohnung ein Bad nimmt und dabei das Schicksal Agamemnons imaginiert: das Erschlagenwerden von der eigenen Frau. (136)

29 Über die Ödipus-Rolle im Roman befragt, erklärte Frisch, daß es genüge, „wenn darauf aufmerksam gemacht wird, daß der Inzest zwischen Walter Faber und seiner Tochter der Ödipus-Geschichte zuwiderläuft." (Nach L 21, 135) Das galt der Faber-Forschung lange als Bestätigung ihrer Mythen-Skepsis – bis Bauers psychoanalytische Fallstudie den Protagonisten der ödipalen Regression ‚überführte'. Mythologisch ist denn auch die Ödipus-Figur mit der Mutter-Gottheit Demeter assoziiert (vgl. II, 5 besonders Anm. 65).

30 Faber figuriert als „Oedipus in the Atomic Age" und Hanna als „second Niobe" (L 30, 67 u. 71), Sabeth wird mit Ariadne in Beziehung gebracht (L 5, 94) und das gesamte Familien-Verhängnis scheint „wie von unsichtbaren Fäden der Erinnyen geleitet" (L 120, 70). Jurgensen deutet den Roman insgesamt als „modernes Gegenstück zur klassischen Tragödie" mit Hanna als moderne „rachsüchtige[] Klytemnästra" und „treue[] Penelope" und Faber als „moderne Gegengestalt des Agamemnon, Ödipus und Odysseus", wobei seine Refle-

xionen „mehr und mehr den Charakter eines Chores" darstellten. (L 13, 148, 126, 143, 148) Was all diese frühen mythisch orientierten Interpretationen so angreifbar machte, war ihr Mangel an einer umfassenden strukturellen Verankerung im Text. Die Kritik ließ nicht auf sich warten.

[31] Zur Problematik des Geulenschen Erklärungsmodells. Einerseits spricht Geulen von „überkommenen Bruchstücken entleerter Mythen", die zur Versinnbildlichung „antiker Schicksalsmystik" (L 116, 43) nicht mehr taugten. Andererseits räumt er gerade diesen „entleerten" Mythen Verweischarakter ein „auf die Macht, die Fügung, die hintergründige Ordnung, die unser Dasein bestimmt [...]. Alle Gestalten und Formen (zeitnahe, zeitferne), in denen das Unabsehbare auftritt, verstehen sich somit als Zeichen eines Absoluten".(L 116, 43) In anderen Worten: Was als Mythen-Plunder zum Fenster hinausgeworfen wird ... wird als Absoluten-Fragment durch die Hintertür wieder hereingeholt. Dieser Widerspruch führt zu der konsequenten Schlußfolgerung: „Indem wir feststellen, daß der Roman hier auf ein Absolutes hindeutet, stehen wir zugleich an der Grenze der Interpretation." (L 116, 97) Das „Absolute" freilich hebt den Widerspruch der Argumente nicht auf, es verschleiert ihn nur. – In van Ingens Studie, die auf diesem Wechselspiel zwischen Offen-Artistischem und verschlossen Absolutem aufbaut, wird ihr verschleierter Widerspruch offenkundig. Seine Theorie der ironischen Mythen-Kontrafaktur (L 121, 74) steht nicht nur im Widerspruch zum tragischen Ausgang des Romans, sondern auch im Widerspruch zu sich selbst. Einerseits zeige es sich, „daß das Ödipus-Motiv auf ein totes Gleis führt", andererseits heißt es: „Die mythologischen Zeichen verweisen auf die griechische Antike, die nicht tot ist, sondern in die Gegenwart hinübergerettet wird." (L 121, 76 u. 80) Zur Antinomie Mythik-Technik vgl. auch L 137.

[32] „Mythos plus Psychologie" lautet das autoritative Formgesetz Thomas Manns (siehe unten S. 61) – und diesbezüglich besteht eine insgeheime Affinität zwischen dem Zürcher Frisch und dem Wahl-Zürcher Mann. Beide schöpfen direkt-indirekt aus dem Werk Bachofens. Schmitz macht in seinem Hintergrund-Material zur Geschlechterproblematik wie zur Mythendiskussion auf die Einflußsphäre des Basler Mutterrechts-Gelehrten aufmerksam. (L 139, 61 f., bzw. 50 f.); doch erst neuere Romaninterpretationen weisen auf mythische Konstellationen, die es ermöglichen, im mutterrechtlichen Paradigma „Mythos plus Psychologie" grundlegende Strukturzusammenhänge transparent zu machen.

[33] Zu Frischs vielfachen Beziehungen zu „lebensphilosophischen" Denk-Traditionen vgl. nun auch L 25, 26. Zur Bewertung Frischs als politisch emanzipierter Zeitgenosse: Weitaus aufschlußreicher als seine literarischen Werke sind dafür seine öffentliche Gesellschaftskritik und sein sozialdemokratisches Engagement in den 60er und 70er Jahren. (Einen summarischen Überblick dazu bietet Hage L 8, 86–92.)

[34] Nach L 139, 125. Zum aktuellen Diskussionsstand dieser Dialektik von Psyche und Mythos vgl. Jean Starobinski: „Das Ich-Verständnis ist in der Selbstanalyse nur als Wiedererkennen des Mythos möglich, und der Mythos, der auf diese Weise interiorisiert ist, wird von nun an als Dramaturgie des Triebes begriffen." (Nach Michael Rutschky, in M 3, 219)

[35] Schmitz erklärt in seinen *Spätwerk*-Studien (1985) Jung schließlich zu Frischs „eigentliche[m] Lehrmeister." (L 25, 27)

[36] Da die Demeter-Persephone-Konfiguration Voraussetzung für die Mysterien-Interpretation ist (II, 5), sollen Blairs Ausführungen hier kurz umrissen werden. Sie deutet die wiederholte Bezeichnung Sabeths als „das Mädchen" und „das Kind" als eine direkte Doppelübersetzung des griechischen Wortes Kore. Sabeths Ausruf „ich sollte verschwinden" erweist sich in diesem Kontext als Hinweis auf ihre Verführung in die Unterwelt und Hannas Bemerkung „Ich habe Elsbeth ein halbes Jahr nicht gesehen" als Bestätigung dieses Raubes. Sabeth und Kore werden weiterhin durch das Assoziationsfeld Mond, Mohn und Blumen sowie durch das Motiv der Flöte zueinander in Beziehung gebracht. Hanna ihrerseits ist mehrfach mit den Attributen der Demeter ausgestattet. Wenn sie Faber im Traum als „Krankenschwester zu Pferd erscheint", so assoziiert dies sowohl Demeters Verwandlung in ein Pferd, um den Nachstellungen Poseidons zu entgehen, als auch ihre Rolle als Demeter Kourotrophos, d. h. Pflegerin und Nährmutter des Königsknaben zu Eleusis. Im Roßschwanz Sabeths wiederholt sich diese Anspielung an die mütterliche Verwandlungskunst, und auch das Erinnye- Motiv ist auf komplexe Weise mit dem Demeter-Kore-Mythos verbunden.

[37] In der mythologisch orientierten Frisch-Forschung wird auf die Matriarchatssymbolik des *Homo faber* bereits zweimal hingewiesen. Blair: „Die Bedeutung des Demeter-Kore-Motivs besteht [...] darin, daß es vollständig Hannas Schuld und ihre ‚déformation professionelle' enthüllt." (L 111, 158) Hannas Schuld: „sie versuchte ein archaisches, matriarchalisches Muster, das naturwidrig das Männliche ausschließt, nachzuahmen." (L 111, 159) So überzeugend Blairs Mythen-Exegese ist, so fragwürdig ist ihre Moral-Interpretation. Sieht man Hanna als psychische Projektionsfigur (im analytischen Sinn Freuds) und als mythische Reflexionsfigur (im archetypischen Sinn Jungs), dann werden moralische Schuldzuweisungen hinfällig. – (Zum Mißverständnis, daß es sich bei Matriarchats-Kulturen per definitionem um männerfeindliche, d. h. geschlechtsspezifisch umgekehrt repressive Machtgebilde handle, vgl. oben I, 6 S. 39) – Der zweite Matriarchats-Hinweis findet sich bei Kranzbühler, die Fabers Dschungel-Metaphorik von W. F. Ottos Beschreibungen matriarchaler Weiblichkeits- und Fruchtbarkeitsvorstellungen beeinflußt sieht und deren Bedeutung folgendermaßen zusammenfaßt: „Das Motiv der Hadesfahrt subsumiert alle ‚mythologischen' Konstellationen im Roman: Demeter ist die große Fruchtbarkeitsgöttin der griechischen Mythologie, Überrest der Magna Mater einer matriarchalischen Zeit, und sie ist gespiegelt in einer Person seiner bewußten Vergangenheit, in Hanna." (L 125, 219 f.) Meine Ausführungen versuchen zu zeigen, daß es die Eleusinischen Mysterien sind, welche alle mythologischen Konstellationen „subsumieren". Hades – Hermes – Kore – Demeter – Magna Mater als signifikante Teilaspekte des matriarchalen Einweihungskultes. Die folgende Darstellung der Faberschen Initiation ist eine veränderte Version meines Aufsatzes L 131. (Klarer konturiert erscheint der matriarchale Charakter der Mysterien, ihre orphische Teilkomponente hingegen reduziert auf Annotationen)

[38] In der Entstehungszeit des *Faber* erscheint ein Sammelband des von Frisch sehr geschätzten Mythen-Forschers Walter F. Otto; *Gesammelte Abhandlungen über den Mythos und seine Bedeutung für die Menschheit*. (Düsseldorf: Diedrichs 1955) (Hinweis bei L 111, 168, Anm. 24), darin u. a. der Artikel: „Der Sinn der Eleusinischen Mysterien" (313–337). Dieser Artikel kam zuerst im *Eranos-Jahrbuch* (1939) heraus, einem von Jung 1933 ins Leben gerufenen Publikationsforum, welches sich zu einem nicht geringen Teil der Erforschung des archaischen Mutterkultes widmete; das Jahrbuch 1938 stand ausschließlich unter diesem Thema. 1956 erschien schließlich im Zürcher Rhein-Verlag *Die Große Mutter* des Jung (u. Bachofen) Schülers Neumann, ein Werk, welches die Summe der einschlägigen *Eranos*-Studien darstellt. (M 14) So wird die Schweizer Hauptstadt in dieser Zeit zum einmaligen Forschungszentrum matriarchaler Kulte und Kulturen, – eine Tatsache, die in Frischs Roman-Konzeption mehr als Spuren hinterlassen hat.

[39] Fabers Souterrain-Negerin ist das Wiederauftauchen der schwarzen Mutter von Stillers Florence: „Auch so eine Mutter Erde." (189) Im Geiste bannt der Techniker noch „wie üblich" die wachsende Bedrohung in ein – allerdings schon bezeichnendes – Bild: „Großaufnahme aus Afrika" (12). Das „Große Weibliche", der Todes-Terror des Verschlungenwerdens, verfremdet zum touristischen Werbe-Prospekt – und die Verlockung wirkt: „Ich begab mich neuerdings ins Untergeschoß [...] als es nochmals kam: ‚Passenger Faber, passenger Faber! Es war eine Frauenstimme." (13, zur „rite de passage" vgl. unten)

[40] In dem negativ wie positiv in Erscheinung tretenden Archetyp des „Großen Weiblichen" wird Fabers „plakativer Antifeminismus" (L 124, 189) mythisch aufgehoben, allerdings in einer Ambivalenz, deren Problematik hier nur herausgestellt, in ihrer Komplexität jedoch nicht adäquat diskutiert werden kann.

[41] In den zahlreichen Deutungen dieses Traumes fand die sinnbildliche Beziehung zwischen Faber und Herbert kaum Beachtung. Jurgensen charakterisiert sie als „homosexuell-abartiges [!] Geschlechtsverhalten" (L 13, 106)

[42] Zur Identität von Unterbewußtsein und Jenseits, vgl. Jung (M 9, 107).

[43] Blair ist bereits ausführlich auf die offenkundigen Totenreich-Assoziationen des Dschungels eingegangen. Sie deutet diese symbolische Unterwelt als die eigentliche Heimat Fabers, in dem sie eine Verkörperung der mythischen Hadesfigur zu erkennen glaubt; diese Identifikation Fabers mit dem Herrn des Totenreiches verbietet sich jedoch meines Erachtens, zieht man in Betracht, daß Faber nicht einmal Herr über seine eigene Todesangst ist. Dreimal versucht er Herbert die Gefolgschaft in die Unterwelt aufzukündigen.

[44] Die Faber-Forschung war dem Götterboten bereits in anderen Romangestalten auf der Spur. Haberkamm sah in Marcel (L 117, 13–18), Schuhmacher in Sabeth (L 28, 69–71) eine Hermes-Figuration. Wie zu zeigen sein wird, erfüllt jedoch Herbert die hermetische Vermittlerrolle zwischen dem Mysten und den Mysterien-Gottheiten Demeter-Persephone am vorbildlichsten. Pütz kommt Herberts mythischer Identität am nächsten, wenn er ihn einen „unheilvollen Führer ins Reich der Schatten" (L 137, 133) nennt.

[45] Vgl. dazu Fabers Traum „Ich bin mit dem Düsseldorfer verheiratet" (15), ihre

Nacktheit im Dschungel (34), sowie Sabeths Zurückweichen vor Fabers Nacktheit (157) und das tragische Ende der „Hochzeitsreise mit meiner Tochter." (180) – Zu Frischs Kerényi-Kenntnissen vgl. Blair L 111, 146.

[46] Zum matriarchalen Elementarcharakter von Sumpf, Schlund, Chaos und Labyrinth vgl. M 14, 246, 167 f. et passim; 33 et passim, 172 et passim u. I, 6 Anm. 63.

[47] Die hermetische Rolle, die Herbert in Fabers Initiation spielt, verdankt er Frischs eigenem großen Interesse an der Hermes-Gestalt. Vgl. *Gantenbein* unten III, 3. In den Anmerkungen zu diesem Roman heißt es, daß Frisch bereits 1957 ein „Lustspiel um die Hermes-Gestalt" (GW V, 585) geplant hatte. Vgl. auch Frisch in *Montauk*: „HERMES GEHT VORBEI, Titel einer Oper, die ich einmal habe schreiben wollen." (GW VI, 680)

[48] Zu Hermes Trismegistos vgl. M 16, Bd. 8, 792 ff. Zur Bedeutung des Namens „Hermes-Baby" als „Typenbezeichnung für die Reiseschreibmaschine des bekannten Schweizer Büromaschinenherstellers Hermes" vgl. L 139, 76 f.

[49] Vgl. dazu allgemein Bernard Brodsky: „Liebestod Fantasies in a Patient Faced with a Fatal Illness" In: *International Journal of Psychoanalysis*, Bd. 40, Nr. 1, 1959, S. 13–16. Siehe in diesem Zusammenhang auch Fabers Cuba-Erlebnis, wo das Wechselverhältnis von Todesbewußtsein und Liebesverlangen seinen Höhepunkt erreichen wird.

[50] Fabers Etikett „mystisch" figuriert dabei selbst als Schlüsselwort; als Derivat von „mystes" bedeutet es ursprünglich nichts anderes als „der (speziell in die Eleusinische Geheimlehre) Eingeweihte." (Duden)

[51] Siehe auch die erste Assoziationsverdichtung von Schlange und Heirat bei der Abschiedsfeier auf dem Schiff: „Als Sabeth in den Papierschlangensaal zurückkam [...] frage [ich sie], ob sie mich heiraten würde." (94 f.) In diesem Symbol-Kontext führt der Vater-Tochter-Inzest nicht zur „grausigen Absurdität" (L 138, 96), sondern:

[52] Fabers Liebestod-Initiation wird nicht nur durch seinen psychischen Verdrängungskomplex, sondern auch durch ein symbolreiches Motivgeflecht kontextuell verdichtet. So gibt sich die Schnecken-Spirale, die Faber im Café Odeon in den Marmortisch zeichnet (194) sowohl als „unverkennbar[] weibliche[s] Symbol[] (Freud, nach L 49, 205), wie auch als Labyrinth-Zeichen für Tod und Unterwelt (Kerényi, nach L 112, 108) zu erkennen. Als Trivial-Reminiszenz kehrt das initiatorische Liebestod-Motiv in Fabers Cuba-Zigaretten „Romeo y Julieta" (174) wieder.

[53] Ehe wir auf die eigentliche Mysteriensphäre der Hanna-Figur näher eingehen, ist ihre matriarchale Provenienz noch etwas genauer zu konturieren. Hannas Affinität zum „Mystischen" (47) wird ausdrücklich mit ihrem „Hang zum Kommunistischen [..] zum Hysterischen" (47) in Beziehung gebracht. Auf diese Weise assoziiert sie Faber – hier noch negativ – mit der sozialistisch progressiven Bachofen-Rezeption Engels' und Bebels, die im *Mutterrecht* das Ur-Modell des Kommunismus erblickten. (Vgl. auch oben I 6, Anm. 76 und S. 39) – Und auch Hannas „Scherbenarbeit" (139), ihre Restauration irdener, chthonischer Artefakte, ist matriarchal chiffriert. Nicht nur ist die Vase, an der sie Faber ihre Arbeit veranschaulicht, aus Kreta, der Hochburg mutter-

rechtlicher Frühkulturen (M 14, passim). Die Gefäßsymbolik der Vase selbst gehört zum positiven Elementarcharakter des weiblichen Archetyps (M 14, 123–147; vgl. dazu auch Stillers totemistische Modellierung Julikas als Vase, oben I, 3 Anm. 29, bzw. seine spätere „Swiss-pottery" im Stil der Los Alamos Indios, 394) Auch Sabeth erinnert Faber ebenfalls an eine Vase: „Ich hielt bloß ihren Kopf. Wie eine Vase, leicht und zerbrechlich." (120; unter den zahlreichen Abbildungen in Neumann ist besonders die Tafel 154 aufschlußreich. Sie zeigt eine Vase mit dem Kopf der Demeter-Tochter, betitelt: „Der Aufstieg Kores") Und nicht zuletzt: Als Faber in New York eine reine Männerparty zusammenruft, mit Ivy als einziger Frau „zugegen" (66, sprich: „dagegen"), geht eine „indianische Vase in Trümmer" (66). Was diese betrunkene Männer-Gesellschaft sinnbildlich zertrümmert, ist das urweibliche Prinzip, welches Hanna gedanklich wie handwerklich wieder zusammenzufügen sucht. (Zum mutterrechtlichen Gepräge der Indianerkulturen vgl. unten II, 5 Anm. 55 und III, 3 Anm. 43) Erwähnenswert ist in diesem Zusammenhang auch das Athener Dionysos-Theater, worauf Hanna Faber ausdrücklich aufmerksam macht. (131) Im Gegensatz zur sinnenfeindlichen Kultur des Patriarchats war das Matriarchat eine ausgesprochen sinnenfreudige Kultur. Dionysos genoß als Frauen-Gott in der dionysischen Mutterreligion höchstes Ansehen. (Vgl. oben I, 6)

54 Goethe, *West-östlicher Divan*, kritische Ausgabe, hrsg. von Albert Maier, Tübingen: Niemeyer, 1965, S. 28. Der Zusammenhang zwischen Goethes orientalischer Dichtkunst und matriarchalem Initiationskult ist meines Wissens noch nicht hergestellt worden.

55 Bezeichnend für dieses maternale Schattenreich ist u. a. der vielfach assoziierte Motivkomplex Milch (36, 43, 45, 54, 167). Milch steht in diesem Fall nicht nur metonymisch für das Mutterreich, sie besitzt auch kultische Bedeutung als Totenspeise bzw. Mysterientrank, vgl. M 16, Bd. 15 S. 1576 f. und 1578. – Zum Matriarchatscharakter der Indiovölker Süd-Amerikas insgesamt vgl. M 14, 174–202. Im Initiationskontext des Romans bilden die chthonisch-tropische Dschungelwelt und ihr guatemaltekisches Indio-Reich die untersten Entwicklungsstufen der mutterrechtlichen Symbol- und Kultursphäre.

56 In principio: Gott-Mutter, Gott-Tochter und der hermetische Geist, die ursprünglich matriarchale Schöpfungs-Dreifaltigkeit – vor der mythischen Machtergreifung des patriarchalen Prinzips; zur matriarchalen Provenienz des Trinitätsbegriffes vgl. auch Göttner-Abendroth M 6, 127). Hermes war es auch – wir erinnern uns – der nach der Entführung Persephones zwischen Unter- und Oberwelt vermittelte.

57 Diese Cuba-Episode wurde inzwischen zum „Prüfstein jeder Deutung" (L 143, 214). Zu ihrer Interpretationsgeschichte vgl. ebd. 234–236.

58 In Butlers Romaninterpretation, die sich durch treffende wie verfehlte Beobachtungen gleichermaßen auszeichnet, heißt es über diese Stelle: „This ludicrous attempt to recall the night on the beach at Akrokorinth, to raise the dead as it were, as well as his sex, brings him to the painful realisation that he lacks a co-ordinating principle around which to organise his life in any meaningful way." (L 5, 97)

⁵⁹ Geulen etwa nennt den Bilderreichtum von Fabers nächtlichem Erlebnis das „Mosaik [einer] Wirklichkeit, [...] dessen komplexe Struktur durchaus kein ästhetisches Ganzes präsentiert." (L 116, 80)

⁶⁰ Fabers spiritueller Wandel erklärt auch den stilistischen Umbruch von einer prosaisch nüchternen Weltbeschreibung zu einer poetisch trunkenen Weltbeschwörung, die in ihrer Liebes- und Todes-Ekstase nur orphisch genannt werden kann: „Sei immer tot in Eurydice – singender steige, preisender steige zurück in den reinen Bezug", heißt es in Rilkes Orpheus-Sonetten. Zu Eurydikes Verwandtschaft mit Persephone und Fabers ahnungsvoller Verwandlung in Orpheus, den Sänger und Gründer der orphischen Mysterien vgl. L 131, 309 u. 312–315.

⁶¹ So die Überlieferung des wohl berühmtesten Mysterien-Initiaten Cicero: „Nicht nur dazu haben wir dort den Grund erhalten, *daß wir in Freude leben*, sondern auch dazu, daß wir mit besserer Hoffnung sterben." (Nach M 12, 30, meine Hervorhebung)

⁶² Zum Wider-Spruch „Ewigsein: gewesensein" vgl. auch Kerényi über das eleusinische „Sein im Tode": Aus diesem Zusammenfließen des Gewesenen mit dem Künftigen wird auch [der] unterweltliche Zug der Mysterien von Eleusis verständlich." („Über das Wunder von Eleusis" in Jung/Kerényi: *Einführung in das Wesen der Mythologie – Das göttliche Kind, das göttliche Mädchen* (Hildesheim: Gerstenberg, 1980, Nachdr.) S. 256. In diesem Licht erscheint Fabers „Verfügung für Todesfall" schwerlich als letzter „Ausweg ins Reich der Lyrik" (Wehrli, nach L 120, 78), vielmehr als Quintessenz einer Initiations-Erfahrung, zu der alle Wege dieses magischen Reise-Romans hinführen.

⁶³ Solche Sätze fielen lange Zeit in die interpretatorische Rubrik: „von vornherein ausgeschlossen." (Vgl. oben Anm. 14)

⁶⁴ So verwandeln sich die Kranken-Stationen in Mysterien-Stationen. Diese Doppelbedeutung beantwortet nun wohl auch Weissteins Bedenken, der die Stationenstruktur des Romans aufgrund ihrer vermeintlichen Ähnlichkeit mit dem expressionistischen Stationendrama in Frage gestellt hatte. (L 30, 72)

⁶⁵ Was noch fällt, ist die Ödipus-Maske des Initiaten: „... in der Tat tritt Ödipus zu Demeter in die genaueste Verbindung. In ihrem Heiligtum liegt er begraben." (M 1, 443)

⁶⁶ Im Gegensatz zu seiner mythischen Repräsentanz ist seine phänotypische durch die Frisch-Forschung seit langem festgeschrieben, nicht zuletzt durch die anthropologisierende Nomenklatur „homo faber", „homo ludens", „homo religiosus", „homo viator".

⁶⁷ Ausführlich zur Prometheus-Sage Karl Kerényi: *Prometheus. Die menschliche Existenz in griechischer Deutung*, Zürich: Rhein, 1946. Auch Anders' Kapitel „Über prometheische Scham" in *Die Antiquiertheit des Menschen* (1956) (vgl. L 139, 44 f.) könnte dem Roman als Folie gedient haben. Bradley weist auf dieses Kapitel hin (L 113, 280) ohne jedoch die spezifisch prometheischen Lineaturen im Roman weiter zu verfolgen. Die Ikarus-Gestalt figuriert bislang, soweit ich sehen kann, in der Sekundärliteratur als unbekannte Größe.

⁶⁸ Die geschlechtsspezifische Ontologisierung der Gegensätze, die Frischs matriarchale Imagination mit gewissen Theoremen des Feminismus gemeinsam

hat (vgl. I, 5 Anm. 39 und III, 3 Anm. 25) bleibt freilich so lange ein Problem, solange das Menschen-Ideal kein absolut androgynes ist.

[69] Penelope gehört zu den „Maya-Weberinnen", ist Personifikation der „Große[n] Wirkerin und Spinnerin" (M 14, 216). Zu Fabers impliziter Verwandtschaft mit Odysseus vgl. auch L 13, 148 und L 29, 77.

[70] Diese literaturmythologische Orientierung ist – wie ein Tagebuch-Notat zeigt – durchaus bewußt: „Die Epik, die homerische, als Mutter unserer Welten." (GW II, 554)

[71] Kerényi hatte Thomas Mann 1945 seinen Artikel „Bachofen und die Zukunft des Humanismus" (Zürich, 1945) zugesandt. In einem Antwortbrief spricht Thomas Mann von der großen Werk-Aktualität, die Bachofen für seine Romankonzeption hatte. Er habe den Mutterrechts-Gelehrten „studiert – beinahe wie Schopenhauer". Siehe Monique Peltre: „Thomas Mann und J. J. Bachofen" in M 8, 235–248, dort S. 248.

[72] Kranzbühler drang am weitesten in die Magna-Mater-Konstellation ein, dennoch kam sie zu der Feststellung, „daß es keine Deckungsgleichheit, keine Identität zwischen der Romanfigur und ihrer mythologischen Entsprechung gibt." (L 125, 215) Wie sich zeigte, ist es das Mysterien-Modell, welches die mythologischen Leitmotive „subsumiert". Erzähltechnisch betrachtet: Fabers projektionsreiche Flucht vor dem Tod/in die Sexualität und umgekehrt entfaltet sich geradezu mustergültig nach dem Kompositionsprinzip der kontrapunktischen Fuge und verdichtet sich zu der hermetischen Engführung: Hanna als Todes-Braut der eleusinischen Initiation, als absolutes Refugium aller Fluchten dieses Romans.

[73] Die mythographische Umkehr der Transzendenz – Gottvater im Jenseits/Erdmutter im Diesseits – impliziert einen radikalen sozialpolitischen Wandel. Von den Gesellschaftstheoretikern der Frankfurter Schule war es Walter Benjamin, der Bachofens Bedeutung für seine Zeit am klarsten erkannt hat. Rolf-Peter Janz dazu: „An Bachofens Rekonstruktion der Urgeschichte aus den Mythen hat Benjamin vor allem das Matriarchat oder vielmehr die Matriarchatsmythen ernst genommen." (In M 3, 375) vgl. auch M 8, 57–74.

[74] Mythos und Moderne, dieser Diskurs ist offensichtlich komplexer in die Romantextur verwoben, als frühere Faber-Interpreten – aus historischen Gründen – (an)erkennen konnten. Für die Mythen-Diskussion um Frischs Werk besonders aufschlußreich erweist sich die Anthologie *Mythos und Moderne*, herausgegeben von Karl Heinz Bohrer (M 3). Vgl. dort u. a. die Essays des Schlußkapitels „Nach dem Mythos-Verbot" (405–609). Und was das „Andere Geschlecht" betrifft. Aus dem einstigen Opfer der vaterrechtlichen Religion wurde – auch dies eine Dialektik der Aufklärung, ein Diskurs der Moderne – eine vielfach umstrittene Ersatz-Religion (vgl. u. a. M 8). Solange es jedoch keine feministische Diskussion um die Mutterrechts-Mythographie gibt, wird die Frau in Frischs Romanen patriarchal manipuliertes Sexualobjekt bleiben, anstatt – wie problematisch auch immer – als subversiv matriarchale Symbolfigur in Erscheinung treten zu können. Die Magna Mater: Nicht ihre Apotheose, ihre Analyse ist Desiderat. (Im *Gantenbein*-Roman wird ihre Repräsentanz – wie sich zeigen wird – überwältigend und omnipräsent.)

III. Mein Name sei Gantenbein

¹ Frisch: „Ich schreibe für Leser" (GW V, 325, 328). Zu einem Überblick über Frischs diverse Äußerungen zu *Gantenbein* vgl. L 21, 140.
² Als „Erlösungsmärchen" repräsentiert diese Geschichte von Blindheit und Eifersucht laut Schmitz „Mitte, Höhe und Wendepunkt" des Roman-Geschehens. (L 25, 49)
³ Zum Don Juan Motiv im Werk Frischs und seiner Beziehung zu Kierkegaards Kategorie des Ästhetischen vgl. Lüthi L 18, 156–180, speziell zu *Gantenbein* 185 ff.
⁴ Zur Roman-Rezeption vgl. auch Kähler L 152, 198 und Gockel 150, 7–17. Im Kontrast zu den überwiegend kritischen Rezensionen steht die „breite Resonanz, die der Roman beim Leserpublikum gefunden hat." (L 150, 7) Vgl. dazu auch Probst L 159, 156.
⁵ Zum Synopsis-Charakter dieses Romans vgl. auch Schmitz L 25, 51.
⁶ Zum Schlemmerrausch: Cognac, Whisky, Campari und Burgunder sind die bevorzugten Vergnügungsgetränke und als Delikatesse regulär Meeresfrüchte in allen Variationen: „Kaviar" (32), „Hummer" (197, 201) „Forelle" (271) etc. Zum Reisefieber: „Man müßte schon nach Afrika." (116). Vgl. auch Gantenbeins Reiseerfahrungen vor seiner „Erblindung": Griechenland, Marokko, Paris, Damaskus, Spanien (42), Enderlins Peru-Sehnsucht, Svobodas Flucht nach Spanien und Frankreich (215) und die Jerusalem-Fixierung des Ich-Erzählers.
⁷ Hans Mayer rezensierte im Erscheinungsjahr des Romans die Gantenbein-Figur als „arbeitslose[], rein genießende[], sogar parasitäre[] Existenz". (L 156, 323)
⁸ Vgl. dazu III, 3 Anm. 31. Gockels Schlußkapitel „Störbare Spiegelungen" (150, 141–151) bietet eine umfangreiche Darstellung der Spiegelthematik.
⁹ Die Tendenz zum Rückzug ist für das Gesamtwerk Frischs kennzeichnend. Grimm/Wellauer über das *Tagebuch 1966–1971*: „Wiederum steht am Schluß des Bandes, steht überhaupt als der Weisheit letzter Schluß, die Einkehr, die Geborgenheit im einfachen Leben, die Idylle im umhegten Raum" (L 40, 201) Daß der Rückzug des Ich-Erzählers im *Gantenbein* über die Einkehr hinaus geht, nämlich zur totalen Verkehrung von Innen und Außen führt, wird schrittweise nachzuweisen sein. Schmitz weist bereits eindeutig in diese Richtung, wenn er über Gantenbein schreibt: „Er lebt in einer zeitfreien ‚Innerlichkeit'." (L 25, 54)
¹⁰ Die Charaktermasken doubeln als Theatermasken. Birmele: „Das Zentralthema bei Frisch ist die Maske." L 148, 111.
¹¹ Obgleich Frisch auf der politischen Bühne der späten 60er Jahre für den demokratischen Sozialismus Partei ergreifen wird, bleibt sein Verhältnis zum politischen Engagement des Schriftstellers prekär. Vgl. dazu Stephan „Onanie des Gewissens"? (1968–1974), L 29, 99–114.
¹² Zum Experiment-Charakter des Frischschen Erzählwerkes insgesamt vgl. White: „Den wirklich experimentellen Roman in Europa schreiben nicht die Mitglieder der Gruppe 47 [...] sondern den experimentellen europäischen Ro-

man schreiben Max Frisch und die französischen Autoren der neuen Welle [.d. h. Robbe-Grillet, Butor, Beckett, Saurraute]." (L 107, 367)

[13] Auch die Jahrhunderte alte Pikaro-Tradition wird von der *Gantenbein*-Forschung mehrfach in die Interpretation miteinbezogen, am ausführlichsten Kraft L 153, 53–61, vgl. auch L 148, 112 und L 25, 45 f.

[14] Vgl. dazu Hanhart L 9, 39. Die erste detaillierte Auseinandersetzung mit dem Thema bietet Cauvin, L 149; siehe auch Schmitz L 25, 35–58 u. Zeller L 58.

[15] Frisch unterhielt zur Entstehungszeit des Romans enge Beziehungen zu Ingeborg Bachmann, die über Heidegger dissertierte. Aus diesem Heidegger-Bezug erwächst laut Petersen Frischs Variantenspiel mit Ich-Entwürfen, der Mensch „in seinem ‚Seinkönnen', in seiner ‚reinen Möglichkeit.'" (L 21, 147) Praktisch aber heißt das: „Es läßt sich immer nur eine Möglichkeit realisieren, und da dies die Tilgung aller anderen Möglichkeiten bedeutet, findet Selbstverwirklichung nicht statt, ‚es geht nicht'." (L 21, 148) (Werkgeschichtlich gesehen präludiert das Variantenspiel des Romans jene „Dramaturgie der Permutation", welche für das spätere Theaterstück *Biografie. Ein Spiel* schließlich konstitutive Bedeutung gewinnen sollte, vgl. L 21, 150 ff.) Zur umfassendsten Darstellung des Heidegger-Einflusses vgl. Kiernan L 14. Zum „geheimen Kierkegaard-Thema" und seinem Modell des *Entweder/Oder* vgl. Gockel L 150, 122–140; doch auch dieses Thema findet „keine Lösung" (L 150, 140), unterstreicht nur einmal mehr den aporetischen Grundcharakter dieses Werkes.

[16] So heißt es etwa über das Jerusalem-Motiv: „‚Jerusalem an einem Freitag' heißt nicht nur am Tag des Kreuzestodes Christi, sondern auch: Jerusalem zur Zeit seines wöchentlichen touristischen Höhepunktes." (L 150, 82) Zu einem möglicherweise komplexeren Bedeutungszusammenhang der Jerusalem-Hermes-Christus-Konstellation siehe unten III, 3.

[17] Vgl. etwa Huyssens Ausführungen über den „Tod des Subjekts" (oben I, Anm. 43) sowie Roland Barthes' Essay „Der Tod des Autors" (1968) und die Deklarationen zum „Tod der Literatur" im *Kursbuch* 15 (1968). Bereits eine der ersten Pressestimmen zum *Gantenbein*-Roman, die Rezension von Bruno Schärer in der NZZ, war ein Kassandra-Ruf auf den Untergang der literarischen Kultur: „So gilt Geschriebenes nur als Negation seiner selbst. Und Geschichten sind nicht da, um unseren Schatz an Erzählungen zu bereichern, sondern um von Geschichten zu befreien. Literatur zielt darauf hin, Literatur überflüssig zu machen." (Nach L 155, 323) Frisch hat in der Tat nach *Gantenbein* keinen Roman mehr geschrieben.

[18] Die Todes-Thematik durchzieht das gesamte Leben und Werk des Autors. Bereits in seinem ersten *Tagebuch* heißt es: „... erst aus dem Nichtsein, das wir ahnen, begreifen wir für Augenblicke, daß wir leben." (GW II, 500) In der Sendung „Apropos Triptychon" des ORF v. 22.10.1982 sagt Frisch: „Ohne Tod würden wir unser Leben nicht wahrnehmen." (Nach L 25, 127 f.) Zwar finden sich in der Forschungsliteratur über Frisch zahlreiche Hinweise auf diese Todesproblematik, jedoch lediglich zwei Artikel wählen sie zum eigentlichen Gegenstand ihrer Gesamtinterpretation. Armin Arnold skizziert in seinem Aufsatz „Näher mein Ich zu Dir: Die Problematik des Alterns, des

Sterbens und des Todes bei Max Frisch" (L 32) die verschiedenen Erscheinungsformen und Entwicklungsstufen dieses Themenkomplexes im Gesamtwerk. Zum zweiten Artikel vgl. unten Anm. 22.

[19] Diese Einbrüche sind Teil jener „Hadesfahrten", die Peter von Matt als „dramatischen Grundriß" mehrerer Frisch-Werke erkannt hat (L 50). Von dem im Jahre 1978 erschienenen Bühnenstück *Triptychon*, dessen Mittelteil im Totenreich spielt, leitet von Matt die Hadesfahrt als Chiffre ab, die er sodann bis in das Frühwerk Frischs zurückverfolgt. Sie findet sich bereits in der 1943 entstandenen „Skizze", in welcher der Ich-Erzähler unter den Schatten der Verstorbenen verweilt. Von Matt zufolge liegt diese Chiffre als „dramatischer Grundriß" mehr oder weniger deutlich erkennbar den Werken *Bin oder die Reise nach Peking, Nun singen sie wieder, Die Chinesische Mauer* und *Biografie* zugrunde, um schließlich im *Triptychon* in ihrer reinen und ursprünglichen Gestalt zutage zu treten. Von Matt berücksichtigt nicht, daß auch gerade Frischs drei große Romane auf diesem „dramatischen Grundriß" aufgebaut sind bzw. daß jeder Roman umfassendere Einbrüche in die mythische Unterwelt aufweist.

[20] Die Lila-Varianten, die Mayer für „unnotwendig" (L 156, 322) hält, gehören zum Archetyp, nicht zum Individuum Lila.

[21] Zu den Liebestod-Phantasien Sterbender vgl. auch oben II, 5 Anm. 49. Enderlins Regression zum uterin-utopischen Ursprung findet sein mythologisches Analogon in der Eingangs-Identifikation mit dem paradiesischen Urliebespaar: „Ich bin Adam und Du bist Eva." (12) In diesem Kontext enthüllt sich Lilas Name als sprechende Vermischung von Lil(ith) und (Ev)a. Lilith war, apokrypher Überlieferung zufolge, Adams erste Frau.

[22] Charles Brenner: *Grundzüge der Psychoanalyse* Frankfurt: Fischer, 1987, S. 103. Zur Theorie des Urvertrauens vgl. Erik Erikson: *Identität und Lebenszyklus*. Frankfurt: Suhrkamp 1973, S. 150 f. Zum Prozeß der ödipalen Regression vgl. auch oben I, 6 und II, 5 und die Theoreme Kleins und Mahlers.

[23] Auch Lüthis Ausführungen über Hofmannsthals neo-romantische Vorstellungen einer Präexistenz als „menschlicher Zustand des magischen Mitteninnenseins" als „antizipierter Weltbesitz" und als „Reich der Worte worin alles Gegenwart" (Lüthi L 18, 149) kommen dem intra-uterinen ‚Zauberreich' des Gantenbeinschen Erzähl-Labyrinths sehr nahe. In die gleiche Richtung weist Schmitz, wenn er schreibt: „Der Inbegriff der Welt ist für Gantenbein [...] das ‚Weib'" (L 25, 53), genauer: Mutterleib.

[24] Roswitha Mueller; „The Mirror and the Vamp" In: *New German Critique* 34, 1985, S. 176–193, dort S. 181 (meine Übersetzung). Mueller analysiert an der zitierten Stelle Ulrike Ottingers Film „Dorian Gray im Spiegel der Boulevard-Presse" im Kontext der Ödipus-Interpretation von Roland Barthes. Den Hinweis auf die matriarchalen Aspekte von Ottingers Film verdanke ich Andreas Timmer.

[25] Vergleicht man den Rückzug des männlichen Ich-Erzählers in diese archetypisch weiblichen Zeit-Räume mit den Entwürfen feministischer Theoretikerinnen, so ergeben sich frappante Parallelen. Waltraud Gölter etwa sieht die weibliche Kreativität v. a. gekennzeichnet durch eine Rückkehr ins Archa-

ische, Ursprüngliche, Nicht-Festgelegte. (W. G.: „Zukunftssüchtige Erinnerung. Aspekte weiblichen Schreibens." In: *Psyche* 37, 1983, S. 642–668). Und Gisela Ecker betont die weibliche Sensibilität für Ahnung, Wahn, Magie und Entgrenzung (G. E. „Poststrukturalismus und feministische Wissenschaft – eine heimliche oder unheimliche Allianz?" In: M 2, S. 15). Die berechtigte feministische Kritik an Frischs phallozentrischer Einbildungskraft (vgl. oben I, 3) wäre zu differenzieren und zu kontrastieren mit Frischs gynozentrischer Imagination. In diesem Kontext vgl. auch Karin Struck: „und trotzdem gelingen ihm seltsam faszinierende Frauenportraits (in den Spiegeln männlicher Augen gebrochen)." (L 55, 11) Es ist wohl kein Zufall, daß es ausschließlich weibliche Interpreten waren (Lusser-Mertelsmann, Bauer, Blair, Kranzbühler), die am weitesten in die psychomythische Mutter-Matrix der Frischschen Romanwelt vorgedrungen sind.

[26] Holthusen ist einer der ersten Kritiker, der auf die Todesperspektive des Ich-Erzählers aufmerksam macht, ohne sie jedoch beim Namen zu nennen, vgl. L 151, 121. Marchand setzt sich schon direkter mit dem Todesaspekt des Romans auseinander: „Wir beobachten ein rundum von Spiegeln umstelltes Ich in dem imaginären Raum seiner Vorstellungen und Erfindungen und dem realen Raum seiner Erfahrung. Beider Räume unübersteigbare Grenze ist der Tod, der die Kreisbewegung auslöst und in den sie wieder einmündet." (L 155, 319) Jedoch erst Gockel geht näher auf die eigentliche Todesproblematik des Romans ein. Das Kapitel „Das Mysterium des Todes und der Zeit" untersucht die Todesbedeutung der Farben, des Spiegel- und Doppelgängermotivs, der Pferdefigur und der Hermesgestalt – es wird auf einzelne Aspekte zurückzukommen sein – und befaßt sich ausführlicher mit dem Verhältnis von Zeitverständnis und Todesverfallenheit.

[27] Zur Bedeutung der Eleusinischen Mysterien vgl. oben II, 5. Der von Roman zu Roman fortschreitende Abstieg in die maternale Unterwelt verleiht der Trilogie insgesamt den Charakter eines Fortsetzungsromans, eines literarischen Triptychons menschlicher Lebens- und Todesstationen. Die folgenden Ausführungen sind eine um den matriarchalen Aspekt erweiterte Version meines Aufsatzes L 154.

[28] Gockel sieht in Heinrich Füsslis „Nachtmahr" das Vorbild zu dieser Pferdekopf-Vision (L 150, 103). Hinzuzufügen wäre der Topos des Totenritts aus der Balladentradition von Bürgers „Lenore" und Goethes „Erlkönig". Nicht nur „trabt" in der Folge-Szene der dem Krankenhaus Entlaufene die Zürcher Straßen „abwärts [...] wie ein Tier..." (14); in der Mitte des Romans kehrt das Motiv des scheuenden Pferdes erneut wieder, diesmal eindeutig assoziiert mit Gantenbein: „Dann schlägt er neuerdings aus, und sei's auch nur mit Worten, irr wie ein Pferd, das ausgerutscht und über sich selbst erschrocken ist." (150) Dieses Bild ist ein letztes Versatzstück des Totenritt-Topos, mit welchem der Ich-Erzähler die Erfahrung des agonalen Aus- und Durchbruchs in eine „andere Welt" chiffriert.

[29] Zu Frisch Konzeption eines „Möglichkeitstheaters" und „Variantenspiels" vgl. den aufschlußreichen Essay von Petersen L 158, 135 et passim. Ein Vorbild für den Jenseits-Charakter des Gantenbeinschen „Möglichkeitsthea-

ters" könnte Sartres Bühnenstück *Bei geschlossenen Türen* (1945) gewesen sein.

30 Dieses Sinnbild hat verschiedenartige und widersprüchliche Interpretationen erfahren. Marchand dechiffriert es als Ausdruck einer Krise in der „Hälfte des Lebens" (L 155, 303), Kraft als Metapher des wahnsinnigen Ausbruchs aus einem „öd gewordenen Leben" (L 153, 24) und für Schmitz repräsentiert es die „Geburt des Schriftstellers." (L 25, 52) Von allen bisherigen Interpretationen kommt Gockels – siehe unten – der Todessymbolik des Spiegelsturzes am nächsten.

31 Die Selbstkonfrontationen des Ich-Erzählers in Spiegelbildern und seine Selbstverwirklichungsversuche als Doppelgänger sind ebenfalls symbolische Manifestationen des Todes. Vgl. dazu Gockel, der diesen Themenkomplex aus den Vorstellungen des Aberglaubens deutet: „Sieht man im Spiegel neben dem seinen ein zweites Gesicht, so wird man bald sterben [...] ein Glaube, der mit der todverkündenden Erscheinung des Doppelgängers zusammenhängt." (L 150, 101) Die Bedeutung dieser Spiegelsymbolik läßt sich ergänzen durch einen Hinweis auf das *Tibetanische Totenbuch*, den wohl berühmtesten Sakraltext, der den Weg des Verstorbenen bis zur Wiedergeburt beschreibt. In diesem Text ist von einem Spiegel die Rede, in welchem der Sterbende sein ganzes Leben noch einmal widergespiegelt findet. *Gantenbein*, ein Helvetisches Totenbuch.

32 Der Motivkomplex Theater-Ausbruch-Traum, welcher bereits für die beiden ersten Romane strukturbildende Bedeutung hatte, findet in diesem Umschlag von Diesseits und Jenseits seine letzte meta-physische Konkretisation. Stillers Lebensmüdigkeit „Schluß mit der Vorstellung" (378) verkehrt sich in Gantenbeins Lebenssehnsucht; „Ich stelle mir vor". Die für die beiden ersten Romane charakteristische Dynamik des Ausbruchs verdichtet sich hier zum fatalen Durchbruch. Und die *Stiller* wie *Faber* wesentlich strukturierende Traumwelt mit ihrem Hang zum „Absoluten", „Utopischen", „Jenseitigen" (vgl. Links, oben I 6, Anm. 53) offenbart sich nun als archetypische Unterwelt. Der ‚homo viator' und ‚homo religiosus' am Ziel seiner Reise?

33 Vgl. L 156, 320; L 148, 110; L 157, 163; L 13, 186; L 10, 85; L 9, 27.

34 Zu Gantenbeins Vortasten ins Metaphysische vgl. auch den letzten Fragebogen aus den *Tagebuch 1966–1971*, dessen 25 Fragen allesamt den Tod ansprechen. Etwa: „Wenn Sie an ein Reich der Toten (Hades) glauben: Beruhigt sie die Vorstellung, daß wir uns alle wiedersehen auf Ewigkeit, oder haben sie deshalb Angst vor dem Tod." (GW VI, 396)

35 Bereits im *Faber* tauchte die Farbe Lila mehrfach als Totenfarbe auf. (Vgl. L 150, 93)

36 Göttner-Abendroth interpretiert die Undine als Nachfahrin der alten Unterweltsgöttin (M 7, 180). Im eigentlichen Text verschwindet das Undine-Motiv, durchzieht jedoch, quasi subterran, als immer wieder auftauchendes Wassermotiv das gesamte Erzählmassiv (siehe unten).

37 Besonders bezeichnend ist jene „Geschichte für Camilla" (224), in der ein Mann seine eigene Todesanzeige liest und schließlich seiner eigenen Beerdigung beiwohnt. (224–231) Zu Camillas klingendem Namen: Er ist Anspielung

an die wohl berühmteste Kokotte der Weltliteratur, die Kameliendame von Alexandre Dumas.

[38] Bachofen über die „hetärische Sumpfnatur" (M 1, 331): „Die Sumpfzeugung ist die wilde Zeugung des Stoffes [...] die älteste Stufe des Mutterrechts." (M 1, 238)

[39] Zu diesem Regressionsprozeß und seinen polymorph perversen Liebes-Tod-Phantasien vgl. auch die zahlreichen Fallstudien in Theweleits *Männerphantasien* (M 17, Bd. I, S. 84, 210 f., 407 et passim Bd. II, S. 184 et passim).

[40] Genauer: „Lady Macbeth in einer Küchenschürze" (198). Dies spiegelt, ironisch gebrochen, die Domestizierung des fruchtbar furchtbar Weiblichen zur fleißigen Hausfrau.

[41] Zu dieser Raumumkehr der Traumfigur vgl. auch die Überlegungen des Ich-Erzählers, während er mit Enderlin in der Flughalle wartet: „Ich versuche irgend etwas zu denken – dieses Liebesinnenleben, offengestanden, ist mir zu langweilig, zu bekannt – zum Beispiel: wie diese Halle konstruiert ist [...] schwungvoll, leicht und schwebend. Schön. Betreffend die Konstruktion: [...] Dreigelenkbogen." (111) Liebesinnenleben, schwingende Innenraum-Architektur: *tertium comparationis* dieser heterogenen Assoziationsbereiche ist die Uterus-Anatomie. Die von der Forschung mehrfach aufgezeigten Bezüge Frischs zu Rilke erscheinen hier metonymisch verdichtet und spiegeln, obgleich durch ihre Verschiebung vom Mystischen ins Technische verfremdet, nichts anderes wider als den Rilkeschen Gestaltungs- und Glaubensgrundsatz einer Umkehr der Räume zum „Schoß ist alles". (Zur Frisch-Rilke-Beziehung vgl. L 90, L 148, L 131. Der Vermittler dieser Wahlverwandtschaft: Bachofen; vgl. dazu Rudolf Krämer „Rilke und Bachofen" in M 8, 250–260.)

[42] Zur archaischen Gleichsetzung von mère/mer im feministischen Diskurs vgl. v. a. Irigarays *Amante marine, de Friedrich Nietzsche*. Paris: Editions de Minuit, 1980.

[43] Die imaginäre Fahrt des Ich-Erzählers nach Nord-Amerika wird komplementiert durch die symbolische Sehnsucht Enderlins nach Süd-Amerika, genauer Peru, welches er Lila als sein Traumland vorstellt: „Peru, sagt er, sei das Land seiner Hoffnung!" (57) – „Peru! Das wurde der Name, den er in der Umarmung als einzigen aussprach." (68) Auch Peru taucht nicht willkürlich im Kaleidoskop der Assoziationen auf, sondern repräsentiert vielmehr jene Küstenkultur Süd-Amerikas, in welcher die mutterrechtliche Grundschicht die herrschende Mythologie geblieben ist. Neumann: „Dort [...] in Peru [...] ist das Große Weibliche als Frau des Mondes ‚die Meeresfrau'." (M 14, 174)

[44] Die Literaturkritik hat mehrfach auf Gantenbeins Teiresias-Rolle und ihre diversen Bedeutungen hingewiesen (vgl. L 5, 136; L 151, 122; L 153, 43), die eigentlichen Erfahrungen Teiresias in der Unterwelt werden jedoch für die Romaninterpretation nicht aktiviert.

[45] Unter anderen hat Schmitz auf diesen Aspekt ausführlicher hingwiesen. Er sieht jedoch die Bedeutung der Christus-Figur für den Roman v. a. in ihrer allgemeinen Eigenschaft als „Inkarnation der ‚Wahrheit'" (L 25, 59). Diesbezüglich heißt es von Gantenbein: „Seine imitatio Christi bleibt unverbindlich und rollenhaft, obgleich der Rollenträger sich mit seiner Rolle identifiziert."

(L 25, 50) Als Resurrektions-Figur gewinnt die Gestalt Christi allerdings für Gantenbein modellhafte Bedeutung.

[46] Assoziativ kommt dieser Erfahrungsbereich erneut zur Sprache, als er sich in der Gestalt Enderlins nach dessen erster Liebesnacht mit Lila die Frage stellt: „Wozu diese Auferstehung? [...] er legte seinen dunklen Abendanzug in den Koffer, faltete ihm die lahmen Ärmel, als wär's eine Leiche" (73). Eine symbolische Grablegung seiner ‚äußeren Hüllen'.

[47] Gockel, der der Jerusalem-Reise Gantenbeins ein ganzes Kapitel gewidmet hat, skizziert genau die Wegstationen (L 150, 71) und schlußfolgert: „Leicht ließe sich von hier die Verbindung zur Todesproblematik des Romans herstellen. Jerusalem als Ort der Erlösung vom Tod durch den Tod." (L 150, 71). Statt dessen konzentriert sich seine Interpretation dann auf die Oberflächenstruktur, Jerusalem im „Kontext touristischer Attraktionen" (L 150, 71)

[48] Zum rituellen Inzest und Opfertod des Muttersohnes im eleusinischen Initiationskult siehe II, 5. Besonders deutlich spiegelt sich dieses archetypische Mysteriengesetz noch in der spätägyptischen Sternzeichen-Symbolik des Dendera-Tierkreises: „Es handelt sich dabei um eine Projektion der matriarchalen Situation der Großen Mutter mit dem geopferten Sohngeliebten an den Himmel." (M 14, 214)

[49] Zusammenfassend heißt es bei Gockel über die Repetition und Transformation religiöser Symbole und Motive: „So ist denn kaum von einer leitmotivischen Verknüpfung der Symbole zu sprechen, eher von einer mit ihr gegebenen offenen Chiffrierung." (L 150, 142) Daß die mythischen Motive – im Zeichen einer diesseits-jenseits verkehrten Welt – durchaus eine Matrix bilden, hat sich gezeigt und wird sich weiter zeigen. Angesichts ihrer kontrafaktorischen Integrationskraft ist eine hermeneutisch umfassendere Mythen-Konzeption vonnöten. Zu denken wäre etwa an das Herdersche Modell der selbstreflexiven Paramythie, welches für die Neue Mythologie-Diskussion der Romantik Bedeutung gewann und auch noch den Diskurs Mythos und Moderne nachhaltig prägt. Vgl. etwa Beda Allemanns „Rilke und der Mythos" In: *Rilke heute*, Zweiter Band: Frankfurt: Suhrkamp, 1976, S. 7–28. Zu den Rilkeschen Stufen des Paramythischen rechnet Allemann u. a. die „Verwandlung ins Unsichtbare" (14), die Mythen-Mischung (11), das Motiv der „leeren Mitte" (15), „Weltinnenraum" (25) und „présence absente" (25).

[50] Wenn etwa Lila ihn am Flughafen empfängt, dann steht er „wie eine Schaufensterpuppe, bis mich ihr Kuß trifft". (75) Und wenn er sie nach ihrer Arbeit am Bühnenausgang erwartet, dann in der starren Haltung einer „Vogelscheuche, grußlos" (89), um die Vorbeigehenden zu täuschen. Dieses chaplineske Gebaren wird noch akzentuiert durch den Blindenstock, mit dem sich der sehende Blinde durchs Leben klöppelt.

[51] Hier konturiert sich nun auch die Pikaro-Gestalt (vgl. oben Anm. 13) als Komplementärfigur zur Hermes-Gestalt. Beide sind sie Vaganten und Identitätsgaukler, und zusammen bilden sie ein schelmisches diesseitig-jenseitiges Doppelgängerpaar, vereint im Wissen, daß die Welt – so oder so – ein eitel Trugbild ist.

[52] Obgleich Hermes es liebt, „unsichtbar zu sein", versteht er es, sich den gan-

zen Roman hindurch dem Leser explizit wie implizit immer wieder in Erinnerung zu rufen. Vgl. 36 f., 71, 135, 194. (Zur großen Bedeutung der Hermes-Figur im Schaffen Frischs vgl. oben II, 5 besonders Anm. 47). – In seinem Theaterstück *Triptychon* wird Frisch das untergründige Zwischenreich der Gantenbeinwelt ins Rampenlicht der Bühne heben. Als gespielte „Szenen im Grenzbereich von Diesseits und Jenseits" (L 21, 177) verlieren sie jedoch den Reiz der Chiffrierung, die sich durch die Kon- und Subtextualität eines Romans am besten verwirklichen läßt. Gantenbeins hermetische Kunst der Kleiderproben wird theatralisch und droht zur Klamotte zu verfallen. (Interessanterweise hatte Frisch zunächst über das Bühnenstück eine Aufführungssperre verhängt.)

53 Analog zum paramythischen Phänomen der Mythen-Verwandlung konturiert sich das parapsychologische Phänomen der Seelenwanderung. Sein Reinkarnationsgedanke ist prä-christlicher Provenienz; als Palingenesie-Erfahrung stand er im Zentrum matriarchaler Mysterienkulte (vgl. M 1, 465 f. et passim) In den synkretistischen Religionen des „New Age" gewinnen palingenetische Vorstellungen zunehmend an Bedeutung. Popularisiert erscheinen sie in den Massenkultfilmen Steven Spielbergs und Wim Wenders' („Der Himmel über Berlin"). Ihre Begegnungen der dritten Art sind durchweg Seelenwanderungen zwischen „outer space" und „inner space", Gratwanderungen auf der „Last Frontier" zwischen Diesseits und Jenseits.

54 Auch der symbolische Spiegelsturz ist, realistisch gesehen, ein Sturz durch die Oberfläche des Wassers. Denn nur im flüssigen Element setzt sich die in ihm spiegelnde „Welt [...] wieder zusammen, als wäre nichts geschehen". (17)

55 Diesen esoterisch mythischen Zusammenhang hatte Frisch bereits in seinem Frühwerk verraten. In *Die Schwierigen* heißt es: „Er sah die [...] Ferne, das Gefälle zum Meer, zum grenzenlos Weiten, Gefälle zur Mutter, er wußte nicht, daß es die Mutter war." (GW I, 584) Seit Faber gewinnt die muttermythische Meeres-Metapher des „gremium matris terrae" zunehmend an Bedeutung. So werden die Tropen Guatemalas mehrfach als ein „vorsintflutliches" (36) „uferlos[es] ... Ozean-Dickicht" (43) assoziiert.

56 Zu einer existentialistischen Interpretation dieser Schlußszene vgl. L 14, 206–210. Zu einer Nietzscheschen Deutung im Sinne des „großen Mittag" (vgl. L 25, 66).

57 „Flötentöne", „Schlangenhitze" und „September" sind letzte topische Nachklänge an die Symbolwelt der eleusinischen Initiation (vgl. II, 5).

IV. LITERATURVERZEICHNIS

Zitate aus *Stiller, Homo faber* und *Mein Name sei Gantenbein* werden durch einfache Zahlen in Klammern nachgewiesen. Als Grundlage dienen die gängigen Suhrkamp-Ausgaben st 105, st 354 und st 286. Zitate aus anderen Veröffentlichungen Frischs sind der siebenbändigen Ausgabe *Gesammelte Werke* (1931–1985), hrsg. von Hans Mayer und Walter Schmitz (Suhrkamp 1986) entnommen und werden durch das Abkürzungszeichen GW nachgewiesen. Das vielfach zitierte *Tagebuch 1946–1949* wird als *Tagebuch* ausgewiesen.

Im folgenden ist die Sekundärliteratur zu den drei Frisch-Romanen verzeichnet, auf die in der Darstellung Bezug genommen wird, und zwar unter Hinweis auf das hier angeführte Abkürzungszeichen L. Essays, die mehrfach in Materialienbände aufgenommen wurden, werden nach ihrem letzten Nachdruck zitiert. Es folgt ein Verzeichnis der zitierten Werke zum Themenkomplex Matriarchat unter dem Abkürzungszeichen M. Andere Literatur wird in den Anmerkungen aufgeschlüsselt. Von den weiterführenden Bibliographien zu den Romanen sind v. a. die kommentierten Literaturverzeichnisse der folgenden Werke aufschlußreich: L 16, L 26, L 140.

A. Materialienbände und werkübergreifende Monographien

L 1 – Arnold, Heinz Ludwig (Hrsg.): *Max Frisch: Text und Kritik* 47/48 München: Text und Kritik,³ 1983.

L 2 – Baden, Hans Jürgen: *Der Mensch ohne Partner. Das Menschenbild in den Romanen von Max Frisch*. Wuppertal-Barmen: Jungdienst, 1966.

L 3 – Bänziger, Hans: *Frisch und Dürrenmatt*: Bern: Francke, 1976.

L 4 – Beckermann, Thomas (Hrsg.): *Über Max Frisch*. Frankfurt: Suhrkamp, 1971.

L 5 – Butler, Michael: *The Novels of Max Frisch*. London: Wolff, 1976.

L 6 – Dahms, Erna: *Zeit und Zeiterlebnis in den Werken Max Frischs. Bedeutung und technische Darstellung*. Berlin: de Gruyter, 1976.

L 7 – Egger, Richard: *Der Leser im Dilemma. Die Leserolle in Max Frischs Romanen ‚Stiller‘, ‚Homo faber‘ und ‚Mein Name sei Gantenbein‘*. Frankfurt-Bern: Lang, 1986.

L 8 – Hage, Volker: *Max Frisch*. Reinbek: Rowohlt, 1983 (Bildmonographie).

L 9 – Hanhart, Tildy: *Max Frisch: Zufall, Rolle und literarische Form. Interpretationen zu seinem neueren Werk*. Kronberg: Scriptor, 1976.

L 10 – Heidenreich, Sybille: *Max Frisch – Mein Name sei Gantenbein, Montauk, Stiller, Untersuchungen und Anmerkungen*. Hollfeld: Beyer, 1976.

L 11 – Hoffmann, Frank: *Der Kitsch bei Max Frisch. Vorgeformte Realitätsvo-*

kabeln. *Eine Kitschtopographie.* Bad Honnef: Keimer, Zürich, Hebraker 1979.

L 12 – Jurgensen, Manfred (Hrsg.): *Frisch. Kritik – Thesen – Analysen. Beiträge zum 65. Geburtstag.* Bern: Francke, 1977.

L 13 – Jurgensen, Manfred: *Max Frisch. Die Romane.* Bern: Francke, 1976.

L 14 – Kiernan, Doris: *Existenziale Themen bei Max Frisch. Die Existenzphilosophie Martin Heideggers in den Romanen ‚Stiller', ‚Homo faber', und ‚Mein Name sei Gantenbein'.* Berlin: de Gruyter, 1978.

L 15 – Kieser, Rolf: *Das literarische Tagebuch.* Frauenfeld: Huber, 1975.

L 16 – Knapp, Gerhard (Hrsg.) *Max Frisch. Aspekte des Prosawerks.* Frankfurt – Bern: Lang, 1978.

L 17 – Lusser-Mertelsmann, Gunda: *Max Frisch. Die Identitätsproblematik in seinem Werk aus psychoanalytischer Sicht.* Stuttgart: Heinz, 1976.

L 18 – Lüthi, Hans Jürg: *Max Frisch. „Du sollst Dir kein Bildnis machen."* München: Francke, 1981 (UTB 1085).

L 19 – Merrifield, Doris Fulda: *Das Bild der Frau bei Max Frisch.* Freiburg; Becksmann, 1971.

L 20 – Pender, Malcolm: *Max Frisch. His Work and its Swiss Background.* Stuttgart: Heinz, 1979.

L 21 – Petersen, Jürgen: *Max Frisch.* Stuttgart: Metzler, 1978

L 22 – Probst, Gerhard / Bodine, Jay (Hrsg.): *Perspectives on Max Frisch.* Kentucky: University Press, 1982.

L 23 – Schau, Albrecht (Hrsg.) *Max Frisch. Beiträge zur Wirkungsgeschichte.* Freiburg: Becksmann, 1971.

L 24 – Schmitz, Walter (Hrsg.): *Über Max Frisch II.* Frankfurt: Suhrkamp, 1976.

L 25 – Schmitz, Walter: *Max Frisch: Das Spätwerk (1962–1982). Eine Einführung.* Tübingen: Francke, 1985 (UTB 1351).

L 26 – Schmitz, Walter (Hrsg.): *Max Frisch. Materialien.* Frankfurt: Suhrkamp, 1987.

L 27 – Schuchmann, Manfred E.: *Der Autor als Zeitgenosse. Gesellschaftliche Aspekte in Max Frischs Werk.* Bern: Lang, 1979.

L 28 – Schuhmacher, Klaus: *‚Weil es geschehen ist. Untersuchungen zu Max Frischs Poetik der Geschichte.* Königstein: Hain, 1979.

L 29 – Stephan, Alexander: *Max Frisch* (Autorenbücher). München: Beck, 1983.

L 30 – Weisstein, Ulrich: *Max Frisch.* New York: Twayne, 1967.

L 31 – Wintsch-Spiess, Monika: *Zum Problem der Identität im Werk Max Frischs.* Zürich: Juris, 1965.

B. Allgemeine Beiträge in Zeitschriften und Sammelbänden

L 32 – Arnold, Armin: „Näher mein Ich zu Dir: Die Problematik des Alterns, des Sterbens und des Todes bei Max Frisch." In: L 16, 249–266.

L 33 – Brummack, Jürgen: „Max Frisch und Kierkegaard." In: *Text und Kritik*, 1978. S. 388–400.

L 34 – Butler, Michael: „Das Problem der Exzentrizität in den Romanen". In: L 1, 13–26.

L 35 – Cunliffe, William Gordon: „Existentialist Elements in Frisch's Works." In: *Monatshefte* 62, 1970, S. 113–122.

L 36 – Cunliffe, William Gordon: „Die Kunst, ohne Geschichte abzuschwimmen. Existentialistisches Strukturprinzip in ‚Stiller', ‚Homo faber' und ‚Mein Name sei Gantenbein'." In: L 16, 103–122.

L 37 – Elm, Theo: „Schreiben im Zitat. Max Frischs Poetik des Vorurteils." In: *Zeitschrift für deutsche Philologie* 103, 1984, S. 225–243.

L 38 – Emmel, Hildegard: „Parodie und Konvention: Max Frisch." In: H. E. *Das Gericht in der deutschen Literatur des 20. Jahrhunderts*. Bern: Francke, 1963, S. 120–150.

L 39 – Gontrum, Peter: „Max Frisch and the Theatre of Bertolt Brecht." In: *German Life and Letters* 33, 1979/80, S. 162–171.

L 40 – Grimm, Reinhold/Wellauer, Carolyn: „Max Frisch. Mosaik eines Statikers." In: Hans Wagener (Hrsg.) *Zeitkritische Romane des 20. Jahrhunderts*. Stuttgart: Reclam 1975, S. 276–300. Gekürzt und modifiziert in L 16, 191–204.

L 41 – Henningsen, Jürgen: „‚Jeder Mensch erfindet sich eine Geschichte.' Max Frisch und die Autobiographie." In: *Literatur in Wissenschaft und Unterricht* 4, 1971, S. 167–176.

L 42 – Hillen, Gerd: „Reisemotive in den Romanen von Max Frisch." In: *Wirkendes Wort* 19, 1969, S. 126–133.

L 43 – Hinderer, Walter: „Ein Gefühl der Fremde. Amerikaperspektiven bei Max Frisch." In: S. Bauschinger, W. Denkler, W. Malsch (Hrsg.) *Amerika in der deutschen Literatur. Neue Welt – Nordamerika – USA*. Stuttgart: Reclam 1975, S. 353–367. Gekürzt auch in L 99, 297–307.

L 44 – Ingold, Felix: „Schwierigkeiten mit dem Vaterland." In: *Schweizer Monatshefte* 54, 1974, S. 659–668.

L 45 – Kieser, Rolf: „Frisch und Brecht. Aus dem Tagebuch einer Begegnung." In: *Revue d'Allemagne* 11, 1979, S. 86–99.

L 46 – Kieser, Rolf: „Poetische Utopie und die Mühen der Ebene. Private und gesellschaftliche Aufzeichnungen bei Brecht und Max Frisch." In: Reinhold Grimm/Jost Hermand (Hrsg.) *Vom Anderen und vom Selbst*. Königstein: Athenäum, 1982, S. 116–132.

L 47 – Knapp, Mona: „Eine Frau, aber mehr als das, eine Persönlichkeit, aber mehr als das: eine Frau: Kritische Anmerkungen zur Gestaltung der Frau in Frischtexten." In: Gerhard Knapp (Hrsg.): *Aspekte des Bühnenwerks*. Bern: Lang, 1979, S. 73–106. Auch in Susan L Cocalis/Kay Goodman (Hrsg.): *Beyond the Eternal Feminine*. Stuttgart: Heinz, 1982, S. 261–290.

L 48 – Knopf, Jan: „Verlust der Unmittelbarkeit. Über Max Frisch und die ‚Neue Subjektivität.'" In: *Orbis Litterarum* 34, 1979, S. 146–149.

L 49 – Lusser-Mertelsmann, Gunda: „Geschlechterproblematik und Identität im Werk Max Frischs." In: J. Cremerius (Hrsg.): *Psychoanalytische Textinterpretation*. Hamburg: Hoffmann und Campe, 1974, S. 181–207.

L 50 – von Matt, Peter: „Max Frischs mehrfache Hadesfahrten." In: *Neue Rundschau*, H. 4, S. 599–605.

L 51 – Mauranges, Jean Paul: „L'image de l'Amerique chez Max Frisch." In: *Recherches Germaniques* 7, 1977, S. 173–196.

L 52 – Mayer, Sigrid: „Zur Funktion der Amerikakomponente im Erzählwerk Max Frischs." In: L 16, 205–235.

L 53 – Musgrave, Marian E.: „The Evolution of the Black Character in the Works of Max Frisch." In: *Monatshefte* 66, 1974, S. 117–122. Deutsch in: L 99, 201–208.

L 54 – Musgrave, Marian E.: „Frisch's ‚Continuum' of Women, Domestic and Foreign." In: L 22, 109–118.

L 55 – Struck, Karin: „Der Schriftsteller und die Frauen." In L 26, 11–16.

L 56 – Tabah, Mireille: „La critique du langage et ses aspects formels dans les romans de Max Frisch." In: *Etudes Germaniques* 35/2, 1980, S. 163–175.

L 57 – Völker-Hezel, Barbara: „Fron und Erfüllung. Zum Problem der Arbeit bei Max Frisch." In: *Revue des Langues Vivantes* 37, 1971, S. 7–43.

L 58 – Zeller, Rosemarie: „Strukturen des Nouveau Roman in zeitgenössischen Romanen (M. Frisch, P. Handke, O. F. Walter)." In: Zoran Konstantinovic (Hrsg.) *Evolution of the Novel*. Universität Innsbruck 1982, S. 179–185.

C. Auswahlbibliographie zu *Stiller*

L 59 – Arnold, Heinz Ludwig (Hrsg.): *Gespräche mit Schriftstellern*. München: Beck 1975.

L 60 – Böschenstein, Hermann: „Stiller – ein neuer Menschentyp." In: H. B. *Der neue Mensch. Die Biographie im deutschen Nachkriegsroman*. Heidelberg: Rothe, 1958. Auch in L 99, 173–180.

L 61 – Braun, Karlheinz: „Die Tagebuchform in Max Frischs ‚Stiller'." In: L 99, 95–101.

L 62 – Braun, Karlheinz: „Max Frischs ‚Stiller': Sprache und Stil – Zwei Beispielanalysen." In: L 99, 39–51.

L 63 – Braun, Karlheinz: „Der Erzähler in Max Frischs ‚Stiller'." In: L 99, 83–94.

L 64 – Braun, Karlheinz: „Die vertikale und horizontale Gliederung der Geschichte in Max Frischs Roman ‚Stiller'." In: L 99, 135–140.

L 65 – Brummack, Jürgen: „White, Stiller und die anderen. Frischs ‚Stiller' von Sartre aus." In: Björn Ehmann (Hrsg.) *Literatur und Philosophie* München: Finck, 1983, S. 141–163.

L 66 – Butler, Michael: „Die Funktion von Stillers Geschichten: Isidor." In: L 99, 140–143.

L 67 – Butler, Michael: „Rolf: Die Zweideutigkeit der Ordnung." In: L 99, 195–200.

L 68 – Demetz, Peter: „Das Schweizer Establishment und Anatol Ludwig Stiller." In: P. D. *Die süße Anarchie. Skizzen zur deutschen Literatur seit 1945*. Frankfurt: Ullstein, 1973, S. 15–18. Auch in L 99, 271–274.

L 69 – Dürrenmatt, Friedrich: „,Stiller', Roman von Max Frisch, Fragment einer Kritik." In: L 99, 76–83.

L 70 – Fickert, Kurt: „The American Character James Larkin White in Max Frisch's ,Stiller'." In: *Monatshefte* 79, 1987, S. 478–485.

L 71 – Frühwald, Wolfgang: „Parodie der Tradition. Das Problem literarischer Originalität in Max Frischs Roman ,Stiller'." In: L 99, 256–268.

L 72 – Gontrum, Peter: „The Legend of Rip van Winkle in Max Frisch's ,Stiller'." In: *Studies in Swiss Literature*. Brisbane, 1971, S. 97–102. Deutsch in L 99, 158–165.

L 73 – Harris, Kathleen: „,Stiller' (Max Frisch): Ich oder Nicht-Ich." In: *German Quarterly* 41, 1968, S. 689–697. Gekürzt auch in: L 99, 217–220 u. d. Titel „Die Kierkegaard-Quelle zum Roman ,Stiller'."

L 74 – Holmgren, Holger Stig: „Kierkegaard und Max Frischs Roman ,Stiller'. Ein Kommentar zu einer Diskussion." In: *Orbis Litterarum* 36, 1981, 53–75.

L 75 – Jens, Walter: „Erzählungen des Anatol Ludwig Stiller." Suhrkamp Texte 5, 1961, S. 50–57. Auch in L 4, 16–23 und in L 99, 69–75.

L 76 – Joergen, Kjaer: „Max Frisch, Theorie und Praxis." In: *Orbis Litterarum* 27, 1972, S. 264–295.

L 77 – Karmasin, Helene / Schmitz, Walter / Wünsch, Marianne: „Kritiker und Leser: Eine empirische Untersuchung zur ,Stiller'-Rezeption." In: L 99, 493–537.

L 78 – Kieser, Rolf: „Das Tagebuch als äußere Struktur: ,Stiller'." In: L 99, 126–132.

L 79 – Köpke, Wulf: „Max Frischs ,Stiller' als ,Zauberberg'- Parodie." In: *Wirkendes Wort* 27, 1977, S. 159–170. Auch in L 22, 79–92.

L 80 – Kohlschmidt, Werner: „Selbstrechenschaft und Schuldbewußtsein im Menschenbild der Gegenwartsliteratur. Eine Interpretation des ,Stiller' von Max Frisch und der ,Panne' von Friedrich Dürrenmatt." In: Albrecht Schaefer (Hrsg.): *Das Menschenbild in der Dichtung*, München: Beck, 1965, S. 174–193. Auch in: L 23, 36–46 und in L 99, 180–194.

L 81 – Konstantinovic, Zoran: „Die Schuld an der Frau. Ein Beitrag zur Thematologie der Werke von Max Frisch." In: L 12, 145–156.

L 82 – Links, Roland: „Nachwort" In: Max Frisch *Stiller* Berlin DDR: Volk und Welt, 1975, S. 539–564. Auch in: L 99, 320–338.

L 83 – Lusser-Mertelsmann, Gunda: „Die Höhlengeschichte als symbolische Darstellung der Wiedergeburt." In: L 99, 165–172.

L 84 – Lusser-Mertelsmann, Gunda: „Selbstflucht und Selbstsuche. Das ,Psychoanalytische' in Frischs ,Stiller'." In: L 99, 594–616.

L 85 – Manger, Philipp: „Kierkegaard in Max Frisch's Novel ,Stiller'." In: *German Life and Letters* 20, 1966/67, S. 119–131. Deutsch: L 99, 220–237.

L 86 – Marti, Kurt: „Das zweite Gebot im ,Stiller' von Max Frisch." In: Kirchenblatt für die reformierte Schweiz, 113, 1957, S. 371–375. Auch in L 99, 211–216.

L 87 – Marti, Kurt: „Das Bildnis und die Schweiz." In: K. M.: *Die Schweiz und ihre Schriftsteller – die Schriftsteller und ihre Schweiz.* Zürich: EVZ Verlag, 1966, 75–76. Auch in L 99, 269–270.

L 88 – Mayer, Hans: „Anmerkungen zu ‚Stiller'." In: H. M.: *Dürrenmatt und Frisch.* Pfullingen: Neske, 1963, S. 38–54. Auch in: L 4, 24–42 und in L 99, 238–255.

L 89 – Naumann, Helmut: *Der Fall Stiller. Antwort auf eine Herausforderung.* Schäuble 1978.

L 90 – Naumann, Helmut: „Rilkes Einfluß auf Frischs ‚Stiller'." In: *Wirkendes Wort* 3, 1981, S. 133–151.

L 91 – Pender, Malcolm: „The Role of the ‚Staatsanwalt' in Max Frisch's ‚Stiller'." In: *German Life and Letters* 32, 1979.

L 92 – Petersen, Jürgen: „Max Frisch: ‚Stiller' (1954)." In: P. M. Lützeler (Hrsg.) *Deutsche Romane des 20. Jahrhunderts. Neue Interpretationen* Königstein: Athenäum, 1983, S. 296–308.

L 93 – Pfanner, Helmut: „Stiller und das ‚Faustische' bei Max Frisch." In: *Orbis Litterarum* 24, 1969, Heft 3, S. 201–215, auch in: L 23, 47–58.

L 94 – Pickar, Gertrud Bauer: „Kann man schreiben, ohne eine Rolle zu spielen? Zur Problematik des fingierten Erzählers im ‚Stiller'." In: L 16, 77–102.

L 95 – Poser, Therese: *Max Frischs ‚Stiller'. Interpretationen.* München: Oldenbourg, 1977.

L 96 – Reich-Ranicki, Marcel: „Über den Romancier Max Frisch." In: *Neue Rundschau* 74, 1963, S. 272–284. Auch in: L 99, 307–319.

L 97 – Saalmann, Dieter: „Die Funktion des Jugendstil-Motivs in Max Frischs Roman ‚Stiller'." In: *Zeitschrift für deutsche Philologie*, 98, 1979, S. 577–592.

L 98 – Schimanski, Klaus: „Der Konflikt zwischen Individuum und Gesellschaft in Max Frischs ‚Stiller'." In: K. S.: Max Frisch. Heldengestaltung und Wirklichkeitsdarstellung in seinem Werk. Leipzig: Karl Marx Universität, Diss. 1972, S. 111–117. Auch in: L 99, 275–282.

L 99 – Schmitz, Walter (Hrsg.): *Materialien zu Max Frischs ‚Stiller'.* Zwei Bände. Frankfurt: Suhrkamp, 1978.

L 100 – Schmitz, Walter: „Die Wirklichkeit der Literatur: Über den Roman ‚Stiller' von Max Frisch." In: L 99, 11–25.

L 101 – Schmitz, Walter: „Zur Entstehung von Max Frischs Roman ‚Stiller.'" In: L 99, 29–34.

L 102 – Stauffacher, Werner: „Langage et mystere. A propos des derniers romans de Max Frisch." In: *Etudes Germaniques* 20, 1965, S. 331–345. Auch in: L 23, 338–349 (gekürzt) und in Deutsch als „Sprache und Geheimnis" In: L 99, 52–68.

L 103 – Steinmetz, Horst: „Roman als Tagebuch: ‚Stiller'." In: L 99, 102–125.

L 104 – Sterba, Wendy/Müller-Salget, Klaus: „What about Julika? Anmerkungen zu Max Frischs ‚Stiller'." In: *Zeitschrift für deutsche Philologie* 106, 1987, S. 577–591.

L 105 – Stine, Linda: „Chinesische Träume – amerikanische Märchen: Märchenelemente in Bin und Stiller." In L 16, 37–52.
L 106 – Weisstein, Ulrich: „The Quest for Identity." In: L 30, 48–63. Deutsch: „‚Stiller‘: Die Suche nach Identität." In: L 24, 245–265.
L 107 – White, Andrew: „Max Frisch's ‚Stiller‘ as a Novel of Alienation and the ‚nouveau roman‘." In: *Arcadia* 2, 1967, S. 288–304. Deutsch: „Die Labyrinthe der modernen Prosadichtung. Max Frischs ‚Stiller‘ als Roman der ‚Entfremdung‘ und der ‚Nouveau roman‘." In: L 99, 356–376.
L 108 – Wünsch, Marianne: „‚Stiller‘: Versuch einer strukturalen Lektüre." In: L 99, 541–593.

D. Auswahlbibliographie zu *Homo faber*

L 109 – Bauer, Conny: „Max Frischs ‚Homo faber‘, Versuch einer psychoanalytischen Auslegung." In: *Text und Kontext* 11, 1983, S. 324–340.
L 110 – Bicknese, Günther: „Zur Rolle Amerikas in Max Frischs ‚Homo faber‘." In: *German Quarterly* 42, 1969, S. 52–64.
L 111 – Blair, Rhonda L.: „‚Homo faber‘ homo ludens und das Demeter- Kore-Motiv." In: L 140, 142–170. Zuerst englisch in: *Germanic Review* 56, 1981, S. 140–150.
L 112 – Blair, Rhonda L.: „Archetypal Imagery in Max Frisch's ‚Homo faber‘: The Wise Old Man and the Shadow." In: *Germanic Review* 59, 1984, S. 104–108.
L 113 – Bradley, Brigitte L: „Max Frisch's ‚Homo faber‘. Theme and Structural Devices." In: *Germanic Review* 41, 1966, S. 279–290.
L 114 – Butler, Michael: „The Dislocated Environment: The Theme of Itinerancy in Max Frisch's ‚Homo faber‘." In: *New German Studies* 4/3, 1976, S. 101–118.
L 115 – Friedrich, Gerhard: „Die Rolle der Hanna Piper. Ein Beitrag zur Interpretation von Max Frischs Roman ‚Homo faber‘." In: *Studia Neophilologica* 49, 1977, S. 101–117.
L 116 – Geulen, Hans: *Max Frischs ‚Homo faber‘*. Berlin: de Gruyter, 1965.
L 117 – Haberkamm, Klaus: „‚Il etait un petit navire‘. Anmerkungen zur Schiffsmotivik in Max Frischs ‚Homo faber‘." In: *Duitse Kroniek* 29, 1977, S. 5–26.
L 118 – Haberkamm, Klaus: „Einfall – Vorfall – Zufall. Max Frischs ‚Homo faber‘ als ‚Geschichte von außen‘." In: *Modern Language Notes* 97, 1982, S. 713–744.
L 119 – Hasters, Heima: „Das Kamera-Auge des Homo faber." In: *Diskussion Deutsch* 9, 1978, S. 375–387.
L 120 – Henze, Walter: „Die Erzählhaltungen in Max Frischs Roman ‚Homo faber‘." In: *Wirkendes Wort* 11, 1961, S. 278–289. Auch in L 23, 66–179.
L 121 – van Ingen, Ferdinand: „Max Frischs ‚Homo faber‘ zwischen Technik und Mythologie." In: *Amsterdamer Beiträge zur neueren Germanistik* 2, 1973, S. 63–81.

L 122 – Kaiser, Gerhard: „Max Frischs ‚Homo faber'." In: *Schweizer Monatshefte* 38, 1958/59. S. 841–852. Auch in: L 23, 80–89 und in L 24, 266–280.

L 123 – Knapp, Mona: „Der ‚Techniker' Walter Faber. Zu einem kritischen Mißverständnis." In: *Germanic Notes* 8, 1977, S. 20–23.

L 124 – Knapp, Mona: „Moderner Ödipus oder blinder Anpasser? Anmerkungen zum ‚Homo faber' aus feministischer Sicht." In: L 140, 188–207.

L 125 – Kranzbühler, Bettina: „Mythenmontage im ‚Homo faber'." In: L 26, 214–224.

L 126 – Latta, Alan D.: „Die Verwandlung des Lebens in eine Allegorie. Eine Lektüre von Max Frischs Roman ‚Homo faber'." In: *Germanic Review* 54, 1979, S. 152–159. Deutsch in L 140, 79–100.

L 127 – Latta, Alan D.: „The Nature and Variety of Signifying Elements in Max Frisch's Novel ‚Homo faber': An Approach." In: *Germanic Review* 64, 1989, S. 146–157.

L 128 – Lehmann, Werner: „Mythologische Vexierspiele. Zu einer Kompositionstechnik bei Büchner, Döblin, Camus und Frisch." In: U. Fülleborn/I. Krogoll (Hrsg.) *Studien zur deutschen Literatur.* Festschrift für Adolf Beck. Heidelberg: Winter, 1979, S. 74–224. Zum *Faber* 194–201.

L 129 – Lehn, Jörg: „Die veränderte Chronologie in Max Frischs ‚Homo faber'. Ein Vergleich zwischen Original- Werk- und Taschenbuchausgabe." In: *Literatur in Wissenschaft und Unterricht* 16, 1983, S. 19–23.

L 130 – Lenzen, Barbara: „,Homo faber' – Einmal anders betrachtet. Anmerkungen zum Bild der Frau in Max Frischs Roman." In: *DU* 38, 1986, S. 23–34.

L 131 – Lubich, Frederick A.: „,Homo fabers' hermetische Initiation in die Eleusinisch-Orphischen Mysterien." In: *Euphorion* 80, 1986, S. 297–318.

L 132 – Mauser, Wolfram: „Max Frischs ‚Homo faber'." In: J. Cremerius et al. (Hrsg.) *Freiburger literaturpsychologische Gespräche* Bern: Lang, 1981, S. 79–95.

L 133 – Meurer, Reinhard: *Max Frisch. ‚Homo faber'. Interpretation.* München: Oldenbourg, 1977.

L 134 – Müller, Gerd: „Europa und Amerika im Werk Max Frischs. Eine Interpretation des Berichts ‚Homo faber'." In: *Moderna Sprak* 1968, S. 395–399.

L 135 – Müller, Klaus-Detlef: „Der Zufall im Roman: Anmerkungen zur erzähltechnischen Bedeutung der Kontingenz." In: *Germanisch-Romanische Monatsschrift* N. F. 28, 1978, S. 265–290.

L 136 – Müller-Salget, Klaus: *Erläuterungen zu Homo faber.* Stuttgart: Reclam, 1987.

L 137 – Pütz, Peter: „Das Übliche und das Plötzliche. Über Technik und Zufall im ‚Homo faber'." In: L 16, 123–130. Auch in: L 140, 133–141.

L 138 – Roisch, Ursula: „Max Frischs Auffassung vom Einfluß der Technik auf den Menschen – nachgewiesen am Roman ‚Homo faber'." In: *Weimarer Beiträge* 13, 1967. Auch in L 4, 84–109 und in L 23, 90–106.

L 139 – Schmitz, Walter: *Max Frisch, ‚Homo faber'. Materialien, Kommentar.* München: Hauser, 1977, (2. verb. Auflage 1982).

L 140 – Schmitz, Walter (Hrsg.): *Frischs ‚Homo faber'. Materialien*. Frankfurt: Suhrkamp, 1983.

L 141 – Schmitz, Walter: „Max Frischs ‚Homo faber' und die Literatur des technischen Zeitalters: Materialien zu einer Tradition." In: L 140, 15–62.

L 142 – Schmitz, Walter: „Die Entstehung von ‚Homo faber'. Ein Bericht." In: L 140, 63–78.

L 143 – Schmitz, Walter: „Max Frischs Roman ‚Homo faber'. Eine Interpretation." In: L 140, 208–239.

L 144 – Schürer, Ernst: „Zur Interpretation von Max Frischs ‚Homo faber'." In: *Monatshefte* 59, 1967, S. 330–343.

L 145 – Viehoff, Reinhold: „Max Frischs ‚Homo faber' in der zeitgenössischen Literaturkritik der ausgehenden fünfziger Jahre. Analyse und Dokumentation." In: L 140, 243–289.

L 146 – Weidmann, Brigitte: „Wirklichkeit und Erinnerung in Max Frischs ‚Homo faber'." In: *Schweizer Monatshefte* 44, 1964/65, S. 445–456.

E. Auswahlbibliographie zu *Mein Name sei Gantenbein*

L 147 – Baumgart, Reinhard: „Othello als Hamlet." In: *Der Spiegel*, 2.9.1964. Auch in: L 4, 192–197.

L 148 – Birmele, Jutta: „Anmerkungen zu Max Frischs Roman ‚Mein Name sei Gantenbein'." In: L 23, 107–112.

L 149 – Cauvin, Marius: „Max Frisch, l'absolu et le ‚nouveau roman'." In: *Etudes Germaniques* 22, 1967, S. 93–98. Deutsch: „Max Frisch, das Absolute und der ‚nouveau roman'." In: L 24, 335–344.

L 150 – Gockel, Heinz: *Max Frisch: Gantenbein. Das offen-artistische Erzählen*. Bonn: Bouvier, 1976.

L 151 – Holthusen, Hans Egon: „Ein Mann von fünfzig Jahren." In: *Merkur*, 1964, S. 1073–1077. Auch in: L 23, 121–125.

L 152 – Kähler, Hermann: „Max Frischs ‚Gantenbein'-Roman." In: *Sinn und Form* 1965, S. 299–303. Auch in L 4, 198–204.

L 153 – Kraft, Martin: *Studien zur Thematik von Max Frischs Roman ‚Mein Name sei Gantenbein'*. Bern: Lang, 1969.

L 154 – Lubich, Frederick A.: „Todeserfahrung und Lebensentwurf in Max Frischs ‚Mein Name sei Gantenbein'." In: *Seminar* 25, Heft 2, 1989, S. 147–166.

L 155 – Marchand, Wolf R.: „Max Frisch, ‚Mein Name sei Gantenbein'." In: *Zeitschrift für deutsche Philologie* 87, 1968, S. 510–535. Auch in: L 4 und in L 26, 295–324.

L 156 – Mayer, Hans: „Mögliche Ansichten über Herrn Gantenbein. Anmerkungen zu Max Frischs neuem Roman." In: *die Zeit* 18.9.64. Auch in: L 24, 314–324.

L 157 – Merrifield, Doris Fulda: „Max Frischs ‚Mein Name sei Gantenbein': Versuch einer Strukturanalyse." In: L 23, 162–171.

L 158 – Petersen, Jürgen H.: „Wirklichkeit, Möglichkeit und Fiktion in Max Frischs Roman ‚Mein Name sei Gantenbein'." In: L 16, 131–156.

L 159 – Probst, Gerhard F.: „Three Levels of Image Making in Frisch's ‚Mein Name sei Gantenbein'." In: L 22, 154–165.

L 160 – Reich-Ranicki, Marcel: „Plädoyer für Max Frisch – Zu dem Roman ‚Mein Name sei Gantenbein' und Hans Mayers Kritik." In: L 24, 325–334.

L 161 – Reich-Ranicki, Marcel: „Der Romancier Max Frisch." In: M. R. R.: *Deutsche Literatur in West und Ost – Prosa seit 1945*. München: Piper, 1966.

F. Auswahl der zitierten Werke zum Themenkomplex Matriarchat

M 1 – Bachofen, Johann Jakob: *Das Mutterrecht*. In: *Gesammelte Werke*, 2. Band, 1. Hälfte S. 1–529 und 3. Band, 2. Hälfte, S. 535–1177. Basel: Schwabe, 1948.

M 2 – Berger, Renate et al. (Hrsg.): „*Frauen, Weiblichkeit, Schrift.*" Argument Sonderband AS 135, Berlin 1985.

M 3 – Bohrer, Karl Heinz (Hrsg.): *Mythos und Moderne*. Frankfurt: Suhrkamp, 1983.

M 4 – Bovenschen, Silvia: *Die imaginierte Weiblichkeit. Exemplarische Untersuchungen zu kulturgeschichtlichen und literarischen Präsentationsformen des Weiblichen*. Frankfurt: Suhrkamp, 1979.

M 5 – Cavendish, Richard (Hrsg.): *Mythology. An Illustrated Encyclopedia*. New York: Rizzoli, 1980.

M 6 – Göttner-Abendroth, Heide: *Die Göttin und ihr Heros. Die matriarchalen Religionen in Mythos, Märchen und Dichtung*. Frauenoffensive 1980.

M 7 – Göttner-Abendroth, Heide: *Die tanzende Göttin. Prinzipien einer matriarchalen Ästhetik*. München: Frauenoffensive 1982, Überarb. u. erweit. '84.

M 8 – Heinrichs, Hans-Jürgen: *Materialien zu Bachofens ‚Das Mutterrecht' Frankfurt: Suhrkamp, 1975.*

M 9 – *Jung, Carl G./Kerényi, Karl: Das göttliche Mädchen. Die Hauptgestalt der Mysterien von Eleusis in mythologischer und psychologischer Beleuchtung. Amsterdam Leipzig: Pantheon, 1941.*

M 10 – Janssen-Jurreit, Marielouise: *Sexismus. Über die Abtreibung der Frauenfrage*. Frankfurt: Fischer, 1979.

M 11 – Kerényi, Karl: *Hermes der Seelenführer*. Zürich: Rhein, 1944.

M 12 – Kerényi, Karl: *Die Mysterien von Eleusis*. Zürich: Rhein, 1962.

M 13 – Klein, Melanie: *The Selected Melanie Klein* (hrsg. von Juliet Mitchell) New York: The Free Press. 1986.

M 14 – Neumann, Erich: *Die Große Mutter. Der Archetyp des Großen Weiblichen* Zürich: Rhein, 1956.

M 15 – Mahler, Margaret S.: „On Human Symbiosis and the Subphases of the Seperation – Individuation Process." In: Margaret Mahler, Fred Pine, Anni Bergman (Hrsg.): *The Psychological Birth of the Human Infant – Symbiosis and Individuation*. London: Karnac, 1975, S. 39–109.

M 16 – Pauly-Wissowa: *Real-Encyclopädie der classischen Altertumswissenschaft* Stuttgart: Metzler, 1913 ff.

M 17 – Theweleit, Klaus: *Männerphantasien. Bd. I: Frauen, Fluten, Körper, Geschichte.* Bd. II: *Männerkörper – Zur Psychoanalyse des weißen Terrors.* Reinbek: Rowohlt, 1980.

V. LEBENSDATEN DES AUTORS

15. Mai 1911	Max Frisch in Zürich geboren
1924	Eintritt ins Kantonale Realgymnasium Zürich
1928	Matura
1931–1933	Studium der Germanistik an der Universität Zürich
1933	Tod des Vaters, Abbruch des Studiums, Tätigkeit als freier Journalist, vor allem bei der „Neuen Zürcher Zeitung", erste Auslandsreise: Prag, Budapest, Belgrad, Istanbul, Athen, Rom
1934	*Jürg Reinhart. Eine sommerliche Schicksalsfahrt.* Roman
1935	Erste Deutschlandreise
1936–1941	Studium der Architektur an der Eidgenössischen Technischen Hochschule Zürich
1937	„Antwort aus der Stille. Eine Erzählung aus den Bergen". Entschluß, mit dem Schreiben aufzuhören
1938	Conrad-Ferdinand-Meyer-Preis der Stadt Zürich
1939–1945	Mehrfach zum Militär eingezogen
1940	„Blätter aus dem Brotsack".
1941	Architektur-Diplom und Anstellung
1942	Erster Preis in einem Architektur-Wettbewerb und Eröffnung eines eigenen Büros; Eheschließung mit Constanze von Meyenburg (Scheidung 1959)
1943	*J'adore ce qui me brûle oder Die Schwierigen.* Roman
1945	*Bin oder Die Reise nach Peking*, erste Theaterpremiere: *Nun singen sie wieder*
1946	Reisen nach Deutschland, Italien und Frankreich *Santa Cruz, Die Chinesische Mauer* (Premieren)
1947	„Tagebuch mit Marion"
1948	Erste Begegnung mit Bertolt Brecht; *Als der Krieg zu Ende war* (Premiere). Reisen nach Prag, Berlin, Warschau und Breslau (als Teilnehmer am Weltkongress der Intellektuellen für den Frieden)
1950	*Tagebuch 1946–1949*, Spanienreise, Ehrengabe der Schweizerischen Schillerstiftung
1951	*Graf Öderland. Ein Spiel in zehn Bildern.* Rockefeller-Grant for Drama
1951–1952	Einjähriger Aufenthalt in den USA und Mexiko
1953	*Don Juan oder Die Liebe zur Geometrie. Komödie in fünf Akten*
1954	*Stiller.* Roman. Auflösung des Architekturbüros; freier Schriftsteller. Trennung von seiner Frau
1955	Pamphlet „Achtung: Die Schweiz". Wilhelm-Raabe-Preis der Stadt Braunschweig. Schiller-Preis der Schweizerischen Schillerstiftung, Schleussner-Schueller-Preis des Hessischen Rundfunks

1956	Reise in die USA, nach Mexiko, Kuba, Fördergabe der Stiftung Pro Helvetia
1957	*Homo faber. Ein Bericht.* Reise in die arabischen Staaten
1958	*Biedermann und die Brandstifter*; Georg-Büchner-Preis, Literaturpreis der Stadt Zürich
1960–1965	Wohnsitz in Rom. Begegnung mit Ingeborg Bachmann
1961	*Andorra*
1962	Ehrendoktor der Philipps-Universität Marburg, Großer Kunstpreis der Stadt Düsseldorf
1964	*Mein Name sei Gantenbein*. Roman. Stipendium der Ford-Foundation, Berlin-Aufenthalt
1965	Wohnsitz im Tessin, Reise nach Israel, Literaturpreis der Stadt Jerusalem; Schiller-Gedächtnispreis des Landes Baden-Württemberg
1966	„Zürich Transit. Skizze eines Films"; erste Reise in die UdSSR; Reise nach Polen
1967	*Biografie: Ein Spiel*. Gast des tschechoslowakischen Schriftstellerverbandes in Prag
1968	„Öffentlichkeit als Partner", Eheschließung mit Marianne Oelers (Scheidung 1979)
1969	Reise nach Japan
1971	„Wilhelm Tell für die Schule", Aufenthalt in den USA; Vorlesungen an der Columbia-University, New York
1972	*Tagebuch 1966–1971*, Aufenthalt in den USA
1974	„Dienstbüchlein"; Großer Schiller-Preis der Schweizerischen Schillerstiftung. Ehrenmitglied der American Academy of Arts and Letters und des National Institute of Arts and Letters.
1975	*Montauk. Eine Erzählung*, Reise nach China mit der Delegation von Bundeskanzler Helmut Schmidt
1976	*Gesammelte Werke in zeitlicher Reihenfolge*; Friedenspreis des Deutschen Buchhandels
1978	*Triptychon. Drei szenische Bilder.*
1979	*Der Mensch erscheint im Holozän. Eine Erzählung*. Ehrengabe aus dem Literaturkredit des Kantons Zürich (abgelehnt)
1980	Ehrendoktor des Bard-College (Staat New York)
1982	*Blaubart. Eine Erzählung*. Ehrendoktor der City University of New York. – Entschluß, mit dem Schreiben aufzuhören.
1984	Ernennung zum „Commandeur dans l'ordre des arts et des lettres" (Frankreich)
1985	Commonwealth-Preis (Chicago)
1986	*Gesammelte Werke, Band 7* Neustadt-Literaturpreis (Universität von Oklahoma)
1989	Heine-Preis der Stadt Düsseldorf. Frisch bricht sein literarisches Schweigen mit der Schrift „Schweiz ohne Armee? Ein Palaver." Als Theaterstück *Jonas und sein Veteran* in Zürich und Lausanne uraufgeführt. Volker Schlöndorff beginnt mit der Verfilmung des Romans *Homo faber*